MANUAL DO TERMO DE AJUSTAMENTO DE CONDUTA

Doutrina, jurisprudência e legislação

DIOGO RIBEIRO FERREIRA

MANUAL DO TERMO DE AJUSTAMENTO DE CONDUTA

DOUTRINA, JURISPRUDÊNCIA E LEGISLAÇÃO

Del Rey
editora

Belo Horizonte
2018

Impresso no Brasil | *Printed in Brazil*

EDITORA DEL REY LTDA
www.editoradelrey.com.br

Editor: Arnaldo Oliveira

Editor Adjunto: Ricardo A. Malheiros Fiuza

Editora Assistente: Waneska Diniz

Revisão: RESPONSABILIDADE DO AUTOR

Diagramação: Lucila Pangracio Azevedo

Capa: Editora Del Rey

Editora / MG

Rua dos Goitacases, 71 – Loja 24A – Centro

Belo Horizonte-MG – CEP 30190-909

Comercial:

Tel.: (31) 3293 8233

vendas@editoradelrey.com.br

Editorial:

editoraassistente@editoradelrey.com.br

F383m Ferreira, Diogo Ribeiro
Manual do Termo de Ajustamento de Conduta: doutrina, jurisprudência e legislação. / Diogo Ribeiro Ferreira. Belo Horizonte: Del Rey, 2018.
200 p.
ISBN: 978-85-384-0506-1
1. Termo de ajustamento de conduta. I. Título.

CDU: 347.91/95

Dedico este livro ao meu querido pai Dorinato Jr., que sempre me incentivou a cursar Direito e a ter condutas corretas, bem como à minha querida mãe Andréa, que me ensina lindas lições de desprendimento, carinho e amor verdadeiros, ao Hugo, à Carlinha e ao Bê, que me mostram o futuro através de sua juventude, carinho, amor e consideração.

Dedico este livro, também, ao meu avô Dorinato, ao meu tio Paulo, ao meu avô Gabriel e aos meus outros queridos familiares que me incentivaram e me deram valiosos exemplos relacionados à seara jurídica.

Agradeço primeiramente a Deus, por tudo.

Também agradeço à minha família, amigos, colegas, colaboradores, alunos e professores cujo apoio se fez marcante em todos os passos da minha caminhada, especialmente pelo incentivo para perscrutar os caminhos da Justiça.

Registro meu agradecimento, também, a todos aqueles que ajudaram meu desenvolvimento acadêmico. Embora não seja possível agradecer-lhes nominalmente, seja porque não caberia aqui, seja porque a ajuda silenciosa e despercebida de muitos se faz igualmente verdadeira, todos vocês me ajudaram a ser uma pessoa melhor e, consequentemente, trouxeram valiosas contribuições para a consecução deste trabalho.

Iustitia est constant et perpetua voluntas ius suum cuique tribuere

(Ulpiano, dig. 1, 1, 10[1])

A justiça é a vontade constante e perpétua de
dar a cada um o que lhe corresponde por direito.

[1] VALLE, Gabriel. Dicionário de expressões jurídicas: latim – português. Campinas: Copola Livros, 1998. P.199.

Daí a César o que é de César, e a Deus o que é de Deus.
(Evangelho de Mateus, 22:15 a 22; Evangelho de Marcos, 12:13 a 17)

LISTA DE ABREVIATURAS

ACP	Ação Civil Pública
ADI	Ação Direta de Inconstitucionalidade
AED	Análise Econômica do Direito
AgRg	Agravo Regimental
AP	Ação Popular
CACEL	Compromisso de Ajustamento de Conduta às Exigências Legais
CC	Código Civil ou Conflito de Competência
CCP	Comissão de Conciliação Prévia
CDC	Código de Defesa do Consumidor
CLT	Consolidação das Leis Trabalhistas
CR	Constituição da República Federativa do Brasil de 1988 (ou CRFB)
CJF	Conselho da Justiça Federal
CNJ	Conselho Nacional de Justiça
CNMP	Conselho Nacional do Ministério Público
CP	Código Penal
CPC	Código de Processo Civil
CRFB	Constituição da República Federativa do Brasil de 1988 (ou CR)
DCLS	Direitos coletivos lato sensu
EUA	Estados Unidos da América
FGTS	Fundo de Garantia por Tempo de Serviço
G.N. ou g.n.	Grifos nossos
HC	Habeas corpus
ICP	Inquérito Civil Público
JEC	Juizado Especial Cível
JESP	Juizado Especial
LACP	Lei da Ação Civil Pública (Lei 7.347/85)
LAP	Lei de Ação Popular (Lei 4.717/65)
MARC	Mecanismos Alternativos de Resolução de Conflitos
MJ	Ministério da Justiça
MP	Ministério Público
MS	Mandado de Segurança
MSC	Mandado de Segurança Coletivo

MSN	Microsoft Messenger, software que permite troca de informações pela internet
NCPC	Novo Código de Processo Civil – Lei 13.105/2015
OAB	Ordem dos Advogados do Brasil
RESP	Recurso Especial
RISTF	Regimento Interno do Supremo Tribunal Federal
RISTJ	Regimento Interno do Superior Tribunal de Justiça
STJ	Superior Tribunal de Justiça
STF	Supremo Tribunal Federal
TAC	Termo de ajustamento de conduta
TAG	Termo de ajustamento de gestão
TARE	Termo de Acordo de Regime Especial
TJMG	Tribunal de Justiça do Estado de Minas Gerais
TRF	Tribunal Regional Federal
UFMG	Universidade Federal de Minas Gerais

SUMÁRIO

PREFÁCIO xvii

APRESENTAÇÃO xxi

1 INTRODUÇÃO 1

2 EFETIVIDADE DA SOLUÇÃO DE CONFLITOS JURÍDICOS NO BRASIL: PODER PÚBLICO E ECONÔMICO, QUESTÕES E REVISITAÇÃO 5

2.1 PROCESSO, CRISE, DESAFIO DE EFETIVIDADE E PODER JUDICIÁRIO 6

2.2 MÉTODOS ALTERNATIVOS DE RESOLUÇÃO DE CONFLITOS – MARC 14

2.3 O TERMO DE AJUSTAMENTO DE CONDUTA – TAC, O ENVOLVIMENTO E ENLACE DO PODER PÚBLICO E ECONÔMICO, ALIADO À SEPARAÇÃO DE PODERES: *CHECKS* AND *BALANCES* E SOLUÇÃO CONSENSUAL DE CONFLITOS COLETIVOS 24

3 MICROSSISTEMA PROCESSUAL COLETIVO BRASILEIRO E DESAFIOS CONTEMPORÂNEOS 41

3.1 DIREITOS COLETIVOS E *CLASS ACTIONS* 46

3.2 O PRINCÍPIO DA EFETIVIDADE DO PROCESSO COLETIVO, RESTITUTIO *IN INTEGRUM* E INTERESSE PÚBLICO EM RESOLVER O MÉRITO DO PROCESSO COLETIVO 50

3.3 O PRINCÍPIO DA DISPONIBILIDADE MOTIVADA DO INQUÉRITO CIVIL PÚBLICO 53

3.4 O PRINCÍPIO DA GARANTIA MÍNIMA 56

3.5 O PRINCÍPIO DA PROPORCIONALIDADE APLICADO AO TERMO DE AJUSTAMENTO DE CONDUTA – TAC 64

4 ACESSO À JUSTIÇA 69

4.1 LEGITIMIDADE PARA AS AÇÕES COLETIVAS E DEFESA DA SOCIEDADE 71

4.2 O ALTO CUSTO DOS PROCESSOS, O ASPECTO TEMPORAL E OUTROS FATORES QUE INIBEM O ACESSO À JUSTIÇA NO BRASIL 81

4.3 A TEORIA DOS PODERES IMPLÍCITOS APLICADA AO TAC 85

4.4 A RESERVA DO POSSÍVEL APLICADA AO TAC 87

5 A QUESTÃO DA INDISPONIBILIDADE DE DIREITOS COLETIVOS NA ATUALIDADE 91
5.1 ANÁLISE DA INDISPONIBILIDADE DE DIREITOS COLETIVOS E INDIVIDUAIS 92
5.2 DIREITO CIVIL E A QUESTÃO DA INDISPONIBILIDADE DE DIREITOS 95
5.3 DIREITO COLETIVO E A INDISPONIBILIDADE DE DIREITOS 100
5.4 PERECIMENTO DE DIREITOS, PRESCRIÇÃO, DECADÊNCIA, OBRIGATORIEDADE E INDISPONIBILIDADE 105

6 TAC – TERMO DE AJUSTAMENTO DE CONDUTA E SEU DESENVOLVIMENTO RUMO AO FUTURO DO DIREITO 107
6.1 CONCEITOS JURÍDICOS INDETERMINADOS E TERMO DE AJUSTAMENTO DE CONDUTA 112
6.2 A POLÊMICA QUANTO À NATUREZA JURÍDICA DO TAC 113
6.3 OBJETO DO TAC: COMPROMISSO EM SENTIDO SUBSTANCIAL, ENQUANTO VIA SECUNDÁRIA, PARALELAMENTE AO TAC EM SENTIDO FORMAL 121
6.4 HOMOLOGAÇÃO JUDICIAL DE TACS 137
6.5 CORREÇÃO DE ERROS, INADEQUAÇÕES E NULIDADES EM TACS 140
6.6 UTILIZAÇÃO DA CONCILIAÇÃO E DA MEDIAÇÃO EM TACS 142

7 CONCLUSÃO 147

8 REFERÊNCIAS BIBLIOGRÁFICAS 155

PREFÁCIO

Consciente da crescente e universal valorização do emprego dos meios extrajudiciais de resolução de conflitos, como expedientes mais humanos e sensíveis na busca de implantar uma ordem jurídica mais *justa* e *efetiva*, o legislador pátrio, na definição das "normas fundamentais" do novo Código de Processo Civil de 2015 — ao mesmo tempo que garantiu o acesso à justiça a toda e qualquer vítima de lesão ou ameaça a direito (NCPC, art. 3º, *caput*) —, ressaltou, também, as virtudes da autocomposição dos litígios, a ser obtida através de soluções consensuais engendradas pelos próprios litigantes, sob o estímulo e a orientação de técnicos em mediação ou conciliação, ou do próprio juiz (art. 3º, §§ 2º e 3º).

Nesse sentido, figura, no capítulo das referidas "normas fundamentais", a previsão do que "o Estado promoverá sempre que possível, a *solução consensual dos conflitos*" (NCPC, art. 3º, § 2º). E mais do que isto, a nova codificação instituiu, para todos os agentes processuais (juízes, advogados, defensores públicos e membros do Ministério Público) o *dever* de estimular, inclusive no curso do processo, "a conciliação, a mediação e outros métodos de solução consensual de conflitos" (NCPC, art. 3º, § 3º).

Paralelamente ao novo Código de Processo Civil, foi editada a Lei nº 13.140/2015, que estruturou o sistema de mediação, não só regulando as noções básicas desse meio de solução de controvérsias entre particulares, como disciplinando também a autocomposição de conflitos no âmbito da Administração Pública. Minuciosa foi, outrossim, a normatização do credenciamento dos mediadores, e do modo de processar a mediação, seja em juízo seja extrajudicialmente.

Nosso direito processual positivo, como se vê, volta suas esperanças de melhor pacificação de conflitos para o estímulo dos modernos métodos de autocomposição. Não é apenas como política de redução dos processos judiciais que a lei se empenha na adoção desses meios alternativos de solução das divergências jurídicas. Sua principal motivação, como já referimos, é a de ver neles, muitas vezes, o caminho para uma solução mais adequada do que propriamente aquela obtida pela imposição autoritária da vontade fria da lei. "Fala-se, nesse sentido, na criação de novas vertentes para certos tipos de atuação jurisdicional, que enriqueceriam o processo com instrumentos capacitados a realizar a 'justiça' que CAPPELLETTI chama de *coexistencial*" (THEODORO JÚNIOR, Humberto; NUNES, Dierle;

BAHIA, Alexandre Melo Franco; PEDRON, Flávio Quinaud. *Novo CPC – Fundamentos e sistematização*).

O livro de Diogo Ribeiro Ferreira, ora dado à publicidade, chega ao mundo jurídico em momento propício, ou seja, quando os novos ares da pacificação de litígios deixam de ser apenas especulações literárias para assumir posição de realce na estruturação do processo contencioso e até mesmo dentro do terreno social exterior à justiça estatal.

Grande e segura foi a pesquisa em que o autor lastreou e desenvolveu sua importante e atualíssima análise dos métodos alternativos de resolução de conflitos, para dentre eles inserir o TAC – Termo de Ajustamento de Conduta, demonstrando o seu relevante papel dentro do microssistema processual coletivo brasileiro.

Interessantes registros históricos e comparatísticos são feitos em torno dos chamados *direitos coletivos*, do princípio da efetividade na sua tutela, do princípio da garantia mínima e do princípio da proporcionalidade, tudo no que diz respeito, principalmente, ao Termo de Ajustamento de Conduta – TAC.

O acesso à justiça e a consensualidade, tão caros ao direito processual positivo atual, foram objeto de apreciação consistente, através de aproximação do TAC com ideias correlacionadas com a legitimação para as ações coletivas; com os diversos fatores que inibem o acesso satisfatório à justiça brasileira; com a teoria dos poderes implícitos; e com a reserva do possível.

Um denso capítulo foi reservado para o enfoque da questão da indisponibilidade dos direitos coletivos na atualidade, a partir da comparação entre o fenômeno da indisponibilidade no campo do direito civil e dos direitos coletivos. O capítulo em tela se encerra com a abordagem dos temas relacionados com o perecimento de direitos, a prescrição, a decadência e a obrigatoriedade e indisponibilidade.

Uma visão do futuro consta do capítulo 6, no qual se traça a perspectiva do TAC, enfrentando questões problemáticas como a dos conceitos jurídicos indeterminados; a da natureza jurídica do TAC; a do seu objeto, segundo o sentido substancial e formal; a da sua homologação judicial; a da correção de seus vícios; e a da utilização da *conciliação* e da *mediação* em TACs.

As conclusões da tese reúnem valiosas ponderações *de lege lata,* às quais se agregam interessantes sugestões de aprimoramento do instituto do TAC mediante inovações do direito positivo, *de lege ferenda.*

Enfim, só aplausos merece o esforço doutrinário do autor quando afirma, conclusivamente, que "nos limites da pesquisa realizada constatou-se que o Termo de Ajustamento de Conduta é o *mais adequado caminho* para a solução de conflitos coletivos nos casos em que ele seja plenamente aplicável. Sempre que possível se deve utilizar a *conciliação ou mediação* como estratégia para a obtenção do consenso enquanto pressuposto conceitual do ajustamento de conduta, pois isso também está ligado às possibilidades do cumprimento do seu conteúdo, e, como corolário, à otimização da proteção dos direitos coletivos. Os critérios de procedimentalização da mediação em conflitos individuais em geral são aplicáveis, *mutatis mutandis,* para a mediação em Termo de Ajustamento de Conduta".

Em suma, o estudo cuidadosamente elaborado e criteriosamente concluído, é, no estágio atual de nosso direito processual civil positivo, uma relevante demonstração de como os meios alternativos de resolução de conflitos podem ser úteis também na seara da tutela dos direitos coletivos.

Com toda certeza, as lições da tese com que o autor conseguiu o título de Doutor em Direito pela Universidade Federal de Minas Gerais, serão muito bem acatadas no seio da literatura jurídica nacional de alto nível.

Humberto Theodoro Júnior
Belo Horizonte, junho de 2016

APRESENTAÇÃO

Brindou-me o jurista, Diogo Ribeiro Ferreira, com a honra de *apresentar* à sociedade e à comunidade jurídica em particular, sua obra *Manual do Termo de Ajustamento de Conduta: Doutrina, jurisprudência e legislação*

Trata-se da tese defendida e aprovada na Faculdade de Direito da UFMG fruto de alentada pesquisa e de profunda sensibilidade humana.

O engajamento das arrojadas ideias trazidas à lume por Diogo, com a realização da justiça social conferem à obra importante destaque e pioneirismo no trato da matéria.

A ruptura definitiva com as teorias que obstaculizam a resolução consensual de conflitos coletivos, mediante a defesa de que a solução coparticipativa é um instrumento muito mais poderoso para a promoção da justiça social e da dignidade humana é o ponto culminante do compromisso do autor com a construção do Estado Democrático de Direito nos exatos termos preconizados no preâmbulo da Constituição da República, ou seja, um Estado "destinado a assegurar o exercício dos direitos sociais e individuais, a liberdade, a segurança, o bem-estar, o desenvolvimento, a igualdade e a justiça como valores supremos de uma sociedade fraterna, pluralista e sem preconceitos, fundada na harmonia social e comprometida, na ordem interna e internacional, com a solução pacífica das controvérsias".

Ademais, a possibilidade de expansão da solução consensual para tutelar direitos coletivos impulsiona a organização da sociedade civil e promove a cidadania, haja vista que a solução construída de forma dialógica entre os titulares do conflito é emancipadora. A conclamação dos titulares do conflito para efetivamente construírem a solução adequada do caso concreto, utilizando-se de técnicas pacificadoras, tais como a conciliação e mediação, tem por consequência a transferência do protagonismo do juiz para as partes. Com efeito, essa mudança do epicentro da resolução do conflito, transferindo-o para a cidadania, reconhece e valoriza a autonomia dos indivíduos para solucioná-lo, realçando, com isso, a condição humana. A Declaração Universal dos Direitos do Homem, ao explicitar que nossa humanidade decorre do fato de sermos dotados de razão e consciência, permite inferir que os seres humanos são livres e responsáveis. Com efeito, o reconhecimento da liberdade e responsabilidade humanas implica, também, no reconhecimento da presença dos atributos imprescindíveis para a construção autônoma e dialógica da solução dos conflitos. Seres humanos iguais, livres, racionais e autônomos assumem o controle de suas vidas, razão pela qual deixam de carecer de tutela jurisdicional estatal.

Com efeito, Diogo, percucientemente, assevera que as vedações e limitações à autocomposição nos conflitos envolvendo interesses coletivos frustram a efetividade do direito. Por outro lado, soluções consensualmente construídas, promovem a pacificação e o compromisso com a busca da melhor decisão possível para o conflito.

Enfim, Diogo, coerente com o que se espera de uma tese defendida sob os auspícios do investimento público, que é a possibilidade da mais ampla difusão do conhecimento, promoveu o equilíbrio entre o rigor científico e uma linguagem clara, acessível e didática. Desta forma, sem renunciar ao método científico, a obra tem o mérito de ser compreensível.

Congratulando o meu amigo Diogo Ribeiro Ferreira por colocar mais um alicerce na infindável obra de construção de uma cultura jurídica democrática, desejo aos leitores uma ótima leitura.

FERNANDO GONZAGA JAYME
Diretor da Faculdade de Direito da UFMG. Professor Associado de Direito Processual Civil da Faculdade de Direito da UFMG.
Advogado. Membro do Conselho Estadual de Direitos Humanos.
Graduado em Direito pela Universidade Federal de Minas Gerais,
Mestre e Doutor em Direito pela Universidade Federal de Minas Gerais.

1 INTRODUÇÃO

O **instrumento jurídico** previsto no art. 5º da Lei 7.347/85 é capaz de trazer, em muitos casos, soluções que respeitam os direitos coletivos em um **tempo mais curto** do que as ações judiciais e de **forma mais efetiva**. Trata-se do **termo de ajustamento de conduta** – TAC – que, além de ser cumprido em geral pela maior parte de seus compromissários, possibilita em caso de descumprimento sua execução judicial. A questão a ser enfrentada, todavia, refere-se aos obstáculos que os juristas e jurisprudência impõem para sua admissibilidade tendo em vista os estritos **limites** estabelecidos.

A Lei 7.347/85, Lei da Ação Civil Pública, e a Lei 8.078/90, Código de Defesa do Consumidor, estabelecem um diálogo entre fontes normativas, tendo em vista a relação de subsidiariedade e complementaridade existente entre esses diplomas legais. A despeito de muito avançadas para a época, foram estabelecidas com o tempo questões que não foram integralmente respondidas pelos intérpretes e aplicadores do Direito. Apesar de a **jurisprudência tentar conferir a máxima eficácia às normas relativas ao processo coletivo, com a finalidade de** distribuir justiça e concretizar o princípio da igualdade, a possibilidade de transacionar substancialmente com o direito coletivo não é pacífica.

Ligada indelevelmente ao **termo de ajustamento de conduta**, no contexto do estudo da teoria da efetividade do processo, verifica-se que a **conciliação** é tema contemporâneo, não obstante seja antiga a sua positivação no ordenamento jurídico brasileiro, o que pode ser exemplificado tanto pela sua inserção na Constituição de 1824 quanto pelos atuais movimentos do **Conselho Nacional de Justiça** em prol desse instituto. Nesse ponto, merece registro o fato de que, do mesmo modo que a conciliação, a **mediação** também pode ser utilizada como um incidente dentro do processo ou ser realizada extrajudicialmente, constituindo-se ambas ferramentas de autocomposição inolvidáveis.

Porém, apesar de sua larga disseminação, a autocomposição, em especial no **TAC, não têm sido objeto de suficiente reflexão** no contexto dos direitos coletivos. Não obstante, tal tema inserido nos estudos do Direito Coletivo e Processual Coletivo não pode ser compreendido sem o lastro do Direito Constitucional. Essa interdisciplinariedade permite uma privilegiada interação entre os temas abordados, tais como efetividade, acesso à justiça, consensualidade na solução de conflitos, controle e implementação processual de políticas públicas, além do direito coletivo como meio adequado à promoção de direitos.

Com efeito, conceber a obtenção de uma autocomposição através de um acordo em um TAC, no contexto de uma sociedade massificada, hipercomplexa, dinâmica e globalizada**, propicia, de forma mais efetiva, a realização dos direitos da coletividade**, principalmente em razão do engajamento decorrente da participação dos interessados na construção da solução consensual.

Porém, existe resistência para admitir, em alguns casos, a autocomposição inserida no âmbito da tutela coletiva. Estuda-se se, face aos **enormes benefícios proporcionados** pelo TAC, sua aplicação não poderia ser melhor adequada às finalidades do processo coletivo e sua missão de efetividade. Procurou-se verificar se as restrições, vedações e limitações às possibilidades jurídicas de um termo de ajustamento de conduta podem ser mitigadas em prol de uma solução consensual com benefício para o próprio direito tutelado e também para a pacificação social. Com efeito, a realidade tem se mostrado mais ampla do que o Direito positivado tem conseguido regular e prever.

Visto isso, o **objetivo** é analisar se os **limites** existentes à solução consensual de conflitos coletivos, especialmente à autocomposição no TAC, compatibilizam-se com a permanente busca pela efetividade do direito.

Contudo, há que se ter cautela. A despeito de a **interpretação da indisponibilidade absoluta de certos direitos** sob o argumento de sua proteção, essa exegese pode ser **falsamente adequada** e em alguns casos prejudicar o próprio objeto jurídico. Com efeito, participar de uma autocomposição **não significa renúncia a um direito, mas sim, busca por sua efetivação.**

Instigam os juristas as **oportunidades de soluções consensuais de conflitos** pelos legitimados para o termo de ajustamento de conduta mesmo nos casos com incidência sobre **direitos considerados indisponíveis**. Por isso o interesse de se estudar o termo de ajustamento de conduta no contexto dos processos coletivos é enorme, já que tanto aquele quanto estes podem ser veículos da efetividade do processo e, juntos, terão a chance de multiplicar os efeitos em prol de tal intento.

Assim, constituiu **objeto de pesquisa** a solução consensual de conflitos, especialmente sua utilização em direitos coletivos, permitindo a investigação dos mecanismos de busca de justiça social e eficácia do sistema jurídico, com fulcro no desenvolvimento da sociedade.

Para a persecução desse fim adotou-se como **marco teórico principal** a teoria do "acesso à justiça" de Mauro Cappelletti e Bryant Garth[1], que a visualizam em ampla acepção, ou seja, como parte de um sistema pelo qual as pessoas reivindiquem seus direitos ou resolvam seus litígios de um modo acessível a todos e que produza resultados tanto individual quanto coletivamente justos.

Face ao exposto, considerou-se como **hipótese** que as vedações e limitações à autocomposição pelos legitimados ativos públicos para as ações coletivas constituem óbices, em determinadas situações, à própria efetividade do direito a ser tutelado.

Para trabalhar a hipótese **foram percorridos vários temas**, iniciando-se pela questão dos anseios da sociedade relativos à efetividade processual e um judiciário célere. Foi essencial tratar dos Códigos de Processo Civil de 1973 e de 2015 e, nesse caminho, face ao abarrotamento do judiciário e ao congestionamento processual, entendeu-se ser de suma relevância tratar-se dos métodos alternativos de resolução de conflitos, tangenciando-se ainda a questão relativa à filosofia política referente ao termo de ajustamento de conduta, o enlace do Poder e os *checks and balances*.

Adiante, necessitou-se perpassar algumas das linhas gerais do microssistema processual coletivo brasileiro, inclusive alguns de seus princípios relacionados ao objeto estudado.

O marco teórico acesso à justiça expressa sua importância na diferença entre obter ou não a efetivação de um direito, de modo que se tornou relevante abordar questões relativas ao tempo processual e seu custo, entre outras, para se compreender melhor a necessidade do TAC.

Como já exposto, fez-se necessário revisitar também o tema da disponibilidade dos bens jurídicos, ou não, com vistas a se compreender até qual ponto um TAC que versa sobre direitos de toda a sociedade pode vir a ser utilizado consensualmente, através de técnicas de autocomposição, em sua celebração com o legitimado passivo.

Destaca-se, ainda, ter sido indispensável abordar conceitualmente o termo de ajustamento de conduta. Mediante revisão doutrinária, jurisprudencial e normativa, o instituto jurídico configurou-se como um negócio

1 CAPPELLETTI, Mauro; GARTH, Bryant. Acesso à Justiça. Tradução e revisão Ellen Gracie Northfleet. Porto Alegre: Sergio Antônio Fabris Editor, 1988. p. 8, *verbis*: O 'acesso' não é apenas um direito social fundamental, crescentemente reconhecido; ele é, também, o ponto central da moderna processualística. Seu estudo pressupõe um alargamento e aprofundamento dos objetivos e métodos da moderna ciência jurídica.

jurídico bilateral, consensual e formal, que pode e deve ser impulsionado por estratégias de conciliação ou mediação e que, após celebrado, constitui-se em garantia mínima em prol dos direitos coletivos protegidos, constituindo-se título executivo extrajudicial ou judicial, caso celebrado em juízo.

Em seguida, perquiriu-se sua natureza jurídica e assuntos correlatos, até que finalmente se atingiu o ponto máximo, qual seja, a possibilidade ou não de transação sobre direitos que pertencem a toda a sociedade visando à sua maior efetivação, além de sugestão de inovação legislativa com a qual se busca auxiliar a efetividade da proteção dos direitos coletivos.

O TAC em sentido formal não envolve o "fundo de direito", portanto não envolve a matéria de fundo, implicando, via de regra, em se conceder mais prazo para o próprio cumprimento da obrigação original do seu compromissário. Já o **TAC em sentido material** ou substancial é o TAC que efetivamente envolve o cerne ou "fundo de direito" e que efetivamente implica, em maior ou menor grau, em uma transação.

Como o sistema de Direito Privado diverge, em fundamentos basilares, do Direito Coletivo, é preciso adiantar que não se referiu a uma transação em sentido estrito, enquanto contrato de Direito Privado, previsto nos arts. 840 a 850 do Código Civil brasileiro, mas sim a uma transação em sentido amplo, através de ajustes visando a prevenir ou terminar um litígio no âmbito do Direito Coletivo, tema no qual se insere o presente estudo.

Esses, em síntese, são os pontos que se destacam na pesquisa sobre a possibilidade de adotarem-se métodos consensuais de solução de conflitos que tenham por objeto direitos coletivos.

2

EFETIVIDADE DA SOLUÇÃO DE CONFLITOS JURÍDICOS NO BRASIL: PODER PÚBLICO E ECONÔMICO, QUESTÕES E REVISITAÇÃO

Quando se fala em **soluções consensuais** é importante destacar que existe um **viés judicial** e um **viés extrajudicial**. Buscar um consenso é tentar resolver um conflito de modo a pacificar as partes. Parafraseando-se a ciência econômica, que informa, em um de seus axiomas básicos, que "as necessidades são ilimitadas mas os recursos são escassos", conflitos e lide não deixarão de existir enquanto houver mais desejos insatisfeitos que recursos disponíveis, e a posição do magistrado é de relevância para a solução das questões jurídicas como terceiro imparcial, desinteressado, porque os efeitos da decisão por ele proferida não repercutem no seu próprio patrimônio jurídico, mas sim no dos envolvidos no conflito. Daí decorrem as críticas à solução adjudicada de conflitos, razão pela qual o direito contemporâneo prestigia os métodos consensuais.

A figura do **juiz** sempre será importantíssima para o Direito, reconhecendo-se a luta[1] em que se traduz o enorme esforço da magistratura[2] para implementar o **Estado Democrático de Direito**.

Por maior que seja seu esforço, os conflitos exigem cada vez mais a adoção de **ferramentas preventivas** ou tratamento adequado **por todos os poderes públicos**, especialmente pela via da "implementação de **novos caminhos** para resolução, em face da crescente judicialização destes conflitos e da insuficiência do processo adversarial tradicional, pensado para dar conta de conflitos atomizados"[3].

---

1 IHERING, Friedrich von. *A luta pelo direito*. 18. ed. Tradução de João de Vasconcelos. RJ: Forense, 1999.

2 JAYME, Fernando Gonzaga. *et. al. Celeridade e efetividade do processo sob a perspectiva da magistratura mineira*. 2014. (Relatório de pesquisa)

3 Escola Nacional de mediação e Conciliação – ENAM; Centro de Educação a Distância da Universidade de Brasília – CEAD-UnB. *Resolução consensual de conflitos coletivos envolvendo politicas públicas.* Curso ministrado por Luciane Moessa de Souza. Módulo 1, p. 9.

Cumprindo-se apenas o que está previsto na literalidade dos procedimentos e das normas jurídicas que protegem direitos individuais em geral, o **Poder Judiciário não consegue atualmente solucionar tempestivamente todas as demandas**. Do mesmo modo que existe uma desigualdade social no Brasil, existe também uma desigualdade na busca e na obtenção de direitos.

Ora **milhões**[4] **de sujeitos não têm acesso à justiça**, seja por demora do sistema judicial, pobreza, falta de informação ou outros motivos, ora outros indivíduos ou grupos possuem excesso de litígios judiciais. Notoriamente, ambas as situações prejudicam o acesso à justiça da sociedade globalmente considerada.

Nesse cenário, faz-se fértil a **busca por métodos efetivos de solução de conflitos além da decisão judicial**, em consonância com a diretriz da própria Organização das Nações Unidas[5] – ONU, que, em sua Resolução 2002/12, estabeleceu, em seu item I.2, que *restorative processes may include mediation, conciliation, conferencing and sentencing circles*[6]. Assim, é necessário verificar a importância e o papel de agentes e instrumentos que possam melhorar o **acesso à justiça**[7]. Adentrando nesse contexto vamos encontrar na **autocomposição**, por meio da conciliação, da mediação e do termo de ajustamento de conduta, alguns mecanismos de efetividade indispensáveis para o Direito brasileiro.

2.1 PROCESSO, CRISE, DESAFIO DE EFETIVIDADE E PODER JUDICIÁRIO

Sob a ótica do Direito Processual Civil embora em lição que transborda as fronteiras da referida disciplina, ensina Cássio Scarpinella Bueno[8] que os institutos de direito devem ser constantemente atualizados, pois a **releitura** pode acrescentar muito mais que o seu mero abandono.

---

4 BRASIL. Conselho Nacional de Justiça. *Relatório Justiça em números 2014: ano-base 2013*. Brasília: CNJ, 2014.

5 UNITED NATIONS. Economic and Social Council – ECOSOC. Resolution 2002/12. *Basic principles on the use of restorative justice programmes in criminal matters*. Disponível em <http://www.un.org/en/ecos oc/docs/2002/resolution%202002-12.pdf>. Acesso em 18 jun. 2015.

6 **Tradução livre:** processos restaurativos podem incluir mediação, conciliação, reuniões familiares ou comunitárias, além de círculos ou câmaras de decisão.

7 CAPPELLETTI, Mauro; GARTH, Bryant. Acesso à Justiça. Tradução e revisão Ellen Gracie Northfleet. Porto Alegre: Sergio Antônio Fabris Editor, 1988. p. 73.

8 BUENO, Cássio Scarpinella. As class actions norte-americanas e as ações coletivas brasileiras: pontos para uma reflexão conjunta. *In: Revista de Processo*. n. 82, São Paulo, Ed. Revista dos Tribunais, abril/junho de 1996, pp. 92/151. Disponível em <http://www.scarpinellabueno.com.br/Textos/Class%20action%20e%20direito%20brasileiro.pdf>. Acesso em 02 jan. 2015.

Para Humberto Theodoro Júnior[9], o **processo** deve ser compreendido e aplicado como mecanismo de "efetivação de uma **garantia constitucional**, assegurando a todos o pleno acesso à tutela jurisdicional, que há de se manifestar sempre como atributo de uma tutela justa".

Nesse contexto, ao contrário da primeira impressão que se poderia eventualmente ter ao se analisar a inserção do inciso LXXVIII no art. 5º da Constituição da República, fruto da Emenda Constitucional n. 45/2004, o direito à **razoável duração do processo** não é novidade[10]. Trata-se, ao revés, de um colorário do conteúdo do próprio "acesso à justiça" constante do **art. 5º, inciso XXXV**, da Constituição de 1988. Tal dispositivo, aliás, está em consonância com os arts. 4º e 139, inciso II, ambos do novo Código de Processo Civil, Lei 13.105/2015, segundo os quais "as partes têm o direito de obter em prazo razoável a solução integral do mérito, incluída a atividade satisfativa", bem como incumbirá ao juiz "velar pela duração razoável do processo".

Assim, **justiça lenta é injustiça** e a necessidade de duração adequada do processo consta, entre outros diplomas, da própria Convenção Americana sobre Direitos Humanos, também conhecida como Pacto de São José da Costa Rica, promulgado no Brasil através do Decreto Federal n. 678, de 6 de novembro de 1992, em seus arts. 7º e 8º.

Reitera-se que o Judiciário e os juristas têm se esforçado muito para **combater as causas de morosidade** dos processos, não obstante haja **dificuldades** para implementação de um processo mais ágil não só no Brasil, mas também **em vários países** ao redor do globo[11]. Quando é possível combater tais problemas e ainda alcançar a pacificação social diz-se que, no caso concreto, o objetivo foi cumprido, crescendo, possivelmente, perante os jurisdicionados, especialmente os envolvidos no processo, tanto a importância do Direito quanto do Judiciário.

A tecnologia tem sido utilizada pelo Judiciário, porém os **juízes jamais poderão ser substituídos por máquinas**[12], pois o "homem jamais se deixará superar pelas invenções que criou ao longo da história, embora corra

---

9 THEODORO JUNIOR, Humberto. Celeridade e efetividade da prestação jurisdicional: insuficiência da reforma das leis processuais. *Revista Síntese de Direito Civil e Processual Civil*, Porto Alegre, Síntese, v. 6, n. 36, p. 19-37, jul./ago. 2005.

10 FERREIRA, Diogo Ribeiro; PAIXÃO JÚNIOR, Manoel Galdino da. UNIVERSIDADE FEDERAL DE MINAS GERAIS. *Efetividade do processo como direito fundamental: tecnologia, técnica processual e diálogo democrático face aos desafios do direito brasileiro.* 2010. 224 f. Dissertação (mestrado) – UFMG, Faculdade de Direito. p. 45.

11 CAMPOS, Ronaldo Cunha. *Ação civil pública.* Rio de Janeiro: Aide, 1995. p. 53.

12 GUIBOURG, Ricardo A.; ALENDE, Jorge D.; CAMPANELLA, Elena M. *Manual de informática jurídica.* Buenos Aires: Astrea, 1996. P. 151.

sempre o risco de usá-las indevidamente". Ademais, os computadores e a informática[13] não poderão substituir a razão, o bom-senso, a vivência e a sensibilidade humanas[14]. Embora possam auxiliar muito, nem a informática tampouco as estatísticas resolvem, por si só, os problemas da efetividade do processo no Brasil. Conforme recorda Antônio Álvares da Silva[15], "o progresso *non facit per saltus*, não havendo informática que ofereça sozinha solução para a pletora que sobrecarrega os tribunais brasileiros".

Verifica-se a **impotência do Estado brasileiro** de resolver os problemas que a sociedade contemporânea exige, sendo adequado incluir, nesses problemas, a falta de solução definitiva de significativo número de conflitos jurídicos sob apreciação do Poder Judiciário. A título de exemplo, a taxa de congestionamento processual segundo o Relatório Justiça em números 2014, ano-base 2013, do Conselho Nacional de Justiça – CNJ, "passou de 70% para 70,9%, ou seja, de 100 processos que tramitaram no ano de 2013, aproximadamente 29 foram baixados no período"[16].

Sobre o tema, ensina Fernando Gonzaga Jayme[17] que a **situação** é efetivamente **desoladora** pois "os problemas existentes decorrem da atuação de setores sociais, políticos, culturais e jurídicos, razão pela qual as **soluções escapam do controle e da gestão privativa do Poder Judiciário**", de modo que este não conseguiria resolver o problema por si só.

Para Michele Paumgartten e Humberto Dalla Bernardina de Pinho[18], a realidade brasileira tem se mostrado incompatível com o **sistema judiciário** que busca em seu **principal enfoque remediar o conflito**. Segundo os autores, em razão de fortes desigualdades regionais e sociais, embora a explosão de litigiosidade, ainda resta grande parcela da sociedade sem acesso à justiça, entre outros fatores, por sua pobreza absoluta, comprometendo-se assim a efetivação de direitos fundamentais. Para eles, a cultura demandista atual justifica a **resignificação do acesso à justiça**, sendo o melhor modelo aquele que busca a **solução consensual** dos conflitos e a **racionalização da prestação jurisdicional**.

---

13 SILVA, Antônio Álvares da. *Cinco estudos de direito do trabalho*. São Paulo: LTr, 2009. P. 108.

14 SILVA, Antônio Álvares da. *Cinco estudos de direito do trabalho*. São Paulo: LTr, 2009. P. 156-157.

15 SILVA, Antônio Álvares da. *Cinco estudos de direito do trabalho*. São Paulo: LTr, 2009. P. 108.

16 BRASIL. Conselho Nacional de Justiça. *Relatório Justiça em números 2014: ano-base 2013*. Brasília: CNJ, 2014. p. 35.

17 JAYME, Fernando Gonzaga. *Os problemas da efetiva garantia de proteção judicial perante o Poder Judiciário brasileiro. In:* JAYME, Fernando Gonzaga (Coord.); FARIA, Juliana Cordeiro de (Coord.); LAUAR, Maira Terra (Coord.). *Processo civil: novas tendências: estudos em homenagem ao professor Humberto Theodoro Júnior*. Belo Horizonte: Del Rey, 2008. pp. 235-257.

18 PAUMGARTTEN, Michele; PINHO, Humberto Dalla Bernardina de. O acesso à justiça e o uso da mediação na resolução dos conflitos submetidos ao Poder Judiciário. *Revista eletrônica de direito processual*, v. 8, p. 443-471, 2011.

Não fosse isso bastante, extrai-se de entendimento pacífico contemporaneamente, explicitado em precedente da Suprema Corte Alemã, que a **morosidade** em determinados casos atinge a própria **dignidade humana**. Nesse sentido, a BVerfGE (*Entscheidungen des Bundesverfassungsgerichts, amtliche Sammlung*), coletânea oficial das decisões do Tribunal Constitucional Federal Alemão, indica um relevante precedente interpretando o artigo 1°, I, da *Grundgesetz*, "Lei Fundamental" e Constituição Alemã[19], que estipula em seu capítulo *Die Grundrechte*[20], que "a dignidade da pessoa humana é intocável", de modo que "observá-la e protegê-la é dever de todos os poderes estatais". Segundo o referido julgado, o poder público não pode dar um tratamento que desrespeita o valor a que o ser humano tem direito por força de sua existência, em seu valor intrínseco, em sua independência. Desse modo, a pessoa humana não pode ser tratada como um objeto.

Tais reflexões são essenciais, como recordam Magno Federici Gomes e Frederico Oliveira Freitas[21], pois "os direitos são postos a serviço da realização do homem como pessoa", bem como "a **dignidade da pessoa humana** deve figurar como **valor jurídico supremo**, pois ela é a base das pretensões essenciais e o fundamento de uma constituição operante".

No mesmo sentido decidiu a **Corte Interamericana de Direitos Humanos**[22] no caso Garibaldi *versus* Brasil, através da Sentença de 23 de setembro de 2009. A Corte determinou que o Poder Judiciário brasileiro e os demais órgãos que atuam no sistema de justiça façam a adequação dos prazos de tramitação dos procedimentos para conferir-lhes duração razoável. Reconheceu, ainda, que o atraso na resposta do Estado constitui uma **gravíssima** violação aos direitos humanos.

Reformas legislativas podem melhorar o sistema judiciário brasileiro, como é o caso da importante edição do novo Código de Processo Civil,

---

19 BVerfGE 30, 1 (*Abhörurteil*), Decisão (*urteil*) do Segundo Senado de 15 de dezembro de 1970 após audiência de 07 de julho de 1970 – 2 BvF 1/69, 2 BvR 629/68 e 308/69 – [...], *apud* Cinquenta Anos de Jurisprudência do Tribunal Constitucional Federal Alemão. Coletânea original: Jurgen Schwabe; *organização e introdução Leonardo Martins*; tradução: Beatriz Hennig ...(et al.). Montevideo: Fundação Konrad-Adenauer, 2005. P. 179-182.

20 Dos Direitos Fundamentais.

21 GOMES, Magno Federici; FREITAS, Frederico Oliveira. Os direitos fundamentais e o princípio da dignidade da pessoa humana no estado democrático de direito. *Revista IOB de Direito Administrativo*. São Paulo, v. 5, n. 55, p. 113-137, 2010.

22 AMÉRICA. Corte Interamericana de Direitos Humanos. *Caso Garibaldi versus Brasil*. Sentencia de 23 de Setembro de 2009. Disponível em <http://www.corteidh.or.cr/docs/casos/articulos/seriec_203_por.pdf>. Acesso em 19 fev. 2010, *verbis*: [...] 37. El atraso se inscribe entre los errores judiciales más graves practicados por el Estado, indemnizantes según la normativa internacional. La rapidez procesal genera fluidez y respeto en las relaciones sociales, propicias al portador de desarrollo que las Naciones americanas tanto quieren probar.

Lei 13.105/2015, e essa melhoria se consolidará apenas com sua aplicação prática pelo ser humano.

Sobre esse tema são indispensáveis a visão de outros países com relação ao mesmo problema, conforme lecionam Cappelletti e Garth[23] ao tratarem das reformas dos procedimentos judiciais em geral. O **"acesso à justiça"**[24] precisa englobar tanto a vertente da proteção dos direitos das pessoas comuns quanto o aspecto da aplicação de regras jurídicas adequadas aos fatos verdadeiros do caso.

Diante da situação configurada pelo congestionamento processual e dificuldade de resolução de demandas que se instalou em grande parte do judiciário brasileiro, é importante que seja priorizada a autocomposição pela **construção dialética de um consenso sobre a solução do conflito** que ajude a edificar a ética da alteridade feita por quem vivencia os próprios fatos[25]. O viés metajurídico da abordagem sobre a autocomposição negociada mediante a conciliação, a mediação e o TAC – termo de ajustamento de conduta, através da posição ativa da sociedade e do Poder Público remete, por outro lado, à postura dos próprios exegetas, sem cuja intervenção torna-se inalcançável a efetividade processual[26].

Destaca-se que o esperado pela sociedade é que a lide em seu sentido sociológico seja resolvida, ou seja, que haja pacificação social[27] quando o Poder Judiciário é chamado a fazê-lo. Mas, não sendo possível alcançar essa situação ótima, espera-se que ao menos as ações ajuizadas sejam julgadas, os responsáveis atuem para reparar seus erros e haja segurança jurídica apta a permitir o desenvolvimento econômico e social, nos termos do art. 3° da Constituição da República de 1988. Em síntese, **busca-se um processo judicial rápido, simples, não muito oneroso e tão justo quanto possível**. A decisão judicial foi e continua sendo uma das duas

---

23 CAPPELLETTI, Mauro; GARTH, Bryant. *Acesso à justiça*. Tradução de Ellen Gracie Northfleet. Porto Alegre: Sergio Antonio Fabris Editor, 1988. p. 76, *verbis*: **Pelo menos desde o início do século, tem havido esforços importantes no sentido de melhorar e modernizar os tribunais e seus procedimentos**. (g.n.)

24 CAPPELLETTI, Mauro; GARTH, Bryant. *Acesso à justiça*. Tradução de Ellen Gracie Northfleet. Porto Alegre: Sergio Antonio Fabris Editor, 1988. pp. 91-93.

25 FERREIRA, Diogo Ribeiro. *O Direito Fundamental à Efetividade do Processo*. Belo Horizonte: Edição do Autor, 2011. p. 165.

26 Efetividade do processo e técnica processual. BARBOSA MOREIRA, José Carlos. *Temas de Direito Processual, sexta série*. São Paulo: Saraiva, 1997. p. 20: Não colhe, pois, invocar a primazia da vontade política para recusar valor à atuação dos juristas, como tais, nos programas de reforma. Os dois elementos são igualmente necessários, e devem conjugar-se.

27 ARAÚJO CINTRA, Antônio Carlos de; DINAMARCO, Cândido Rangel; GRINOVER, Ada Pellegrini. *Teoria Geral do Processo*. 24. ed. São Paulo: Malheiros. 2008. PP. 31-32.

principais formas de resolver a lide em sentido sociológico, ao lado da autocomposição consensual[28].

Nesse contexto, para Ronaldo Cunha Campos[29], "a figura da ação civil pública encontra-se inserida dentro da problemática maior da **participação da sociedade** no Estado, e ainda vincula-se ao tema da abertura do ordenamento jurídico". Para o autor, o próprio Maquiavel[30], entre outros, já delineara a necessidade de que o povo manifestasse sua crítica e eventual oposição à maneira como fosse possivelmente conduzida a coisa pública.

A implementação de um verdadeiro **Estado Social** no Brasil perpassa a compreensão do direito fundamental à efetividade do processo[31] através dos escopos metajurídicos do processo[32]. Em síntese, o processo tem **repercussões tanto endoprocessuais quanto extraprocessuais**, incluindo estas, a longo prazo, uma maior possibilidade de desenvolvimento nacional e implementação de direitos previstos no art. 6º da Constituição da República que não têm sido acessados por grande parte da nação brasileira.

No âmbito endoprocessual deve-se atentar, em especial, para o **equilíbrio** entre a razoável duração do processo, a dignidade da pessoa humana e o devido processo legal. Uma estratégia relevantíssima que perpassa esses princípios inclui o TAC celebrado em juízo ou até mesmo extrajudicialmente. Conforme asseveram Cappelletti e Garth[33], "os novos direitos substantivos das pessoas comuns têm sido particularmente difíceis de fazer valer ao nível individual" em razão do fato de que "as barreiras enfrentadas pelos indivíduos relativamente fracos com causas relativamente pequenas, contra litigantes organizacionais – especialmente corporações ou governos – têm prejudicado o respeito a esses novos direitos".

Porém, como se vê infelizmente o modelo atual do Estado brasileiro ainda não tem sido suficiente para implementar largamente os **direitos**

---

28 Considerando-se que a autotutela é uma forma de autocomposição que não é consensual, não se verifica redundância na expressão autocomposição consensual, ou autocomposição negociada, referindo-se à conciliação, à mediação e ao TAC.

29 CAMPOS, Ronaldo Cunha. *Ação civil pública*. Rio de Janeiro: Aide, 1995. pp. 17-18.

30 MAQUIAVEL, Nicolo. *Discursos sobre la primera década de Tito Livio*. Tradução de L. Navarro. *In* Obras políticas. El Ateneo: Buenos Aires, 1952. pp. 81-82.

31 FERREIRA, Diogo Ribeiro. *O Direito Fundamental à Efetividade do Processo*. Belo Horizonte: Edição do Autor, 2011. pp. 13-14.

32 DINAMARCO, Candido Rangel. *A Instrumentalidade do processo*. 14. ed., rev. e atual. São Paulo: Malheiros, 2009.

33 CAPPELLETTI, Mauro; GARTH, Bryant. *Acesso à justiça*. Tradução de Ellen Gracie Northfleet. Porto Alegre: Sergio Antonio Fabris Editor, 1988. pp. 91-93.

sociais, o que repercute no altíssimo nível de litigiosidade, inclusive contra a Fazenda Pública[34].

O problema se agrava quando a **litigiosidade aprofunda a morosidade do Judiciário**, num ciclo vicioso que viola o direito à paz[35] e que deve ser combatido de todas as formas possíveis. O TAC em sentido formal e, algumas vezes, em sentido substancial, pode ser uma das formas possíveis para contribuir para mitigar o problema.

O **TAC em sentido formal** é o **TAC tradicional**, que não envolve o "fundo de direito", portanto não envolve a **matéria de fundo**, implicando normalmente apenas em se conceder mais prazos, entre outros elementos para o cumprimento da obrigação original. Já o TAC material ou em sentido substancial é o TAC que efetivamente envolve o cerne ou "fundo de direito" e que efetivamente implica, em maior ou menor grau, em uma transação. O **TAC substancial**, porém, só deve ser utilizado quando não for possível a utilização do TAC em sentido formal e ainda houver uma justificativa especial, como, por exemplo, um possível prejuízo para a sociedade em razão do não exercício do direito pelo legitimado coletivo, ou falta de acesso à justiça, entre outros.

Conforme recorda Oswaldo Luiz Palu[36], um critério mencionado pelo Justice Brennan no caso "Baker", refletindo *funcional considerations relating to the capabilities of the judicial department*, indicaria a necessidade de a Corte Federal Norte-americana considerar a **própria deficiência judicial** em identificar, controlar e cuidar de certos padrões e assuntos, além da impossibilidade de se decidir sem uma inicial determinação política.

Já Barbosa Moreira[37] afirma que "o processo deve assegurar, à parte vitoriosa, o **gozo da específica utilidade** a que faz jus segundo o ordenamento, com o mínimo de dispêndio de energia".

A seu turno, Humberto Theodoro Júnior[38] assevera que efetivo é o processo justo como meio concreto de materializar o **processo judicial delineado constitucionalmente** de modo a "assegurar o pleno acesso à Justiça e a realização das garantias fundamentais traduzidas nos princípios da legalidade, liberdade e igualdade", observando ainda, em especial: acesso à justiça;

---

34 FERREIRA, Diogo Ribeiro. *O Direito Fundamental à Efetividade do Processo*. Belo Horizonte: Edição do Autor, 2011. pp. 13-14.

35 Enquanto direito fundamental.

36 PALU, Oswaldo Luiz. *Controle dos atos de governo pela jurisdição*. SP: Revista dos Tribunais, 2004. pp. 376-377.

37 BARBOSA MOREIRA, José Carlos. Efetividade do processo e técnica processual. *In*: *Temas de Direito Processual, sexta série*, 1997, p. 18.

38 THEODORO JÚNIOR, Humberto. *Curso de Direito Processual Civil. v. 1, Teoria geral do direito processual civil e processo de conhecimento*. 54 ed. Rio de Janeiro: Forense, 2013. p. 30.

direito de defesa; contraditório e paridade de armas (processuais) entre as partes; independência e imparcialidade judicial; obrigatoriedade da motivação dos provimentos judiciais decisórios; garantia de uma duração razoável.

Luís Roberto Barroso[39], José Roberto dos Santos Bedaque[40] e Fernando Gonzaga Jayme[41], entre outros, **cada um à sua maneira mas em consonância e com coerência**, também cuidam do assunto.

Em síntese, nas palavras de Ihering[42] "o direito não é uma pura teoria, mas uma força viva. **O direito é um trabalho incessante**, não somente dos poderes públicos mas ainda de uma nação inteira".

Perquirindo-se o tema da defesa doutrinária ampla da efetividade do processo, **indagou-se[43] os resultados da reforma constitucional[44]** e infraconstitucional que conduziram mudanças de normas do **Código de Processo Civil de 1973**, com a finalidade de buscar a melhoria do sistema judiciário como um todo.

Seu **resultado foi insuficiente** para resolver todos os problemas de inefetividade e não há tampouco certeza, apesar do relevante esforço empreendido, sobre se o novo Código de Processo Civil, Lei 13.105/15, irá resolver[45] em definitivo os principais problemas por ele combatidos, quais sejam[46]:

---

39 BARROSO, Luís Roberto. *O direito constitucional e a efetividade de suas normas*. 7 ed. Rio de Janeiro: Renovar, 2003. P. 85.

40 BEDAQUE, José Roberto dos Santos. *Efetividade do processo e técnica processual: tentativa de compatibilização*. Tese para concurso de Professor Titular. São Paulo: USP, 2005. pp. 13 e 16. Para o autor, o processo deve abandonar sua preocupação exclusiva com formalidades "para dedicar-se à busca de mecanismos destinados a conferir à tutela jurisdicional o grau de efetividade que dela se espera".

41 JAYME, Fernando Gonzaga. Obstáculos à tutela jurisdicional efetiva. *Revista Forense*, v. 399, p. 95-110, 2008; JAYME, Fernando Gonzaga . *Direitos Humanos e sua efetivação pela Corte Interamericana de Direitos Humanos*. 1ª. ed. Belo Horizonte: Del Rey, 2005; JAYME, Fernando Gonzaga. *et. al. Celeridade e efetividade do processo sob a perspectiva da magistratura mineira*. 2014. (Relatório de pesquisa).

42 IHERING, Friedrich von. *A luta pelo direito*. 18. ed. Tradução João de Vasconcelos. RJ: Forense,1999. p. 1.

43 FERREIRA, Diogo Ribeiro. *O Direito Fundamental à Efetividade do Processo*. Belo Horizonte: Edição do Autor, 2011.

44 Emenda Constitucional n. 45/2004.

45 JAYME, Fernando Gonzaga. *Inovações no novo Código de Processo Civil*. 2014. (Apresentação de Trabalho/Conferência ou palestra); JAYME, Fernando Gonzaga; FRANCO, Marcelo Veiga. O princípio do contraditório no Projeto do novo Código de Processo Civil. *Revista de Processo*, v. 227, p. 221-243, 2014; JAYME, Fernando Gonzaga; OLIVEIRA, Mário Henrique de. Análise sistemática dos embargos de declaração no Projeto de novo CPC como instrumento de acesso aos tribunais superiores. *Revista Brasileira de Direito Processual*, v. 86, pp. 36-50, 2014; JAYME, Fernando Gonzaga; SALOMÉ, Joana Faria; OLIVEIRA JÚNIOR, Délio Mota de. O reexame necessário no processo civil brasileiro: um mal desnecessário. *Revista de Processo*, v. 220, pp. 375-406, 2013.

46 BRASIL. Senado Federal. *Anteprojeto do Novo Código de Processo Civil: Exposição de motivos*. Brasília: 2010. Disponível em <http://www.senado.gov.br/senado/novocpc/pdf/anteprojeto.pdf>. Acesso em 30 jul. 2015.

1) estabelecer mais sintonia com a Constituição da República; 2) criar condições para que o juiz decida mais proximamente da realidade fática subjacente à causa; 3) simplificar, resolvendo problemas e reduzindo a complexidade do sistema processual; 4) dar o **maior rendimento** possível a cada processo judicial; e, 5) atribuir maior grau de organicidade ao sistema, dando-lhe, assim, mais coesão.

Não se tem a inteira e absoluta compreensão dos fatores que favoreceriam a efetividade, porém, antes de mais nada há que se retomar a lição de que os **fins não podem justificar os meios**[47] e o processo deve ser constituído em instrumento comprometido com a ética, devendo dignificar a legitimidade para se obter o objeto buscado. É que "o moderno processo justo traz em seu bojo significativa carga ética, tanto na regulação procedimental como na formulação substancial dos provimentos decisórios."[48]

2.2 MÉTODOS ALTERNATIVOS DE RESOLUÇÃO DE CONFLITOS – MARC

Segundo Fernando Gonzaga Jayme[49], "o estímulo à adoção dos Métodos Alternativos de Resolução de Conflitos – MARC – pode retirar um pouco a pressão existente sobre o Judiciário, assoberbado com o extraordinário volume de processos." Para o autor, os **MARC** possuem celeridade, economicidade e a eficácia que superam as correspondentes características da prestação jurisdicional, representando, conforme já reconhecido pela doutrina[50], uma verdadeira **evolução do conceito de realização de justiça**. Sintetiza Fernando Gonzaga Jayme que "a única certeza é a de que as mudanças estruturais são absolutamente imprescindíveis e urgentes para evitar o completo desvirtuamento do direito fundamental à garantia de proteção judicial".

Para se trilhar o raciocínio de abordagem do assunto já delineado, não se pode olvidar a natureza jurídica da **jurisdição** como exteriorização da vontade estatal por meio de ato de vontade, conforme delineado por Manoel

---

47 JAYME, Fernando Gonzaga. *Direitos humanos e sua efetivação pela Corte Interamericana de Direitos Humanos.* Belo Horizonte: Del Rey, 2005. pp. 136-137.

48 THEODORO JÚNIOR, Humberto. *Curso de direito processual civil, v. 1, Teoria geral do direito processual civil e processo de conhecimento.* 54 ed. Rio de Janeiro: Forense, 2013. p. 29.

49 JAYME, Fernando Gonzaga. *Os problemas da efetiva garantia de proteção judicial perante o Poder Judiciário brasileiro. In:* JAYME, Fernando Gonzaga (Coord.); FARIA, Juliana Cordeiro de (Coord.); LAUAR, Maira Terra (Coord.). *Processo civil: novas tendências: estudos em homenagem ao professor Humberto Theodoro Júnior.* Belo Horizonte: Del Rey, 2008. pp. 235-257.

50 NORTHFLEET, Ellen Gracie. *Novas fórmulas de solução de conflitos. In:* TEIXEIRA, Sálvio de Figueiredo (Coord.). *O Judiciário e a Constituição.* São Paulo: Saraiva, 1994. pp. 323-326.

Galdino da Paixão Júnior[51]. O autor a define como atividade soberana do Estado que, através de órgãos competentes e meios predeterminados, mediante provocação e em caráter definitivo, protege a ordem jurídica e direitos subjetivos, fazendo incidir a lei, em sentido amplo, em casos concretos.

Como se sabe, a jurisdição é uma forma de **heterocomposição** tendo em vista que a solução do conflito parte de um terceiro, qual seja, o juiz. Paralelamente à jurisdição existem os denominados equivalentes jurisdicionais, também denominados métodos alternativos de resolução de conflitos[52], em especial a arbitragem[53], a autotutela e a autocomposição.

A **arbitragem**, regulada pela Lei 9.307/96, assim como a jurisdição também é um método heterônomo de resolução de conflitos ou heterocomposição, devendo ser utilizada especialmente para direitos disponíveis, conforme o art. 1° da referida lei. Acrescenta-se que a arbitragem, para ser aceita sem que haja violação ao art. 5°, XXXV, da CRFB/88, que traz o princípio da inafastabilidade da jurisdição, deve ser instituída de comum acordo entre as partes envolvidas no conflito.

Distinguindo-se da heterocomposição, aqui representada pela sentença judicial e pela arbitragem, segundo Manoel Galdino da Paixão Júnior[54], a "**autocomposição**, como a própria etimologia está a sugerir, denota via autônoma de solução do litígio", ou seja, os próprios envolvidos encontram solução para a questão[55].

Quanto à autocomposição pela via da **autotutela**, apesar de não estar diretamente relacionada ao objeto deste estudo, representa uma forma de solução de conflitos de que são exemplos a legítima defesa, art. 188, inciso I, do Código Civil, e o desforço imediato no esbulho, art. 1210, § 1°, do CC, tratando-se de uma forma excepcional de resolução de conflitos pelos próprios interessados, portanto autocompositiva, aceita pelo Estado embora resulte do exercício da força, justificando-se pela impossibilidade de presença do Estado em determinadas ocorrências, bem como pela necessidade de imediato exercício do direito em situações específicas. Não obstante, o

---

51 PAIXÃO Júnior, Manuel Galdino da. *Teoria geral do processo.* Belo Horizonte: Del Rey, 2002. pp.36-40.

52 Há ainda quem os denomine métodos autônomos de resolução de conflitos ou ainda métodos complementares de solução de conflitos. Sem desconhecer as várias nomenclaturas existentes, opta-se por adotar a expressão *métodos alternativos* conforme CAPPELLETTI, Mauro. Os métodos alternativos de solução de conflitos no quadro do movimento universal de acesso à justiça. *Revista de Processo*, n. 74, ano 19, abril-junho/94, São Paulo: RT, pp. 82-97.

53 ALMEIDA, João Alberto de. *Processo Arbitral.* Belo Horizonte: Del Rey, 2002. pp. 1 e 5.

54 PAIXÃO JÚNIOR, Manoel Galdino da. *Teoria Geral do Processo.* Belo Horizonte: Del Rey, 2002. pp. 14-15.

55 FERREIRA, Diogo Ribeiro. A Conciliação Antes e Depois do Novo Código de Processo Civil. *Jornal Estado de Minas*, 23 de março de 2011. p. 8.

judiciário pode reapreciar a questão solucionada com fundamento na autotutela, o que se dá no exercício do art. 5º, inciso XXXV, da Constituição da República.

A **composição autônoma do conflito** por meio da conciliação ou da mediação é um meio considerado de alta eficiência[56] para a **pacificação social**, em consonância com um dos **fundamentos** do Estado Democrático de Direito, que é a paz. Busca-se, em síntese, uma "solução adequada" ao invés de uma "solução adjudicada" e imposta. Nesses métodos não se utiliza o direito da força como ocorre na autotutela, mas sim a força da vontade de solucionar questões com fundamento jurídico, resolvendo muitas vezes a própria lide em sentido sociológico pois as partes estão abertas, por assim dizer, para uma solução integrada para o litígio.

Nesse enfoque, Francesco Carnelutti[57] defende as **vantagens da autocomposição em comparação à heterocomposição**, indicando **antigas bases** para as conciliações em processos coletivos, notadamente no Direito Processual Coletivo do Trabalho:

> *Appunto in quella lunga e profonda elaborazione storica, che ha messo capo, in Italia, alla legge 3 aprile 1926 n. 563 e con essa a un originale mutamento del nostro ordine giuridico, prima di giungere alla soluzione giudiziale dei* ***conflitti collettivi*** *(o conflitti di categoria) in tema di lavoro, e così alla giurisdizione collettiva, una tappa è stata segnata, anche in Italia, dalla conciliazione collettiva: quando non osava ancora dare dei giudici lo Stato istituiva un conciliatore.* **(g.n. – Italiano)**

Para Carnelutti[58], "a comparação entre os dois tipos de solução mostra a conveniência de se promover uma composição contratual justa, obtendo-se ao mesmo tempo o menor custo das soluções contratuais e o **maior rendimento** da composição jurídica. Essa conveniência explica a instituição da conciliação" (tradução livre).

---

[56] FERREIRA, Diogo Ribeiro. *O Direito Fundamental à Efetividade do Processo*. Belo Horizonte: Edição do Autor, 2011. pp. 11-14.

[57] CARNELUTTI, Francesco. *Sistema de diritto processuale civile*, v. 1. CEDAM Italia: Padova, 1936. pp. 168-169 e 177: Precisamente aquela longa e profunda elaboração histórica que chegou à Itália trouxe a Lei n. 563, de 03 de abril de 1926, e consigo uma mudança original do nosso sistema jurídico antes de chegar a uma resolução judicial dos **conflitos coletivos** (ou conflitos de classe) em matéria trabalhista. Assim, uma etapa foi marcada, também na Itália, na jurisdição coletiva, à partir da conciliação coletiva: enquanto ainda não ousava dar tal atribuição aos juízes, o Estado instituía um conciliador. **(g.n. – Tradução livre)**.

[58] Conforme CARNELUTTI, Francesco. *Sistema de diritto processuale civile*, v. 1. CEDAM Italia: Padova, 1936. pp. 173-174: **Conciliazione** – [...] *Il confronto tra i due tipi di soluzione mostra la convenienza di promuovere una composizione contratuale giusta, ottenendo insieme il minor costo della soluzione contrattuale e il maggior rendimento della composizione giusta. Questa convenienza spiega l'istituto della conciliazione.* [...] **(g.n. – Italiano)**

O estímulo à **conciliação** é antigo no Direito positivo de nosso país[59]. A título de exemplo, a Constituição Política do Império do "*Brazil*[60]", de 25 de março de **1824**[61], assim determinava: "Art. 161. Sem se fazer constar, que se tem intentado o meio da reconciliação, não se começará Processo algum."

Não há como se deixar de considerar, na autocomposição negociada, o relevante **diálogo integrador da vontade dos envolvidos** com a possibilidade de um excelente resultado, conforme a dicção de Cappelletti e Garth[62]:

> Existem **vantagens óbvias tanto para as partes quanto para o sistema jurídico, se o litígio é resolvido sem necessidade de julgamento**. [...] tais decisões são mais facilmente aceitas do que decretos judiciais unilaterais, uma vez que eles se fundam em acordo já estabelecido entre as partes. É significativo que um processo dirigido para a conciliação – ao contrário do processo judicial, que geralmente declara uma parte "vencedora" e a outra "vencida" – ofereça a possibilidade de que as causas mais profundas de um litígio sejam examinadas e restaurado um relacionamento complexo e prolongado. (g.n.)

Segundo Eligio Resta[63] a **conciliação** tem o poder de **"desmanchar a lide"**, trazendo um resultado de pacificação que em inúmeros casos não é obtido com a intervenção forçada e substitutiva da sentença judicial.

A Lei n. 13.105/2015, **novo Código de Processo Civil**, em seu art. 3º, §§ 2º e 3º, reafirma a importância da promoção e do estímulo à conciliação, seja extrajudicial, seja judicialmente.

Além disso, há que se recordar que, em **retrospectiva histórica** sobre as possibilidades jurídicas de se realizar conciliações sobre determinados bens jurídicos já se pronunciaram diversos autores. Segundo a ótica de Eduardo J. Couture[64], a par de suas peculiaridades seria possível a conciliação em ações nas quais estaria proibida a própria transação. Para ele, aliás, a conciliação englobaria também a renúncia e a aquiescência.

---

59 FERREIRA, Diogo Ribeiro. *O Direito Fundamental à Efetividade do Processo*. Belo Horizonte: Edição do Autor, 2011. pp. 21 e 108 bem como FERREIRA, Diogo Ribeiro. A Conciliação Antes e Depois do Novo Código de Processo Civil. *Jornal Estado de Minas*, 23 de março de 2011. p. 8.

60 A Constituição de 1824 trazia, em seu título, a palavra "Brazil" com "z", referente ao português arcaico. Manteve-se a grafia de 1824.

61 BRASIL. *Constituição Política do Império do Brazil, de 25.3.1824*. Disponível em <www.presidencia.gov.br/legislacao>. Acesso em 25 set. 2009.

62 CAPPELLETTI, Mauro; GARTH, Bryant. *Acesso à justiça*. Tradução de Ellen Gracie Northfleet. Porto Alegre: Sergio Antonio Fabris, 1988. pp. 83-87.

63 RESTA, Elígio. *Il diritto fraterno*. Roma-Bari, GLF Editori Laterza, 2004.

64 COUTURE, Eduardo J. *Estudios de derecho procesal civil*, v. 1. Buenos Aires: Ediar, 1948. pp. 229-232.

Já para James Goldschmidt[65], diversamente, "*El fin que persigue el procedimiento conciliatorio es la consecución de un arreglo, es decir, una transacción*", bem como "*El procedimiento conciliatorio persigue un fin de* ***protección jurídica independiente****, y aun cuando constituye un presupuesto necesario del procedimiento contencioso, no forma parte integrante del mismo*".

A palavra **conciliar** compreendida etimologicamente **significa** reunir para um objetivo comum[66]. Em sentido amplo pode-se arriscar a dizer que a mediação é uma conciliação qualificada e com critérios específicos, enquanto que o TAC seria uma conciliação em direitos coletivos na forma da lei. Ensinava Giuseppe Chiovenda[67] que "*La conciliación es el efecto de un acuerdo de voluntades, si bien provocado; es, por lo tanto, acto de disposición*", ou seja, a conciliação seria o efeito de um acordo voluntário provocado pelas partes e, portanto, ato de disposição.

Adiante, Michele Paumgartten e Humberto Dalla Bernardina de Pinho[68] informam que a compreensão da **mediação** envolve a formação de uma **cultura da pacificação**, **compreensão** do conflito e **superação** de **modelos paternalistas** de atuação do Judiciário, permitindo a conciliação equilibrada do acesso à justiça e da duração razoável do processo. A mediação estaria alicerçada em consonância com a teoria de Luis Alberto Warat[69], para quem os **conflitos nunca desaparecem** por completo, porém se transformam, requerendo **gerência** e **monitoramento**, além da abertura de canais de comunicação e conscientização.

A **mediação** possui **definição legal** no art. 1°, parágrafo único, da Lei 13.140/2015, segundo a qual "considera-se mediação a atividade técnica exercida por terceiro imparcial sem poder decisório, que, escolhido ou aceito pelas partes, as auxilia e estimula a identificar ou desenvolver soluções consensuais para a controvérsia".

O **desafio** é a utilização da **mediação** com **preservação da sua natureza, impedindo sua "deformação pelos vícios do processo"** e assegurando-se as devidas garantias constitucionais[70]. Para tanto, segundo a doutrina, a

---

65 GOLDSCHMIDT, James. *Derecho procesal civil.* Tradução da 2ª edição alemã por Leonardo Prieto Castro. Barcelona, Espanha: Labor, 1936. p. 359.

66 SILVA, Antônio Álvares da. *Cinco estudos de direito do trabalho.* São Paulo: LTr, 2009. p. 55.

67 CHIOVENDA, Giuseppe. *Instituciones de Derecho Procesal Civil*, v. 2. Tradução da 2ª edição italiana de Istituzioni di Diritto Processuale Civile por E. Gómez Orbaneja. Madrid: Editorial Revista de Derecho Privado, 1940. p. 26.

68 PAUMGARTTEN, Michele; PINHO, Humberto Dalla Bernardina de. O acesso à justiça e o uso da mediação na resolução dos conflitos submetidos ao Poder Judiciário. *Revista eletrônica de direito processual*, v. 8, p. 443-471, 2011.

69 WARAT, Luis Alberto. *O ofício do mediador*, v. 1. Florianópolis: Habitus, 2001. p. 31.

70 PAUMGARTTEN, Michele; PINHO, Humberto Dalla Bernardina de. O acesso à justiça e o uso da mediação na resolução dos conflitos submetidos ao Poder Judiciário. *Revista eletrônica de direito processual*, v. 8, p. 443-471, 2011.

mediação deve ser utilizada preferencialmente de modo autônomo ao processo, porém sem sua obrigatoriedade prévia tal qual se fosse um requisito para a propositura da ação judicial.

Michele Paumgartten e Humberto Dalla Bernardina de Pinho[71] informam que a mediação é obrigatória em alguns Estados dos EUA, como na Flórida e Califórnia, além da Argentina e da Itália. Porém, **reconhecem que essa solução não é adequada à realidade brasileira. Propõe-se uma** solução de **equilíbrio** na qual uma **interpretação ampliativa e neoconstitucional do interesse de agir** admitirá exigir-se, previamente à propositura da ação judicial, a comprovação da tentativa de uma solução consensual do conflito. A demonstração dessa tentativa poderia ser por meio de um contato por carta, e-mail ou outra forma de comunicação, o que já seria uma tentativa para enfoque no papel verdadeiro do Poder Judiciário enquanto *ultima ratio* da decisão de conflitos jurídicos.

No Brasil não existe a mediação prévia obrigatória e a Lei 13.140/2015, prevê, em seu art. 2º, vários **princípios pelos quais será orientada a mediação**: imparcialidade do mediador; isonomia entre as partes; oralidade; informalidade; autonomia da vontade das partes; busca do consenso; confidencialidade; e boa-fé. Constituindo marco legislativo sobre o assunto, a Lei 13.140/2015 informa, em seu art. 4º, que a **missão maior** do mediador é a de conduzir o procedimento de comunicação entre as partes, buscando o entendimento e o consenso e facilitando a resolução do conflito. Conforme o art. 5º, as mesmas exigências de imparcialidade aplicáveis ao magistrado estendem-se ao mediador.

A referida Lei preocupou-se em evitar práticas protelatórias ao dispor, no parágrafo único do art. 17, que o procedimento de mediação suspende o **prazo prescricional**. Permite-se, assim, que a mediação seja trabalhada sem prejudicar o exercício do direito pela via judicial própria.

Ensina Luciane Moessa de Souza[72] que existem vários **exemplos históricos de desenvolvimento e utilização da mediação** em conflitos da própria Antiguidade, com destaque para países do Oriente. Porém, para a autora, contemporaneamente é nos Estados Unidos da América que tais métodos "têm alcançado maior grau de utilização e sofisticação, espraiando sua influência pela América Latina, pela Europa Ocidental, Austrália, Nova

[71] PAUMGARTTEN, Michele; PINHO, Humberto Dalla Bernardina de. O acesso à justiça e o uso da mediação na resolução dos conflitos submetidos ao Poder Judiciário. *Revista eletrônica de direito processual*, v. 8, p. 443-471, 2011.

[72] Escola Nacional de mediação e Conciliação – ENAM; Centro de Educação a Distância da Universidade de Brasília – CEAD-UnB. *Resolução consensual de conflitos coletivos envolvendo políticas públicas.* Curso ministrado por Luciane Moessa de Souza. Módulo 1, p. 66. Nota XIV.

Zelândia e até para alguns países do Extremo Oriente." Para Luciane Moessa de Souza[73], "a mediação de um conflito pode ser definida como a intervenção construtiva de um terceiro imparcial junto às partes envolvidas no conflito, com vistas à busca de uma solução construída pelas próprias partes".

Por outro lado, Luis Alberto Warat[74] visualiza que a **mediação** pode se ocupar dos mais diversos **tipos de conflitos**, incluindo questões comunitárias, ecológicas, empresariais, familiares, penais, consumeristas, trabalhistas, políticos, de direitos humanos e da cidadania, entre outras.

Permitindo-se ir além, entende-se que os órgãos competentes da educação pública brasileira, inclusive no âmbito do Ministério da Educação, em consonância com as **universidades e faculdades de Direito brasileiras,** deveriam inserir disciplinas para se tratar de conciliação, mediação, transação, termo de ajustamento de conduta, além de negociação e acordo em sentido geral, durante o próprio curso regular de Direito. Com efeito, a rigor, não se deve formar pessoas para demandar, salvo nos casos estritamente necessários, mas, sim, voltar-se a formação jurídica para resolver conflitos jurídicos, nada impedindo que o advogado, na forma do art. 133 da Constituição da República, possa estar com seu cliente onde ele estiver.

Assim, um dos tipos de mediação, aquela voltada para a solução de problemas específicos, é considerada uma negociação facilitada[75] mediante basicamente quatro passos, entre outros, que historicamente a influenciaram especialmente nos Estados Unidos da América[76]:

1º) Separar as pessoas dos problemas;

2º) Focar em interesses (para que finalidade se deseja algo) e não em posições (as pretensões externadas num primeiro momento pelas partes);

3º) Gerar propostas de soluções criativas para o problema (expandir a "torta" antes de reparti-la);

4º) Estabelecer parâmetros justos e adequados para encontrar a solução final (critérios para "repartir a torta").

---

73 Escola Nacional de mediação e Conciliação – ENAM; Centro de Educação a Distância da Universidade de Brasília – CEAD-UnB. *Resolução consensual de conflitos coletivos envolvendo políticas públicas.* Curso ministrado por Luciane Moessa de Souza. Módulo 1, p. 10.

74 WARAT, Luis Alberto. *O ofício do mediador,* v. 1. Florianópolis: Habitus, 2001. p. 87.

75 Escola Nacional de mediação e Conciliação – ENAM; Centro de Educação a Distância da Universidade de Brasília – CEAD-UnB. *Resolução consensual de conflitos coletivos envolvendo políticas públicas.* Curso ministrado por Luciane Moessa de Souza. Módulo 1, p. 14.

76 FISHER, Roger; URY, William; PATTON, Bruce. *Como chegar ao sim – a negociação de acordos sem concessões.* Tradução de Vera Ribeiro e Ana Luiza Borges. 2. ed. Rio de Janeiro: Imago, 2005.

Algumas das principais **etapas possíveis** destacadas por Luciane Moessa de Souza[77] para a realização da **mediação** são a realização de sessões de mediação privadas e/ou conjuntas, a realização de estudos técnicos, a realização de audiências públicas ou outras formas de dar transparência permitindo a participação pública no processo, a redação do acordo com conteúdo mínimo, detalhamento das obrigações e relevância do quadro normativo, além de ratificação do acordo e sua homologação. Os **arts. 14 a 29 da Lei 13.140/2015** possuem consonância em geral com tais etapas e trazem um certo detalhamento da **previsão procedimental da mediação** extrajudicial, além da mediação judicial.

Destacando-se a relevância das etapas evidenciadas pela autora, entende-se que essas etapas, *mutatis mutandis*, sejam aplicáveis tanto à resolução de **conflitos individuais** quanto **coletivos**.

A Resolução n. 118/2014 do CNMP distingue a conciliação da mediação. Em seus arts. 9º e 10, a **mediação**[78] é indicada para solucionar controvérsias ou conflitos nos quais seja necessária a **atuação integrada de ambas as partes divergentes com o objetivo de se pacificarem**. Indica-se, ainda, que haja confidencialidade[79] quando necessário e recomenda-se que as mediações comunitárias e escolares sejam informais.

Em seus arts. 11 e 12, a **conciliação**[80] é recomendada para controvérsias ou conflitos que envolvam direitos ou interesses nas áreas de atuação do Ministério Público como órgão interveniente, através de membro, servidor ou voluntário, e nos quais sejam necessárias **intervenções propondo soluções para a resolução das controvérsias ou dos conflitos**, leia-se, que não tenham a mesma complexidade da mediação. Recomendou o CNMP, ainda, a aplicação subsidiaria das normas sobre mediação à conciliação.

Avançando em relação à referida distinção, o **novo Código de Processo Civil** faz um destaque importante entre conciliação e mediação nos parágrafos

---

77 Escola Nacional de mediação e Conciliação – ENAM; Centro de Educação a Distância da Universidade de Brasília – CEAD-UnB. *Resolução consensual de conflitos coletivos envolvendo políticas públicas.* Curso ministrado por Luciane Moessa de Souza. Módulo 3, p. 9-48.

78 BRASIL. Conselho Nacional do Ministério Público. Resolução n. 118/2014. Disponível em www.cnmp.mp.br. Acesso em 29 jan. 2015.

79 Quanto à confidencialidade no âmbito do Direito Coletivo, entende-se que as sessões de mediação, especialmente antes da celebração do acordo, caso necessário, podem ser reservadas (por exemplo em matérias que envolvem segurança nacional ou intimidade de pessoas, art. 93, IX, da Constituição da República), tendo em vista que o princípio da publicidade não é absoluto e pode ser parcialmente limitado, de modo temporário, para fins de se atingir a pacificação social, que é o escopo magno do Direito e da Justiça. Sem embargo, a mediação no âmbito coletivo deve ter seu resultado publicado, permitindo-se à coletividade, inclusive, eventual impugnação.

80 BRASIL. Conselho Nacional do Ministério Público. Resolução n. 118/2014. Disponível em www.cnmp.mp.br. Acesso em 29 jan. 2015.

2º e 3º do art. 165. **A conciliação é cabível** nos casos em que **não houver vínculo anterior entre as partes**, podendo sugerir soluções para o litígio, porém vedada qualquer forma de constrangimento ou intimidação como instrumento de sua obtenção.

Já a **mediação**, segundo o novo CPC, atuará preferencialmente nos casos em que houver **vínculo anterior entre as partes**, e ao mediador compete auxiliar os interessados a compreender as questões e os interesses em conflito, de modo que eles possam, **pelo restabelecimento da comunicação, identificar, por si próprios, soluções consensuais que gerem benefícios mútuos.**

Enquanto a **conciliação** é, via de regra, um **incidente** dentro do processo, nada obstante em alguns casos possa ser também externa a este[81], a **mediação** é um **procedimento qualificado** e especializado para a solução consensual de conflitos de interesses utilizando técnicas especiais, podendo realizar-se **também como incidente** do processo ou extrajudicialmente.

A conciliação e a mediação, quando feitas judicialmente, **independem de momento processual específico**, seja 1ª, 2ª instância ou tribunais superiores, o que é corroborado pelos §§ 2º e 3º do art. 3º do novo CPC.

Pela notória efetividade dos métodos consensuais de resolução de conflitos, relevantes ventos impulsionaram adiante o **novo Código de Processo Civil**, Lei 13.105/15, em relação ao CPC de 1973, dedicando-se os arts. 3º, §§ 2º e 3º, 165 a 175 e 334, entre outros, a pontos de grande relevância no tocante à conciliação e à mediação, incluída nestes dispositivos não só a **atividade** dos **magistrados** mas também dos **conciliadores e mediadores**, tendo os dois últimos recebido um status diferenciado com a previsão de sua atividade no próprio estatuto processual pátrio. Tal reconhecimento mostra um cuidado especial do novo CPC com a atividade de mediação e conciliação, consideradas todas as características estudadas.

Ao se asseverar, no **art. 3º** do novo Código de Processo Civil, **Lei 13.105/15**, que "**o Estado promoverá, sempre que possível, a solução consensual dos conflitos**", bem como que "a conciliação, a mediação e outros métodos de solução consensual de conflitos deverão ser estimulados por juízes, advogados, defensores públicos e membros do Ministério Público, inclusive no curso do processo judicial", foi reafirmada a necessidade de busca da autocomposição judicial e extrajudicial tanto pelo Estado quanto pelos particulares.

Ademais, a determinação de que os **tribunais pátrios criarão "centros judiciários de solução consensual de conflitos**, responsáveis pela realização

81 Recorde-se que existem juizados informais de conciliação funcionando em escolas e em comunidades carentes que buscam pacificar conflitos existentes na respectiva região.

de sessões e audiências de conciliação e mediação e pelo desenvolvimento de programas destinados a auxiliar, orientar e estimular a autocomposição", prevista no *caput* do art. 165 do novo CPC, corrobora com a solução de conflitos através de um novo órgão responsável pela temática.

A seu turno, o art. 334 do CPC/2015 dispõe sobre a possibilidade de ser realizada **mais de uma audiência** de conciliação ou mediação, caso seja necessária. Destaca-se ainda que a **ausência injustificada** do autor ou do réu à audiência de conciliação será considerada **ato atentatório à dignidade da justiça** e a referida audiência, nos termos do mesmo artigo, poderá inclusive ser **eletrônica**, nos termos da lei.

Já nos termos do art. 694 do CPC/2015, todos os esforços serão empreendidos para a solução consensual da controvérsia em **ações de família**, devendo o juiz dispor do auxílio de **profissionais de outras áreas** de conhecimento para a mediação e conciliação.

Assim, os mecanismos de composição autônoma de conflitos são efetivos para se obter a resolução de um **litígio em seu sentido sociológico**, ou seja, mediante a pacificação social. Pela própria posição assumida pelas partes quando elas se colocam favoravelmente à solução do problema, o dispêndio de energias por parte de um conciliador, mediador, legitimado público ou magistrado é melhor direcionado. Isso pode ser exemplificado pelo fato de que **a conciliação é utilizada em diversos continentes e países para a busca da solução do litígio**, entre eles o Japão, os Estados Unidos, a França, a Áustria, a Alemanha, a Itália e a Suécia, conforme ensinam Cappelletti e Garth[82]:

> O sistema jurídico japonês oferece exemplo conspícuo do uso largamente difundido da conciliação. Cortes de conciliação, compostas por dois membros leigos e (ao menos formalmente) por um juiz, existem a muito tempo em todo o Japão, para ouvir as partes informalmente e recomendar uma solução justa.
>
> [...]
>
> Muitos países ocidentais, em particular a França e os Estados Unidos, estão comprovando a veracidade da instituição dos relatores japoneses. A experiência dos Estados Unidos, em 1978, com os "centros de justiça de vizinhança", que será discutida a seguir, em conexão com os "tribunais populares" constitui um exemplo importante da renovada atenção dada à conciliação, e a nova instituição francesa do conciliador local já passou do nível experimental.

---

82 CAPPELLETTI, Mauro; GARTH, Bryant. *Acesso à justiça.* Tradução de Ellen Gracie Northfleet. Porto Alegre: Sergio Antonio Fabris, 1988. pp. 83-87.

> [...]
>
> Na Áustria, "em cada estágio do litígio, o juiz – mantendo sua posição ativa no processo – está autorizado a agir como um pacificador"; [...]. Outros exemplos incluem a França [...]; a Alemanha [...]; a Itália [...]; a Suécia [...].

Cumpre salientar que aos métodos autônomos de resolução de conflitos confere-se segurança jurídica na medida em que os **vícios** que os atingirem, como fraude, dolo ou erro, **podem ser judicialmente discutidos** nos termos do art. 966, incisos III, VIII e § 4º, do CPC/2015, que preveem a possibilidade de rescisão ou anulação da decisão nos casos previstos.

2.3 O TERMO DE AJUSTAMENTO DE CONDUTA – TAC, O ENVOLVIMENTO E ENLACE DO PODER PÚBLICO E ECONÔMICO, ALIADO À SEPARAÇÃO DE PODERES: *CHECKS AND BALANCES* E SOLUÇÃO CONSENSUAL DE CONFLITOS COLETIVOS

Segundo Barbosa Moreira[83], "no mundo do processo, há pouco espaço para absolutos, e muito para o equilíbrio recíproco de valores que não deixam de o ser apenas porque relativos." A seu turno, para Cappelletti e Garth[84] a teoria do Acesso à Justiça funda-se na **ruptura da crença tradicional** na confiabilidade das instituições jurídicas e inspira-se no desejo de tornar efetivos os direitos do cidadão comum, recusando-se a aceitar como imutáveis quaisquer procedimentos e instituições que caracterizam a engrenagem de justiça.

É forçoso concordar com Geisa de Assis Rodrigues[85] quando esta destaca que o compromisso de ajustamento de conduta "é um importante instituto para a concreção dos objetivos do Estado Democrático de Direito" por permitir a participação na esfera de atuação do Estado, favorecer o amplo acesso à justiça dos direitos fundamentais da sociedade denominados transindividuais e ainda percorrer caminhos que vão além da tutela jurisdicional, entre outros aspectos. Para ela, o **princípio democrático** pressupõe que a prática do ajuste seja "motivada, pública e participativa", uma vez que configura, "em certa medida, a tomada de uma decisão política, que deve estar sujeita a controle".

---

83 Efetividade do processo e técnica processual. BARBOSA MOREIRA, José Carlos. *Temas de Direito Processual, sexta série*. São Paulo: Saraiva,1997. p. 28.

84 CAPPELLETTI, Mauro; GARTH, Bryant. *Acesso à justiça*. Tradução de Ellen Gracie Northfleet. Porto Alegre: Sergio Antonio Fabris, 1988. P. 8.

85 RODRIGUES, Geisa de Assis. *Ação civil pública e termo de ajustamento de conduta: teoria e prática*. 3 ed. Rio de Janeiro: Forense, 2011. p. 281-282.

Já se verifica em precedente do STJ[86] o reconhecimento da importância da **atuação coordenada e multidisciplinar do Poder Público e do Ministério Público**, em sede de **ajustamento de conduta**, com vistas à proteção de valores relacionados à **dignidade humana**, bem como direitos trabalhistas, ambientais e comerciais, além do amparo a crianças e adolescentes.

O termo de ajustamento de conduta é uma ferramenta de autocomposição localizada no microssistema processual coletivo brasileiro. A Lei da Ação Civil Pública, **Lei 7.347/85,** em seu **art. 5º, § 6º**, dispõe que "os órgãos públicos legitimados poderão tomar dos interessados compromisso de ajustamento de sua conduta às exigências legais, mediante cominações, que terá eficácia de título executivo extrajudicial"[87].

Partindo-se disso estuda-se o **TAC** perscrutando suas **características**, polêmicas, restrições e possibilidades, entre outros.

Destacam-se as **inúmeras semelhanças entre os institutos da conciliação e do compromisso de ajustamento de conduta**, quais sejam: são formas de composição autônoma; relatórios nacionais do Ministério da Justiça[88] apontam sua efetividade; podem ser rápidos e trazer segurança jurídica; são pontos de equilíbrio entre dois pontos extremos (reconhecimento da procedência do pedido e renúncia ao objeto da ação); são temas contemporâneos; não devem ser buscados por mero medo de ressentimento do juiz[89]; podem restaurar relacionamentos prolongados, porém não devem ser apenas remédios para problemas do judiciário; têm a finalidade de alcançar a paz[90]; não exigem reforma legislativa; resolvem litígios e até mesmo, possivelmente, a lide em seu sentido sociológico, ou seja, em seu viés metajurídico[91]; independem de momento processual específico, seja 1ª, 2ª instância ou tribunais superiores[92], e podem ser extrajudiciais; constituem métodos

---

86 BRASIL. Superior Tribunal de Justiça. CC 116.282/PR, Rel. Ministro HERMAN BENJAMIN, PRIMEIRA SEÇÃO, julgado em 24/08/2011, DJe 06/09/2011.

87 Embora não esteja abrangida pelo objeto principal desta tese, merece registro a existência do art. 107 do Código de Defesa do Consumidor – CDC, que, paralelamente, dispõe sobre a solução de conflitos coletivos de modo consensual através da Convenção Coletiva de Consumo.

88 BRASIL. Ministério da Justiça – Secretaria de Reforma do Judiciário. *Relatório Tutela judicial dos interesses metaindividuais: ações coletivas.* Brasília, 2007. pp. 31 e 44-45. **Nota:** Em busca no site do Ministério da Justiça (www.mj.gov.br) em 18/06/2015, não se encontrou novos relatórios referentes ao tema.

89 CAPPELLETTI, Mauro; GARTH, Bryant. *Acesso à justiça.* Tradução de Ellen Gracie Northfleet. Porto Alegre: Sergio Antonio Fabris, 1988. pp. 86-87.

90 ARAÚJO CINTRA, Antônio Carlos de; DINAMARCO, Cândido Rangel; GRINOVER, Ada Pellegrini. *Teoria Geral do Processo.* 24. ed. São Paulo: Malheiros. 2008. pp. 31-32.

91 Efetividade do processo e técnica processual. BARBOSA MOREIRA, José Carlos. *Temas de Direito Processual, sexta série.* São Paulo: Saraiva, 1997. p. 20.

92 CPC/1973, art. 125. O juiz dirigirá o processo conforme as disposições deste Código, competindo-lhe: [...] IV – tentar, **a qualquer tempo**, conciliar as partes. (Incluído pela Lei nº 8.952, de 13.12.1994) (g.n.)

alternativos de resolução de conflitos; resolvem o mérito da demanda; priorizam a construção dialética da solução do conflito; desoneram o custo do processo; entre outros.

Em razão dessas semelhanças o **STJ**, em precedente, já afirmou inclusive que o **TAC é "um acordo semelhante ao instituto da conciliação** e, como tal, depende da convergência de vontades entre as partes"[93]. O próprio STJ também já se referiu ao TAC como "**solução negociada de ajuste das condutas às exigências legais**"[94], fazendo-se necessária uma "negociação prévia" entre os interessados com o objetivo de definir o conteúdo do compromisso[95].

Cabe ressaltar que **houve um tempo** em que já se entendeu que a **mera existência de controvérsias** sobre direitos **inviabilizaria dispor deles** em juízo[96]. Porém, atualmente o que instiga os juristas é justamente as oportunidades de autocomposição pelos legitimados para ações judiciais coletivas, em seu sentido *lato*, ou mesmo extrajudicialmente, bem como nos casos com incidência sobre direitos tidos em tese por indisponíveis, o que pode ser exemplificado pela posição do Ministério Público como órgão constitucionalmente legitimado nos termos do art. 127, *caput*, c/c art. 129, inciso III, da Constituição da República.

Pelo que se expôs, corrobora-se a lição de Cintra, Grinover e Dinamarco[97], já que os olhos são abertos hodiernamente para todas as **modalidades de soluções não-jurisdicionais de conflitos**, tratadas como meios de pacificação social, sendo que sua finalidade é justamente alcançar a paz. Segundo Cintra, Grinover e Dinamarco, "vai ganhando corpo a consciência de que,

---

93 BRASIL. Superior Tribunal de Justiça. REsp 596.764/MG, Rel. Ministro Antonio Carlos Ferreira, Quarta Turma, julgado em 17/05/2012, DJe 23/05/2012.

94 BRASIL. Superior Tribunal de Justiça. AgRg no REsp 1175494/PR, Rel. Ministro Arnaldo Esteves Lima, Primeira Turma, julgado em 22/03/2011, DJe 07/04/2011.

95 Destacam-se, a seguir, três autores que defendem tal posicionamento: MAZZILLI, Hugo Nigro. *A defesa dos interesses difusos em juízo: meio ambiente, consumidor, patrimônio cultural, patrimônio público e outros interesses.* 21 ed. rev., ampl. e atual. São Paulo: Saraiva, 2008. p. 394; RODRIGUES, Geisa de Assis. *Ação civil pública e termo de ajustamento de conduta: teoria e prática.* 3 ed. Rio de Janeiro: Forense, 2011. p. 282; DIDIER JÚNIOR, Fredie; ZANETI JÚNIOR, Hermes. *Curso de Direito Processual Civil*, v. 4, Processo Coletivo. 3. ed. Salvador: JusPodivm, 2008. p. 330.

96 Conforme CALAMANDREI, Piero. *Estudios sobre el processo civil.* Buenos Aires: Cangallo, 1945. P. 344: *Aunque, según el derecho sustancial, quedasen algunos campos en los que los particulares conservaran el poder de disponer contractualmente de sus bienes, no es admisible que sobre los mismos objetos, al surgir controversias en torno a ellos, los particulares conserven poder alguno de disposición procesal ante los tribunales del Estado.* | Tradução livre: Ainda que, segundo o Direito material, existam alguns campos em que os particulares conservem o poder de dispor contratualmente de seus bens, não é admissível que, ao surgir controvérsias sobre os mesmos objetos, os particulares conservem poder algum de dispor processual perante os tribunais do Estado.

97 ARAÚJO CINTRA, Antônio Carlos de; DINAMARCO, Cândido Rangel; GRINOVER, Ada Pellegrini. *Teoria Geral do Processo.* 24. ed. São Paulo: Malheiros. 2008. pp. 31-32.

se o que importa é pacificar, torna-se irrelevante que a pacificação venha por obra do Estado ou por outros meios, desde que eficientes." Nesse sentido, aplica-se às causas que permitem acordos o pensamento de que se o interesse é defendido juridicamente pelos seus legitimados, nada melhor do que atribuir a eles próprios a **chave da decisão** do conflito.

Com precisão conceitual e em poucas palavras, Humberto Theodoro Júnior[98] atinge o cerne da questão ao celebrar que a proposta do texto que hoje culmina no novo Código de Processo Civil/2015 "valoriza e estimula e prática da **justiça coexistencial**, dando ênfase às soluções conciliatórias, para facilitar que a composição do litígio seja construída pelas próprias partes, na medida do possível".

Visualiza-se, assim, o acordo representando o equilíbrio entre dois extremos, situando-se: entre o reconhecimento da procedência do pedido e a renúncia ao direito sobre o qual se funda a ação. Porém, seria possível refletir que o erro da proibição absoluta da autocomposição para todas as hipóteses de direitos considerados indisponíveis, inclusive em processos coletivos como no caso do TAC, seria pensar que tal posição garantiria o resguardo do patrimônio jurídico dos interessados.

Nesse escopo, faz-se necessário estudar a autocomposição, em especial o TAC, em seus **múltiplos aspectos,** com a finalidade de que ele seja colocado, com mais profundidade, a serviço do Direito brasileiro e da solução dos desafios que se apresentam atualmente à efetividade do processo. Jamais se poderia olvidar que ele retoma o foco principal do Direito, qual seja, a pacificação social, não obstante seja altamente benéfico e possa ser realizado **sem reforma da legislação tampouco envolva investimento relevante da Fazenda Pública**[99].

Quanto ao TAC, considerando-se que a capacitação de conciliadores, mediadores e membros dos órgãos pode ser ministrada por pessoal que já

---

98 THEODORO JÚNIOR, Humberto. *Curso de direito processual civil, v. 1, Teoria geral do direito processual civil e processo de conhecimento*. 54 ed. Rio de Janeiro: Forense, 2013. p. XXXIII.

99 Conforme já se destacou acerca dos benefícios da conciliação, em semelhança ao TAC, conforme FERREIRA, Diogo Ribeiro; PAIXÃO JÚNIOR, Manoel Galdino da. UNIVERSIDADE FEDERAL DE MINAS GERAIS. Efetividade do processo como direito fundamental: tecnologia, técnica processual e diálogo democrático face aos desafios do direito brasileiro. 2010. 224 f. Dissertação (mestrado) – UFMG, Faculdade de Direito. p. 127: "Como exemplo de diversas leis recentes que optaram por tentar melhorar a efetividade processual através de aparelhamento estatal mediante despesas correntes (gastos com pessoal), é possível citar as seguintes: 12.027, de 9.9.2009, 11.998, de 29.7.2009 e 11.997, de 29.7.2009 (TRT 2ª Região), 12.022, de 27.8.2009 (TRT 22ª Região), 12.021, de 27.8.2009 (TRT 8ª Região), 12.005, de 29.7.2009 (TRT 1ª Região), 12.000, de 29.7.2009 (TRT 15ª Região), 11.999, de 29.7.2009 (TRT 7ª Região), 11.986, de 27.7.2009 (TRT 17ª Região), 11.985, de 27.7.2009 (TRT 16ª Região), 11.979, de 8.7.2009 (TRT 9ª Região), 11.978, de 8.7.2009 (TRT 18ª Região), e 11.963, de 3.7.2009 (TRT 5ª Região)."

compõe o quadro dos próprios órgãos legitimados públicos, bem como em se considerando a possibilidade de aproveitamento do espaço e da estrutura já existentes, **não haverá expectativa de onerosidade significativa** ou obstativa. Sem nenhum embargo, destaca-se, quanto à capacitação dos conciliadores e mediadores, a existência de normas específicas previstas nos arts. 165 a 175 do CPC/2015, bem como nos arts. 9º a 13 da Lei 13.140/2015.

Não obstante os benefícios da autocomposição, atualmente ela tem sido pensada e direcionada ao **contexto dos litígios individuais**, o que não se coaduna com a necessidade atual de busca, nos processos coletivos, de resolução de causas que, em caráter de repetição, vêm a sobrecarregar a atividade jurisdicional, ocasionando inefetividade processual num contexto global.

Nesse sentido, aduz Barbosa Moreira[100] a necessidade de atuação dos juristas para implementar a **efetividade processual sem aguardar passivamente reformas legislativas.** Carlos Alberto Alvaro de Oliveira[101], em consonância, indica a necessidade de se romper com concepções que não mais correspondam às exigências atuais, ou seja, que já deixaram de ser adequadas. Embora o novo CPC, Lei 13.105/15, tenha trazido várias disposições legislativas novas sobre autocomposição, acredita-se que seja a postura dos juristas que irá consolidar ou não a diferença no trato da matéria.

É inolvidável, em questões constitucionais, que o próprio Supremo Tribunal Federal já realiza, na forma da lei, a modulação de efeitos, **"transigindo-se" com direitos, mesmo inconstitucionais e nulos**. A título de exemplo, na forma da lei, o STF pode proceder a um ato de disposição previsto no art. 27 da Lei 9.868/99, quando a declaração de nulidade resultaria grave ameaça a todo o sistema jurídico, segundo o próprio STF, motivo pelo qual pode reconhecer apenas efeitos pró-futuro, *ex nunc*, à declaração de inconstitucionalidade. Em magistério jurisprudencial o STJ corrobora:

> Em nosso sistema, a inconstitucionalidade é causa de nulidade da norma, tendo, portanto, eficácia *ex tunc* o provimento jurisdicional que a declara. **Entretanto, em circunstâncias excepcionais e para preservar outros valores constitucionalmente relevantes, considerados prevalecentes no caso concreto, não se descarta a hipótese de ser mantida determinada**

[100] Efetividade do processo e técnica processual. BARBOSA MOREIRA, José Carlos. *Temas de Direito Processual, sexta série*. São Paulo: Saraiva, 1997. p. 20.

[101] OLIVEIRA, Carlos Alberto Álvaro de. Efetividade e tutela jurisdicional. MARINONI, Luiz Guilherme (coord). *Estudos de Direito Processual Civil – homenagem ao Professor Egas Dirceu Moniz de Aragão.* São Paulo: Revista dos Tribunais, 2006. p. 421: Todavia, se quisermos pensar o direito processual na perspectiva de um novo paradigma de real efetividade, é preciso romper de vez com concepções privatísticas e atrasadas, que não mais correspondem às exigências atuais e que deixaram de ser adequadas às elaborações doutrinárias e aos imperativos constitucionais que se foram desenvolvendo ao longo do século XX.

situação formada inconstitucionalmente. É o que prevê, em relação às ações de controle concentrado de constitucionalidade, o art. 27 da Lei 9.868/99, cujo princípio informador pode ter aplicação em controle incidental, como já ocorreu, antes mesmo da referida Lei, em precedentes do STF. (BRASIL. Superior Tribunal de Justiça. REsp 727.209/RJ, Rel. Ministro Teori Albino Zavascki, 1ª Turma, julgado em 21/02/2006, DJ 13/03/2006, p. 213) (g.n)

Já o TAC se amolda especialmente ao conceito de autocomposição, pois se trata de um mecanismo que possui as características da **bilateralidade e consensualidade**, além de permitir a resolução da lide em sentido amplo sem haver a necessidade de participação obrigatória do Poder Judiciário. Ou seja, é possível a resolução do conflito de modo extrajudicial ou mesmo judicialmente.

Deve-se considerar que no atual contexto de busca pela efetividade do processo devem ser envidados esforços em prol da **autocomposição mesmo em espaços antes não usuais**[102], como em ações civis públicas em que o legitimado para ações coletivas esteja defendendo não os seus próprios interesses, mas sim os interesses da sociedade e o próprio interesse público.

Tal situação ganha relevo especialmente no caso do Ministério Público enquanto órgão constitucionalmente legitimado para a defesa de interesses difusos. Aliás, são vistosos os **resultados de celebração de acordos (*lato sensu*) no contexto dos Inquéritos e Ações Civis Públicas**[103]. Com efeito, de acordo com dados do Ministério da Justiça[104] a homologação de acordos

---

102 Efetividade do processo e técnica processual. BARBOSA MOREIRA, José Carlos. *Temas de Direito Processual, sexta série.* São Paulo: Saraiva, 1997. p. 28.

103 BRASIL. Ministério da Justiça – Secretaria de Reforma do Judiciário. *Relatório Tutela judicial dos interesses metaindividuais: ações coletivas.* Brasília, 2007. p. 31: As taxas médias de termos de ajustamento de conduta obtidas em função do número de procedimentos preparatórios de ACP não discreparam tanto, todavia. Enquanto no MP de São Paulo foi firmado um TAC para cada 2,44 procedimentos instaurados, no órgão gaúcho a taxa foi de um para cada 2,93, representando, portanto, uma taxa menor de acordos por inquérito para o órgão gaúcho. **Nota:** Em busca no site do Ministério da Justiça (www.mj.gov.br) em 18/06/2015, não se encontrou novos relatórios referentes ao tema.

104 BRASIL. Ministério da Justiça – Secretaria de Reforma do Judiciário. *Relatório Tutela judicial dos interesses metaindividuais: ações coletivas.* Brasília, 2007. pp. 44-45: [...] quanto ao destino das ações julgadas em primeiro grau no período, notou-se que a procedência total foi prevalente, alcançando o percentil médio para os dois Estados (MT e RS) de 32,73%. **Em segundo lugar figurou a homologação de acordos**, com um percentil médio de 27,18%. [...] Finalmente, merecem destaque as informações recebidas dos dois tribunais acerca dos tempos médios de tramitação das ACPs. Em primeiro grau, foram de 31 meses, no caso do Mato Grosso, e de 13 meses, no caso do Rio Grande do Sul. Apenas o Tribunal gaúcho informou o tempo médio de tramitação dos casos em segundo grau, que foi, nos últimos cinco anos, de 8,6 meses. Por outro lado, o Tribunal do Mato Grosso forneceu informações acerca dos tempos médios de tramitação em primeiro grau especificados pelo resultado final do julgamento, apresentando os dados seguintes: **homologação de acordo (18 meses)**; extinção sem julgamento de mérito (30,2 meses); procedência total (36,9 meses); improcedência (45,6 meses) e procedência parcial (50 meses). (g.n.)

em Ações Civis Públicas – ACPs foi o segundo destino mais comum entre as ações pesquisadas, atrás apenas da procedência total. Porém, **a duração dos processos em que houve a homologação de acordo foi a mais curta.**

Considerando que o termo de ajustamento de conduta, enquanto forma de autocomposição, pode otimizar o respeito aos direitos coletivos de forma mais célere, além de mais efetiva, e também levando em consideração que eles em geral são cumpridos[105] por seus compromissários, o TAC deve ser uma das principais opções dos legitimados públicos previstos na Lei 7347/85. Com efeito, conforme recorda Geisa de Assis Rodrigues[106], em pesquisa específica sobre a atuação do Ministério Público Federal em TACs, por ser voluntária a adesão ao ajuste, "apenas 17% dos ajustes celebrados não foram plenamente atendidos". Em análise crítica dos dados obtidos, conclui Geisa Rodrigues[107], sobre o TAC, que "o seu cumprimento espontâneo é mais natural do que o de uma decisão imposta, evitando as dificuldades do processo de cognição e de execução desse tipo de lide". Assim, o foco dos acordantes no cumprimento do TAC está presente naturalmente em grande número de casos, conforme exemplificado pela estatística acima, o que contribui enormemente para o seu sucesso.

Desse modo, verifica-se que a autocomposição através de acordo celebrado no contexto do Direito coletivo, além de permitir uma **redução do tempo** de desdobramento procedimental, permite **outra via,** além do julgamento de procedência, **para adequação de comportamentos ilícitos**. Conforme já ensinou Barbosa Moreira[108], "nem o valor *celeridade* deve primar, pura e simplesmente, sobre o valor *verdade*, nem este sobrepor-se, em quaisquer circunstâncias, àquele", e nesse cenário a conciliação ou mediação que venham a culminar em um TAC apresentam-se como a melhor relação custo-benefício em ações civis públicas e em inquéritos civis públicos, por conseguir proporcionar, de modo ímpar, o acesso à justiça.

Não fosse isso bastante, a falta de utilização da autocomposição pode impedir a produção de **efeitos processuais subjetivos e objetivos**[109] como o

---

105 RODRIGUES, Geisa de Assis. *Ação civil pública e termo de ajustamento de conduta: teoria e prática.* 3 ed. Rio de Janeiro: Forense, 2011. pp. 261-268 e 281-282.

106 RODRIGUES, Geisa de Assis. *Ação civil pública e termo de ajustamento de conduta: teoria e prática.* 3 ed. Rio de Janeiro: Forense, 2011. p. 262.

107 RODRIGUES, Geisa de Assis. *Ação civil pública e termo de ajustamento de conduta: teoria e prática.* 3 ed. Rio de Janeiro: Forense, 2011. p. 262.

108 Efetividade do processo e técnica processual. BARBOSA MOREIRA, José Carlos. *Temas de Direito Processual, sexta série*. São Paulo: Saraiva, 1997. p. 22

109 FERREIRA, Diogo Ribeiro; PAIXÃO JÚNIOR, Manoel Galdino da. UNIVERSIDADE FEDERAL DE MINAS GERAIS. *Efetividade do processo como direito fundamental: tecnologia, técnica processual e diálogo democrático face aos desafios do direito brasileiro.* 2010. 224 f. Dissertação (mestrado) – UFMG, Faculdade de Direito. p. 161-162.

aumento da motivação de servidores e a redução da acumulação de processos sem decisão final.

Segundo pesquisas do Ministério da Justiça[110] esses fatores projetam a conciliação como a **melhor relação custo-benefício inclusive em ações civis públicas e inquéritos civis públicos**. De fato, essa forma de autocomposição consegue aproximar os valores axiológicos verdade e celeridade, além de atacar a massa de litígios existente nas instâncias ordinárias e impedir que essa massa de litígios seja remetida posteriormente para os tribunais superiores.

Segundo Egas Dirceu Moniz de Aragão[111] existe a necessidade de se excogitar meios de se **prevenir e reduzir a diluição de litígios** de massa entre particulares, como os que surgem entre "fornecedores" (*lato sensu*) e "consumidores" (também *lato sensu*). Com esse enfoque as ACPs e ICPs podem minorar o congestionamento processual nas diferentes instâncias do Judiciário[112]. De fato, a tutela coletiva permite uma solução concentrada justamente para que não haja a repetição desnecessária de tal espécie de litígio[113].

É possível, em tese, mas claramente inviável, na prática, haver maior efetividade mediante o simples **aumento proporcional do número de órgãos judiciários** em relação ao nível de morosidade atualmente atingido no Brasil[114]. Mas sob os auspícios da autocomposição e da conciliação é viável uma mudança de mentalidade que leve à melhoria de conteúdo das decisões judiciais aliada à redução de tempo de duração dos processos, sem que haja violação do devido processo legal. Um dos significados de tal ideia é representar outra via ao combate da morosidade que não perpasse necessariamente a técnica processual de julgamento.

Contudo, a defesa dos métodos alternativos de resolução de conflitos ora proposta **não significa**, de modo algum, que se defenda a **"privatização do**

---

110 BRASIL. Ministério da Justiça – Secretaria de Reforma do Judiciário; PNUD – Programa das Nações Unidas para o Desenvolvimento. *Análise da Gestão e Funcionamento dos Cartórios Judiciais*. Brasília, 2007. P. 37. **Nota:** Em busca no site do Ministério da Justiça (www.mj.gov.br) em 18/06/2015, não se encontrou novos relatórios referentes ao tema.

111 MONIZ DE ARAGÃO, Egas Dirceu. *Estatística judiciária*. Revista de Processo nº 110. p. 17.

112 Sobre tal tema já se destacou que a relevante ideia de Moniz de Aragão, segundo o qual os problemas da massa de litígios devem ser resolvidos concomitantemente nos tribunais superiores e nas instâncias ordinárias, já que são os recursos, não os processos de competência originária, o maior fator de abarrotamento dos tribunais. Assim, seria um erro que a solução ("o cobertor curto") agasalhasse os órgãos superiores, desagasalhando os inferiores, ou vice-versa.

113 FERREIRA, Diogo Ribeiro. *O Direito Fundamental à Efetividade do Processo.* Belo Horizonte: Edição do Autor, 2011. p. 142.

114 FERREIRA, Diogo Ribeiro; PAIXÃO JÚNIOR, Manoel Galdino da. UNIVERSIDADE FEDERAL DE MINAS GERAIS. *Efetividade do processo como direito fundamental: tecnologia, técnica processual e diálogo democrático face aos desafios do direito brasileiro.* 2010. 224 f. Dissertação (mestrado) – UFMG, Faculdade de Direito. p. 190.

processo". Buscando-se inspiração na lição de Barbosa Moreira[115], "falar em privatização do processo é uma expressão, nalguns casos, inadequada; noutros falsa; em todos, perigosa".

Nesse escopo, há que se recordar a ênfase de Ronaldo Cunha Campos[116], para quem o processo é um dos veículos de **participação da sociedade** no Estado e o fato de os grupos sociais ou indivíduos atuarem na **tutela coletiva**, em especial defendendo interesses da sociedade, apresenta justamente a necessidade de conciliar interesses. Isso ocorre com a Ação Civil Pública, sendo que com o TAC busca-se um meio ainda mais célere do que a ACP para a resolução do conflito.

Em consonância com todo o exposto, o **Superior Tribunal de Justiça**[117] reconhece o termo de ajustamento de conduta como instrumento de **autocomposição**, com a particularidade de que ele não poderá constituir jamais renúncia a direitos de terceiros pelos seus legitimados, mas simples reconhecimento de direitos mínimos em proveito dos reais detentores do direito material controvertido.

Apesar de Araújo Cintra, Dinamarco e Grinover[118] recordarem que "a pacificação social é o escopo magno da jurisdição e, por consequência, de todo o sistema processual", esse objetivo nunca foi integralmente alcançado em uma perspectiva global.

Não obstante, a autocomposição, através do TAC, **valoriza a vontade dos sujeitos de direitos** envolvidos, representando uma evolução[119] pois, na história geral do Direito, encontraremos "enfoques relacionados à valorização da pessoa humana, demonstrando-se assim que, desde há muito tempo, tenta, o Direito, harmonizar-se com esse fator relevante." Com efeito, não se pode olvidar que nas próprias sociedades empresárias ou órgãos públicos que eventualmente celebrem TACs existem pessoas naturais que os administram, em consonância com a própria teoria da realidade técnica. Daí a valorização da pessoa humana mesmo nesses casos.

Recorda Geisa de Assis Rodrigues[120] que o TAC efetivamente se constitui num meio menos burocrático e bem menos dispendioso que o processo,

---

115 BARBOSA MOREIRA, José Carlos. *Privatização do processo? In: Temas de direito processual, sétima série*. Rio de Janeiro: Saraiva, 2001. p. 11.

116 CAMPOS, Ronaldo Cunha. *Ação civil pública*. Rio de Janeiro: Aide, 1995. p. 20 e 31.

117 BRASIL. Superior Tribunal de Justiça. REsp 1309948/SP, Rel. Ministro Luis Felipe Salomão, Quarta Turma, julgado em 18/12/2014, DJe 24/02/2015.

118 ARAÚJO CINTRA, Antônio Carlos de; DINAMARCO, Cândido Rangel; GRINOVER, Ada Pellegrini. *Teoria Geral do Processo*. 24. ed. São Paulo: Malheiros. 2008. p. 30 e 36.

119 THIBAU, Tereza Cristina Sorice Baracho. *O Habeas Data*. Belo Horizonte: Del Rey, 1997. p. 37.

120 RODRIGUES, Geisa de Assis. *Ação civil pública e termo de ajustamento de conduta: teoria e prática*. 3 ed. Rio de Janeiro: Forense, 2011. p. 155.

além de possuir a vantagem de poder ser inserido num **ambiente mais propício** à autocomposição consensual, por poder ser celebrado na esfera extrajudicial e mesmo previamente, tendo em vista o **princípio da prevenção**[121] aplicável à tutela coletiva, caso o potencial danoso venha a ser identificado com a possível antecedência. Para a autora, o comportamento omissivo ou comissivo alvo do TAC é **extremamente amplo**, podendo abranger até mesmo **aspectos e condições temporais e orçamentárias** para a efetiva implementação de políticas públicas cuja inexistência viole direitos coletivos enquanto direitos fundamentais de 3ª geração ou dimensão. Contudo, isso ocorre sem haver nenhuma violação à atuação do Poder Público justamente por permitir, através da livre e espontânea vontade do órgão estatal, que uma atitude discricionária passe a ser vinculada até a proteção do direito violado, ou em vias de sê-lo. Ademais, "o princípio da aplicação negociada da norma jurídica qualifica o ajustamento de conduta como uma das novas formas de aplicação da lei", mediante a relevante participação ativa de seu próprio destinatário-celebrante, além da sociedade e outros interessados.

Face ao exposto, ao se tratar de ajustamento de conduta necessariamente há que se cuidar do envolvimento e enlace do **poder público**[122] **e econômico**, tanto no polo ativo quanto passivo, aliado à **separação de poderes** e à própria alegação de reserva do possível, que será vista em item próprio.

O TAC se insere na temática do princípio da separação e harmonia entre os Poderes (art. 2º da CRFB) no âmbito dos *checks and balances*. É que o ajustamento de conduta pode ser interpretado como uma forma contemporânea de "freios e contrapesos" sob impulso dos legitimados públicos pela via da solução consensual de conflitos coletivos. Nesse enfoque, é natural surgirem algumas reflexões.

Inicialmente, a pacificação social é um dos motivos pelos quais o TAC interessa tanto à sociedade quanto aos aplicadores do Direito em geral, pela possibilidade de se obter uma resolução de conflitos até mesmo

121 RODRIGUES, Geisa de Assis. *Ação civil pública e termo de ajustamento de conduta: teoria e prática.* 3 ed. Rio de Janeiro: Forense, 2011. p. 161.

122 O Poder Público brasileiro, através de seus órgãos Poder Judiciário e Polícia, já foi condenado pela Corte Interamericana de Direitos Humanos a melhorar o cumprimento dos prazos processuais. Senão, vejamos: AMÉRICA. Corte Interamericana de Direitos Humanos. *Caso Garibaldi versus Brasil.* Sentencia de 23 de Setembro de 2009. Disponível em <http://www.corteidh.or.cr/docs/casos/articulos/seriec_203_por.pdf>. Acesso em 19 fev. 2010, *verbis*: [...] **IV – Conclusión:** 36. La Corte llegó a la conclusión de violación por el Estado brasileño de los artículos 8.1 y 25.1 de la Convención, lo que debe suscitar cuidados por los Estados partícipes del Sistema Interamericano de Derechos Humanos en el sentido de hacer reformas de los poderes judiciales para adecuar la tramitación del procedimiento al tiempo deseado por la norma y por los ciudadanos continentales, superando la fase de incumplimiento crónico de plazos legales por la Justicia y por el resto del sistema, como la policía, en el presente caso, en cuya investigación tardó sesenta veces más que el plazo legal de treinta días para concluir la investigación.

preventivamente, além de se utilizar um modo **célere e seguro**, promovendo acesso à justiça.

Em alguns casos é possível se pressupor que **o TAC interessa ao poder público ou econômico.** Em outros, ao revés, não. Com efeito, pode-se supor que o TAC interesse ao poder público quando este, no polo ativo, tem uma chancela para promover os interesses da sociedade. Sob outro enfoque, o poder público ou econômico, quando no polo passivo de um TAC, tem uma oportunidade para a mudança de seus erros sem que haja necessidade de condenação.

Um exemplo do interesse do poder público no ajustamento de sua conduta foi a utilização do **Termo de Ajustamento de Gestão – TAG, variação do TAC** instituído pelo art. 93-A da Lei Orgânica do Tribunal de Contas do Estado de Minas Gerais – Lei Complementar Estadual nº 102 de 17/01/08. Este foi celebrado pelo referido órgão com o governo do mesmo Estado[123] para que, face à mudança de legislação exigindo gastos com saúde e educação, conforme o art. 198, § 3º, da CRFB/88, não ficasse configurado o descumprimento de norma jurídica, mormente se houve, no caso concreto, sem adentrar-se ou avaliar-se o mérito da questão, uma possível mudança nas normas que foram consideradas mais rápidas que o razoável direcionamento dos recursos públicos. Segundo Luciano de Araújo Ferraz[124], o TAG é uma alternativa inteligente pois "na lógica do controle-sanção não há meio termo: ou a conduta é conforme as regras e procedimentos ou não é", permitindo-se, com o referido instrumento, alternativas para a perspectiva de justiça inerente ao Direito na modernidade.

Na mesma perspectiva, **também outros Tribunais de Contas instituíram o Termo de Ajustamento de Gestão**, quais sejam, a título de exemplo: Tribunal de Contas do Estado de Mato Grosso, através da Lei Complementar n. 269/07, com a redação conferida pela Lei Complementar nº 486/2013, Tribunal de Contas do Estado de Rondônia, através da Lei Complementar n. 154/2006, com a redação dada pela Lei Complementar n. 679/2012, Tribunal de Contas do Estado do Amazonas, através da Lei Complementar n. 120/2013, entre outros.

---

[123] TRIBUNAL DE CONTAS DO ESTADO DE MINAS GERAIS. *Diário oficial de Contas* n. 406. Pauta da sessão do dia 25 de abril de 2012. Processo n. 862943 – Termo de Ajustamento de Gestão. Partes: Tribunal de Contas do Estado de Minas Gerais e Governo de Minas Gerais. Decisão: Aprovado o Termo de Ajustamento de Gestão. Impedido o Exmo. Sr. Conselheiro Hamilton Coelho. Belo Horizonte: quarta-feira, 2 de maio de 2012. Disponível em <https://doc.tce.mg.gov.br/Home/ViewDiario/2012_05_02 _Diario.pdf>. Acesso em 04 jun. 2015.

[124] FERRAZ, Luciano de Araújo. Termo de Ajustamento de Gestão (TAG): do sonho à realidade. *Revista Brasileira de Direito Público*, v. 31, p. 43-50, 2010; FERRAZ, Luciano de Araújo. Termo de Ajustamento de Gestão e o Alerta Previsto no art. 59, §1º, da Lei de Responsabilidade Fiscal: dez anos depois. *Revista Técnica dos Tribunais de Contas*, v. 9, p. 205-212, 2010.

Perpassando-se as teorias de Aristóteles[125] e de Montesquieu[126], a **separação de poderes** vem sendo adotada por países contemporâneos de forma não absoluta, havendo o exercício de funções típicas e atípicas, em geral, por cada um dos poderes, de forma mais ou menos preponderante.

Destaca Oswaldo Luiz Palu[127] a **diferença** entre a separação de poderes e o sistema de *checks and balances*, pois constituem técnicas distintas no âmbito do controle do poder. Além disso, sob sua ótica o Estado Democrático de Direito consubstanciado no art. 1º da CRFB/88 indica justamente a união entre o Estado de Direito, que visa a controlar o poder através da jurisdição, e o Estado Democrático, que solicita a atuação da vontade popular[128].

Partindo-se disso afirma-se[129] a necessidade dos **critérios** de razoabilidade e proporcionalidade como técnicas de controle da discricionariedade do governo, o que se faz possível uma vez que os critérios de conveniência e oportunidade do poder público devem materializar, na medida do possível, a técnica fundamentada de gestão e administração, ao invés de uma atitude apenas e tão somente volitiva.

Nesse escopo, o TAC impulsiona e materializa os ***checks and balances***[130], teoria também denominada pelo Supremo Tribunal Federal[131] de "freios e contrapesos", permitindo mais controle entre os poderes e órgãos instituídos pelo Estado. Revisitando-se essa teoria, na **aplicação do ajustamento de conduta**, os legitimados públicos, que são mais amplos que os três Poderes instituídos pela Constituição da República de 1988, têm a oportunidade de protagonismo da resolução de questões jurídico-coletivas.

---

125 ARISTÓTELES. *Política.* Tradução de Roberto Leal Ferreira. 2ª ed. São Paulo: Martins Fontes, 1998. 350p.

126 MONTESQUIEU, Charles Louis de Secondat, Baron de la. *Do espírito das leis.* São Paulo: Abril Cultural, 1979.

127 PALU, Oswaldo Luiz. *Controle dos atos de governo pela jurisdição.* São Paulo: Revista dos Tribunais, 2004. pp. 349-353.

128 PALU, Oswaldo Luiz. *Controle dos atos de governo pela jurisdição.* São Paulo: Revista dos Tribunais, 2004. pp. 354-355.

129 PALU, Oswaldo Luiz. *Controle dos atos de governo pela jurisdição.* São Paulo: Revista dos Tribunais, 2004. pp. 363-367.

130 OMMATI, Fides. Dos freios e contrapesos entre os poderes do Estado. *Revista de Informação Legislativa.* Senado Federal, Brasília, a. 14, n. 55, jul./set. 1977. Disponível em <http://www2.senado.leg.br/bdsf/bitstream/handle/id/181023/000359521.pdf?sequence=3>.

131 BRASIL. Supremo Tribunal Federal. ADI 1905 MC (Medida cautelar na ação direta de inconstitucionalidade), Rel. Min. Sepúlveda Pertence, Tribunal Pleno, julgado em 19/11/1998, DJ 05-11-2004, LEXSTF v. 26, n. 312, 2005, p. 77-92. **Vide também:** BRASIL. Supremo Tribunal Federal. ADI 2911 (Ação direta de inconstitucionalidade), Rel. Min. Carlos Britto, Tribunal Pleno, julgado em 10/08/2006, DJ 02-02-2007, LEXSTF v. 29, n. 339, 2007, p. 107-116. BRASIL. Supremo Tribunal Federal. ADI 111 MC (Medida cautelar na ação direta de inconstitucionalidade), Rel. Min. Carlos Madeira, Tribunal Pleno, julgado em 25/10/1989, DJ 24-11-1989.

Com enfoque na harmonia entre os poderes e órgãos com missões constitucionais, e sabendo-se que o TAC pode ser celebrado com o próprio poder público, afirma-se que **o poder público se vincula ao TAC**. Efetivamente o Poder Público pode ser direcionado e ligado ao polo ativo de um TAC ao celebrá-lo e assumir o compromisso de sua fiscalização, bem como ao polo passivo do mesmo por motivo de interesse público, ou seja, por seu próprio interesse de regularizar sua conduta aos ditames legais, submetendo-se ao dever de cumpri-lo caso o tenha celebrado. Nesse sentido, o STJ já asseverou que "o descumprimento de cláusula constante no termo de compromisso de ajustamento de conduta celebrado entre a municipalidade e o Ministério Público viabiliza a execução da multa nele prevista"[132].

Em outra oportunidade, afirmou a referida **Corte Superior** que o termo de ajustamento de conduta é uma solução negociada de ajuste de conduta às exigências legais, de modo que o seu **descumprimento** enseja **execução direta sem interferência** do Poder Judiciário em matéria da esfera de competência exclusiva do Poder Executivo[133].

Porém, o **Poder Público não pode ser obrigado** ou coagido a assinar um TAC e é ai que começa a indagação acerca de sua autonomia em termos de conveniência e oportunidade.

Constitui questão juridicamente relevante a possibilidade de o **legitimado público** tomar TAC de outro legitimado público, como é o caso do Ministério Público celebrando TAC com a União ou Estado a fim de sanar irregularidades. Com efeito, tal fato não é somente possível como também corriqueiro e bem visto, em geral, no universo jurídico brasileiro.

Havendo não somente a vontade de poder mas especialmente a **vontade de Constituição**, nas palavras de Konrad Hesse[134], o representante do Poder Público que se reveste de consciência e imparcialidade ao reconhecer eventuais inadequações do órgão em que trabalha, ou do seu próprio trabalho, celebra e cumpre o TAC visando à melhoria de sua atuação em prol do atendimento da sociedade. Para Hesse, existem pressupostos realizáveis na Constituição que, mesmo quando em confronto com a realidade, conservam sua forma normativa, transformando a própria Constituição numa força ativa quando não há apenas e tão somente uma "vontade de poder".

---

132 BRASIL. Superior Tribunal de Justiça. AgRg no AREsp 154.381/MG, Rel. Ministro Og Fernandes, Segunda Turma, julgado em 22/10/2013, DJe 13/11/2013.

133 BRASIL. Superior Tribunal de Justiça. AgRg no REsp 1175494/PR, Rel. Ministro Arnaldo Esteves Lima, Primeira Turma, julgado em 22/03/2011, DJe 07/04/2011.

134 HESSE, Konrad. *A força normativa da Constituição*. Tradução de Gilmar Ferreira Mendes. Porto Alegre: Sérgio Antônio Fabris Editor, 1997. p. 34.

Adiante, parafraseando-se Peter Häberle[135], há **dois sentidos** para interpretação da Constituição, quais sejam, o sentido estrito, relacionado, em síntese, aos métodos de interpretação pelas instituições jurídico-políticas e pelos juristas que perante elas atuam, e o sentido *lato*, através do qual são intérpretes da Constituição todos os que participam da vida política da comunidade. A "sociedade aberta" pode interpretar o TAC e a ordem jurídica, e a respectiva teoria está em consonância com a possibilidade de os legitimados públicos celebrarem TAC independentemente do judiciário.

Os efeitos da exegese de Häberle são, basicamente, que as decisões constitucionais ocorrem dentro de uma **vasta gama de possibilidades interpretativas** ("pensamento das possibilidades"), protegendo as minorias; bem como que o juiz não se faz o único intérprete da Constituição, mas apenas um deles.

Para Karl Loewenstein[136], que examina a correspondência da **Constituição** com a **realidade do exercício do poder**, a Constituição meramente "semântica" seria aquela em que, grosso modo e em suma síntese, se torna meramente instrumento dos "donos do poder". Portanto, a relutância do poder público em aceitar seus erros e consequentemente a celebração de um TAC, quando necessário, está a indicar a falta de um elemento democrático dialético constitucional que permita a incidência de um conceito contemporâneo de *checks and balances.* Isso impede a evolução de institutos e instituições jurídico-democráticas, concretizando-se a Constituição no sentido indesejado de seu conceito "semântico" previsto pelo referenciado autor.

Sob outro prisma, a aceitação de TACs pertinentes e relevantes pelos órgãos públicos está a indicar, também no conceito de Loewenstein, um caminhar que pode perpassar a Constituição nominalista e alcançar a **Constituição normativa**, em que incidam efetivamente as normas constitucionais para a sociedade e em que eventuais erros de atuação de instituições e de órgãos públicos possam ser corrigidos de maneira consensual, a exemplo da Lei 9.469/97, da Lei 13.140/15 e em especial do art. 174 do novo Código de Processo Civil/2015, que trazem normas para a celebração de TAC pela União, além do exercício da mediação por órgãos públicos.

Esse tema também se relaciona à teoria de Ferdinand Lassale[137], para quem a falta de correspondência da Constituição com a realidade subjacente transforma-lhe em mera "folha de papel", sendo a Constituição justamente

---

135 HÄBERLE, Peter. *Hermenêutica constitucional: a sociedade aberta dos intérpretes da Constituição – contribuição para a interpretação pluralista e "procedimental" da Constituição.* Porto Alegre: Sérgio Antônio Fabris Editor, 1997.

136 LOEWENSTEIN, Karl. *Teoría de la Constitución.* 2 ed. Barcelona: Ariel, 1970.

137 LASSALE, Ferdinand. *O que é uma Constituição Política.* Rio de Janeiro; Editora Global, 1987.

o **somatório dos fatores reais de poder** dentro de uma sociedade. Para Lassale, a Constituição só é legitimada quando representa o efetivo poder social e reflete as forças sociais que constituem o poder. Assim, pelo princípio da eficiência previsto no caput do art. 37 da Constituição, não devem haver circunstâncias que impeçam os órgãos públicos de respeitar a CRFB/88 e cumprir TACs pertinentes quando se fizer necessário e houver o devido consenso e bilateralidade na forma da lei.

É nesse âmbito que o **constitucionalismo pós-moderno**[138] ganha espaço e conduz a uma aceitação mais equilibrada e justa da Constituição da República, induzindo a sociedade no sentido da concretização dos valores constitucionais e a garantia de condições para a dignidade da pessoa humana nos termos do art. 1°, inciso III, da CRFB.

Nesse contexto, ao contrário do que a tendência liberal associada ao **Poder Econômico** pudesse eventualmente sugerir à primeira vista, ele também pode colaborar com a **evolução** da sociedade caso venha a firmar um TAC adequado, justo e eficiente, através da negociação e cumprimento de cláusulas legítimas propostas pelos legitimados públicos previstos no art. 5°, §6°, da Lei 7.347/85. Se, como é cediço, o Poder Econômico pode vir a ser alvo de críticas se buscar fugir de seus compromissos sociais, nada impede que ele demonstre postura louvável em sentido diferente, merecedora de respeitabilidade, credibilidade e confiança daqueles perante quem exerce sua atividade lucrativa.

Assim, vários são os **prismas** compreensivos da dinâmica dos Poderes Público e Econômico que podem legitimar o uso do objeto científico investigado.

Contudo, dizer que o TAC pode ser considerado um instrumento de **flexibilização** do cumprimento de direitos é uma **afirmativa complexa**. Entende-se que o vocábulo flexibilização não permite a necessária abrangência da compreensão do ajustamento de conduta. Exemplificando, a referida assertiva equivaleria, *mutatis mutandis* e *modus in rebus*, a dizer que o princípio processual civil da instrumentalidade das formas seria um princípio flexibilizador. Mas há dois primas existentes em ambas as afirmações. Existe **flexibilização quanto à forma**, porém não quanto ao objeto buscado.

Igualmente, embora em geral a autocomposição negociada faculte a busca de novos caminhos e meios para que haja o maior cumprimento do

---

138 Como é cediço, o constitucionalismo pós-moderno (também conhecido como pós-positivismo ou neoconstitucionalismo) emergiu após a derrota do fascismo e atribui normatividade aos princípios, prevê os direitos fundamentais com alicerce na dignidade da pessoa humana, bem como a Constituição no centro do sistema jurídico, possuindo a norma constitucional imperatividade e superioridade, detendo ainda eficácia irradiante em relação aos poderes e particulares.

fim jurídico buscado, o TAC, como instrumento de autocomposição, possui uma característica ímpar por se consubstanciar em **garantia mínima**.

É possível se **flexibilizar o modo de execução** da obrigação jurídica com o objetivo de seu cumprimento equivalente e integral, especialmente quando for impossível o retorno ao *status quo ante*, mediante a adoção dos parâmetros apontados ao longo deste estudo. Porém, **não há flexibilidade** quanto à busca da máxima proteção dos direitos coletivos, o que é corroborado pelo fato de que o interesse privado por si só nem é legitimado a propor o TAC nos termos do art. 5º, § 6º, da Lei 7.347/85. Ao revés, como é cediço, um órgão atuante na proposição de TAC no universo jurídico brasileiro é justamente o Ministério Público em sua função de fiscal do cumprimento da Constituição e das leis. Aliás, em decorrência disso o descumprimento de TAC pode ser objeto de execução judicial para garantir a prevalência de suas cláusulas, inclusive sob pena de multa diária, entre outras cominações.

Adiante, quando o Ministério Público ou outro legitimado público **transige substancialmente** em inquérito civil público ou ação civil pública ele respeita a função Estatal legislativa. Enquanto esta, via de regra, se refere a casos abstratos, gerais e prévios, a celebração de TAC versa primordialmente sobre casos concretos e muitas vezes já violadores de normas jurídicas. Nisso residem, a título meramente exemplificativo, **diferenças substanciais entre as referidas atuações**.

Portanto, o possível celebrante do TAC com o legitimado público pode possuir Poder Político ou Poder Econômico e não desejar ser vinculado a ele, através da via consensual. Nada obstante, o mesmo Poder por vezes pode desejar celebrar TAC justamente para regularizar as situações jurídicas incorretas sem ser enredado por exposições jurídicas desnecessárias tampouco sofrer sanções, na medida do possível. Não sendo aceita de plano a celebração do TAC, resta ao legitimado público proponente esclarecer sobre todos os seus benefícios extremamente convincentes. Sem se deixar influenciar por interesses escusos, o foco do TAC permanece inabalável, qual seja, **satisfazer o acesso da sociedade à justiça**. Se, mesmo assim, não for possível o ajuste, restará a via da heterocomposição através dos meios judiciais cabíveis, inclusive a ação civil pública.

3
MICROSSISTEMA PROCESSUAL COLETIVO BRASILEIRO E DESAFIOS CONTEMPORÂNEOS

Em brevíssima síntese é possível recordar que no Brasil, antes da existência de mecanismos de tutela coletiva de direitos predominava processualmente a **tutela individual**. Em seguida, com o advento *exempli gratia* da Lei de Ação Popular, Lei n. 4.717/65, e da Lei 6.938/81, através de seu art. 14, § 1º, atingiu-se uma fase de **proteção dos direitos coletivos taxativamente determinados** nas leis de tutela coletiva.

Posteriormente, em uma nova fase, a Lei 7.347/85, a CRFB/88 e a Lei 8.078/90 trouxeram mais segurança para a garantia dos direitos difusos e coletivos enquanto direitos fundamentais de 3ª geração ao ampliar o rol dos direitos coletivos protegidos. Nos termos do art. 129, III, da CRFB/88, **"qualquer outro direito coletivo e difuso"** poderá ser defendido pelo Ministério Público. No entendimento do próprio Superior Tribunal de Justiça[1], "o Ministério Público tem legitimidade para propor ação civil pública que trate da proteção de quaisquer direitos transindividuais", bem como "não se pode relegar a tutela de todos os direitos a instrumentos processuais individuais, sob pena de excluir do Estado e da democracia aqueles cidadãos que mais merecem sua proteção".

Com efeito, o Direito Processual Coletivo é um mecanismo efetivo de resolução de litígios, possuindo no Brasil um **microssistema** próprio, embora ainda careça de uma compilação definitiva. Visa a dar uma solução mais racional a demandas que podem se fazer repetitivas, o que em muitos casos significa cuidar de litígios de massa através de um critério misto de segurança jurídica, economia processual, uniformidade de julgamentos e razoável

[1] BRASIL. Superior Tribunal de Justiça. Informativo de jurisprudência n. 497 – REsp 1.099.634-RJ, Rel. Min. Nancy Andrighi, julgado em 8/5/2012: "[...] o Ministério Público tem legitimidade para propor ação civil pública que trate da proteção de quaisquer direitos transindividuais, tais como definidos no art. 81 do CDC. Isso decorre da interpretação do art. 129, III, da CF em conjunto com o art. 21 da Lei n. 7.347/1985 e arts. 81 e 90 do CDC e protege todos os interesses transindividuais, sejam eles decorrentes de relações consumeristas ou não. Ressaltou a Min. Relatora que não se pode relegar a tutela de todos os direitos a instrumentos processuais individuais, sob pena de excluir do Estado e da democracia aqueles cidadãos que mais merecem sua proteção. [...] Precedentes citados: do STF: RE 163.231-SP, 29/6/2001; do STJ: REsp 635.807-CE, DJ 20/6/2005; REsp 547.170-SP, DJ 10/2/2004, e REsp 509.654-MA, DJ 16/11/2004.

duração do processo, entre outros, ganhando relevo especial como solução adequada para uma sociedade hipercomplexa e massificada.

É o que ressaltou o Superior Tribunal de Justiça[2] ao consignar a dificuldade em se propor ações quando, embora atingido um número enorme de pessoas, o fato de a **lesão ocorrer em pequena quantidade** desfavorece a busca da resolução do problema no campo das prioridades do ser humano e posterga a solução do problema através da falta de acesso à justiça.

Nada obstante, se o acesso à justiça em tais casos fosse exercido a título **individual** essas ações aumentariam ainda mais a quantidade de processos ainda não resolvidos pelo judiciário, causando lentidão e congestionamento, o que tem sido motivo de grandes críticas por parte da sociedade.

É assim que se verifica a verdadeira **imprescindibilidade** da ação coletiva, adequada para poder colocar de uma só vez fim a um grande número de conflitos e "liberar o sistema dos entraves da ação individual, pois pretendeu introduzir no nosso ordenamento medida realmente eficaz", conforme a dicção do STJ no referido REsp 235.422/SP.

Trata-se da **interligação** entre o Código de Defesa do Consumidor e a Lei da Ação Civil Pública, reciprocamente, nos termos do art. 90 e 117 do CDC bem como art. 21 da LACP, contando com aplicação subsidiária do Código de Processo Civil. Além disso, a Lei de Ação Popular, a Lei de Mandado de Segurança[3] e ainda a Lei de Improbidade Administrativa **também se encontram interligadas** e também compõe o microssistema processual coletivo.

Para Nelson Nery Júnior[4], "há, por assim dizer, uma **perfeita interação** entre os sistemas do CDC e da LACP, que se completam e podem ser aplicados indistintamente às ações que versem sobre direitos ou interesses difusos, coletivos e individuais, observado o princípio da especialidade". Portanto, verifica-se existir um **diálogo entre fontes jurídicas** que constrói

---

[2] BRASIL. Superior Tribunal de Justiça. REsp 235422/SP, Rel. Ministro Ruy Rosado de Aguiar, Quarta Turma, julgado em 19/10/2000, DJ 18/12/2000, p. 202, conforme voto do Relator, *verbis*: "É preciso enfatizar a importância da ação coletiva como instrumento útil para solver judicialmente questões que atingem um número infindo de pessoas, a todas lesando em pequenas quantidades, razão pela qual dificilmente serão propostas ações individuais para combater a lesão. [...] A ação coletiva é a via adequada para tais hipóteses, e por isso deve ser acolhida sempre que presentes os pressupostos da lei, que foi propositada e significativamente o de liberar o sistema dos entraves da ação individual, pois pretendeu introduzir no nosso ordenamento medida realmente eficaz."

[3] JAYME, Fernando Gonzaga; MAIA, Renata Christiana Vieira. Análise da constitucionalidade da legitimação dos partidos políticos na ação de mandado de segurança individual e coletivo. *Revista General de Derecho Constitucional* (Internet), 2013. (Trabalho aceito para publicação).

[4] NERY JÚNIOR, Nelson. *Código Brasileiro de Defesa do Consumidor comentado pelos Autores do Anteprojeto*. 7ª ed. Rio de Janeiro: Forense Universitária, 2001. P. 869-870.

e dá consistência ao microssistema de direito processual coletivo brasileiro[5], com fundamento, entre outros, nos arts. 19 e 21 da Lei 7.347/85 c/c art. 90 da Lei n. 8.078/90, Código de Defesa do Consumidor.

Também para Nery Júnior[6], "não sendo possível suprir a lacuna nos sistemas do CDC e da LACP, aplicam-se as disposições do Código de Processo Civil, que atua como **norma geral subsidiária reguladora** dos aspectos processuais a fim de que seja suprida a lacuna verificada nos sistemas especiais."

Firmando seu entendimento sobre o "**diálogo de fontes**" em matéria de direitos coletivos, o **Superior Tribunal de Justiça**[7], em precedente de extrema relevância, primeiramente esclareceu que os dispositivos da Lei 7.347/85 não se entremostram incompatíveis com as normas inseridas no Código de Defesa do Consumidor. Em seguida, no mesmo julgado, ao tratar novamente das Leis 7.347/85 e 8.078/90, estabeleceu "ser principio de hermenêutica que, quando uma lei faz remissão a dispositivos de outra lei de mesma hierarquia, estes se incluem na compreensão daquela, passando a constituir parte integrante do seu contexto".

Posteriormente, no mesmo sentido, julgou a referida Corte Superior[8], em decisão unânime, que "o processo coletivo é **regulamentado de forma integrativa** pelos dispositivos contidos no Código de Defesa do consumidor, na Lei de Ação Civil Pública e no Código de Processo Civil".

Aliás, não se pode olvidar que, paralelamente ao "diálogo de fontes", segundo o disposto no art. 83 do Código de Defesa do Consumidor, "para a defesa dos direitos e interesses protegidos por este Código, são admissíveis

---

5 MARQUES, Cláudia Lima. *Comentários ao Código de Defesa do Consumidor.* 1 ed. São Paulo: Revista dos Tribunais, 2003. p. 186; bem como GARCIA, Leonardo de Medeiros. *Direito do Consumidor.* 2 ed. Niterói: RJ, Editora Impetus, 2006. pp.39-40.

6 NERY JÚNIOR, Nelson. *Código Brasileiro de Defesa do Consumidor comentado pelos Autores do Anteprojeto.* 7ª ed. Rio de Janeiro: Forense Universitária, 2001. P. 869-870, *verbis*: Há, por assim dizer, uma perfeita interação entre os sistemas do CDC e da LACP, que se completam e podem ser aplicados indistintamente às ações que versem sobre direitos ou interesses difusos, coletivos e individuais, observado o princípio da especialidade. Das ações sobre relações de consumo, às quais se aplica o Título III do CDC e só subsidiariamente a LACP. Esse interagir recíproco de ambos os sistemas (CDC e LACP) tornou-se possível em razão da adequada e perfeita compatibilidade que existe entre eles por força do CDC e, principalmente, de suas disposições finais, alterando e acrescentando artigos ao texto da Lei n.º 7.347/85.

7 BRASIL. Superior Tribunal de Justiça. REsp 49272/RS, Rel. Ministro Demócrito Reinaldo, Primeira Turma, julgado em 21/09/1994, DJ 17/10/1994, p. 27868: O artigo 21 da lei n. 7.347, de 1985 (inserido pelo artigo 117 da lei n. 8.078/90) estendeu, de forma expressa, o alcance da ação civil publica a defesa dos interesses e "direitos individuais homogêneos", legitimando o Ministério Público, extraordinariamente e como substituto processual, para exercita-la (artigo 81, paragrafo unico, III, da lei 8.078/90).

8 BRASIL. Superior Tribunal de Justiça. REsp 157838/SP, Rel. Ministro Demócrito Reinaldo, Primeira Turma, julgado em 01/09/1998, DJ 19/10/1998, p. 29.

todas as espécies de ações capazes de propiciar sua adequada e efetiva tutela".

Porém, apenas a título de registro, destaca-se que houve também **mudanças questionáveis** quanto à efetividade da defesa de interesses coletivos no Brasil. Conforme ressalta Mazzilli[9], sucessivas alterações legislativas limitaram as cautelares em matéria de ações civis públicas, enquanto outras mudanças normativas tiveram como vetor a **redução da eficácia da coisa julgada em relação às ACPs**, a exemplo da Lei 9.494/97, originária da Medida Provisória n. 1.570/97, com as alterações das Medidas Provisórias n. 1.798-2/99, 2.102-26/00 e 2.180-35/01.

Ademais, houve ainda **Medidas Provisórias** (n.os 1.984-25/00, 2.102-26/00 e 2.180-35/01) que restringiram o acesso à jurisdição[10] no âmbito do processo e do direito coletivo para os casos relativos a questões tributárias ou relacionadas ao FGTS – Fundo de Garantia por Tempo de Serviço. Não fosse isso bastante, houve ainda a Medida Provisória n. 2.088-35/00, por meio da qual se procurou, de certo modo, causar problemas aos membros do Ministério Público, viabilizando a possibilidade de reconvenções no âmbito da Ação Civil Pública ou responsabilizações pessoais em caso de improcedência do pedido.

Contudo, se os legitimados para a tutela coletiva não podem ingressar em juízo mediante ação civil pública para veicular pretensões previstas no art. 1°, parágrafo único, da LACP, que menciona essencialmente **direitos fundamentais**, então isso significa que eles, em especial o Ministério Público, não podem cumprir plenamente seu **mister constitucional** de **proteger a ordem jurídica** e o regime democrático. Trata-se, portanto, de uma restrição por dois enfoques distintos. Ademais, a possibilidade de ajuizamento exclusivamente de ações individuais em situações de violações de direito de modo massificado também prejudica frontalmente a "paridade de armas" jurídicas entre quem viola e quem busca a reparação justa do direito.

Ainda que a Lei 7.347/85, em seu art. 1°, parágrafo único, tenha sido objeto de restrição para o alcance das ações civis públicas, tal norma não possui hierarquia superior à **Constituição da República, art. 129, inciso III**, devendo esta ser seguida em prejuízo daquela de acordo com a pirâmide das normas jurídicas de Hans Kelsen[11].

---

9 MAZZILLI, Hugo Nigro. *A defesa dos interesses difusos em juízo: meio ambiente, consumidor, patrimônio cultural, patrimônio público e outros interesses.* 21 ed. rev., ampl. e atual. São Paulo: Saraiva, 2008. P. 127.

10 MAZZILLI, Hugo Nigro. *A defesa dos interesses difusos em juízo: meio ambiente, consumidor, patrimônio cultural, patrimônio público e outros interesses.* 21 ed. rev., ampl. e atual. São Paulo: Saraiva, 2008. P. 127.

11 KELSEN, Hans. *Teoria pura do direito.* Tradução de João Baptista Machado. 6ª ed. São Paulo: Martins Fontes, 1998.

Não obstante, cumpre registrar que a jurisprudência do **STJ**[12] já possuía **precedentes** no sentido de rejeitar o uso da ação civil pública para discutir matéria tributária movida contra a Fazenda Pública em prol de beneficiários que poderiam ser individualmente determinados antes mesmo da edição da Medida Provisória n. 2.180-35/2001. Sem nenhum embargo, em contrapartida também subsiste até hoje o entendimento, consubstanciado na Súmula 329 do STJ, segundo o qual "o Ministério Público tem legitimidade para propor ação civil pública em defesa do patrimônio público", inclusive em causas tributárias, em consonância com a jurisprudência do STF[13].

Adiante, constata-se também a busca de intervenção na eficácia das ações civis públicas por meio de normas inconstitucionais assim reconhecidas pelo STF na ADI n. 2797-2, quais sejam, referentes à **Lei 10.628/02**, pois esta procurou conceder foro por prerrogativa de função inadequadamente, através de mudança do art. 84 do Código de Processo Penal, estendendo-o para autoridades que já haviam deixado seus cargos públicos, além de vincular indevidamente o foro da ação de improbidade à competência criminal dos Tribunais brasileiros.

Verifica-se, portanto, na seara do processo coletivo brasileiro, ao se estudar o tema da efetividade do processo relacionado à **legitimidade ativa**[14], que existe um sistema integrado de defesa dos direitos e interesses metaindividuais representado essencialmente pelas espécies de ações acima destacadas. Tais ações garantem satisfatoriamente o acesso à justiça, sem se esquecer da **via individual** que se mantém aberta e sobre a qual o uso da via coletiva não é capaz de induzir litispendência na forma do art. 103, §§ 1º e 2º, do CDC. Interpreta-se o sentido destes dispositivos do CDC no sentido de que, **mesmo em caso de sentença homologatória de TAC**, aqueles que não concordarem com o acordo poderão ingressar com **demanda individual**.

Assim, a seguir passa-se a tratar não de todos os **princípios do processo coletivo**, mas apenas daqueles essenciais, *incider tantum,* ao tema objeto deste estudo.

Contudo, para além da compreensão dos princípios acima referidos, a abordagem do **princípio da proporcionalidade** revela-se também importante como parâmetro para se evitarem excessos ao se celebrar um termo

---

12 BRASIL. Superior Tribunal de Justiça. AgREsp 531.985/SP, Rel. Min. Eliana Calmon, DJU 14.06.06.

13 BRASIL. Supremo Tribunal Federal. RE 576.155/DF, Rel. Min. Ricardo Lewandowski, 12.8.2010

14 THIBAU, Tereza Cristina Sorice Baracho; GONÇALVES, Aroldo Plínio. UNIVERSIDADE FEDERAL DE MINAS GERAIS. *A legitimação ativa nas ações coletivas: um contributo para o estudo da substituição processual.* 2003. 295 f. Tese (doutorado) – Universidade Federal de Minas Gerais, Faculdade de Direito. pp. 186-194 e 277-284.

de ajustamento de conduta, além de auxiliar na legitimação da escolha ou decisão jurídica, inclusive a relacionada a transação[15] entre direitos (aparentemente) indisponíveis.

3.1 DIREITOS COLETIVOS E *CLASS ACTIONS*

Inicialmente, destaca-se a reflexão de Vicente de Paula Maciel Júnior[16] que, ao tratar dos **direitos coletivos**, entende que parcela deles é "**fruto da complexidade da vida moderna e da evolução tecnológica**, o que altera as relações humanas, despertando novos direitos antes não imaginados".

Os **direitos coletivos**, ademais, são compreendidos como **direitos fundamentais de terceira dimensão/geração** e, como já ensinaram Fernando Gonzaga Jayme e Renata Christiana Vieira Maia[17], *en el Estado Democrático de Derecho los derechos fundamentales son la brújula que orienta la actuación estatal y la organización jurídico-política.*

Identifica Ronaldo Cunha Campos[18], "como conteúdo da pretensão veiculada na ação civil pública o **interesse geral**, que se aproxima, por sua amplitude, com o interesse da própria sociedade como um todo". Para Campos, adota-se o entendimento de Eduardo Grasso[19], para quem o ordenamento jurídico pode realizar-se através de ação cujo titular não é pessoa diretamente interessada, mas um órgão. De modo ligeiramente distinto, embora respeitando e agasalhando-se em parte o entendimento esposado, entende-se que a ação civil pública possui, em sua pretensão, um aspecto híbrido, englobando tanto interesse geral quanto um prisma de interesses individuais[20].

---

15 Registra-se que o termo transação ora mencionado não faz referência estrita ao instrumento contratual previsto no Código Civil, mas sim ao sentido mais amplo possível do referido vocábulo, conforme exposto no corpo desta tese, pois os fundamentos basilares do Direito Privado diferem substancialmente dos fundamentos do Direito Coletivo.

16 MACIEL JÚNIOR, Vicente de Paula. *Convenção coletiva de consumo: estudo dos interesses difusos, coletivos e de casos práticos; aspectos comparativos entre a experiência do Direito do Trabalho e do Direito do Consumidor na formação da legislação material e processual.* Belo Horizonte: Del Rey, 1996. p. 51.

17 JAYME, Fernando Gonzaga; MAIA, Renata Christiana Vieira. *Análisis de la constitucionalidad de la legitimación de un partido político en la acción de mandato de seguridad. Revista Estudios Constitucionales*, v. 1/2013, Santiago/Chile, p. 543-568.

18 CAMPOS, Ronaldo Cunha. *Ação civil pública.* Rio de Janeiro: Aide, 1995. p. 109.

19 GRASSO, Eduardo. *Gli interesso dela collettività e l'azione collettiva.* In: Rivista di diritto processuale, vol. XXXVIII, 1983. p. 45.

20 THIBAU, Tereza Cristina Sorice Baracho; GONÇALVES, Aroldo Plínio. UNIVERSIDADE FEDERAL DE MINAS GERAIS. *A legitimação ativa nas ações coletivas: um contributo para o estudo da substituição processual.* 2003. 295 f. Tese (doutorado) – Universidade Federal de Minas Gerais, Faculdade de Direito. pp. 186-194 e 277-284.

A seu turno, a "segunda onda de acesso à justiça" destacada por Mauro Cappelletti e Bryant Garth[21] refere-se à adequada representação dos direitos difusos e coletivos, enquanto que a "terceira onda de acesso à justiça" significa um novo enfoque de acesso à justiça relacionado, inclusive, aos próprios direitos difusos e coletivos.

Porém, adverte-se que na prática pode ser muito difícil **identificar** casos em que incidam somente os direitos difusos, ou só os direitos coletivos ou ainda apenas os individuais homogêneos. Isso pode ser exemplificado pelo que ocorreu no caso do anticoncepcional Microvlar, conforme explicita Geisa de Assis Rodrigues[22]. No caso em tela verificou-se o direito difuso à saúde em razão de todos terem direito a medicamentos de qualidade e que não sejam adulterados, bem como simultaneamente direitos individuais homogêneos das várias vítimas individuais da falta de eficácia do medicamento. Finalmente, para a autora ainda seria possível visualizar o direito coletivo dos farmacêuticos, que através de suas entidades de classe entendem que a comercialização irregular dos remédios foi corroborada pela violação da lei que determina a existência de um profissional cadastrado como responsável por cada estabelecimento farmacêutico no Conselho competente[23]. Recorda Rodrigues, ainda, o relevante fato de que não há **nenhuma limitação expressa** à celebração de TAC em relação a **qualquer dos tipos** de interesses ou direitos transindividuais, devendo os seus valores de solução consensual negociada, prevenção de danos, rapidez e economia de custos ser aplicada sobre a tutela tanto dos direitos difusos quanto dos coletivos *stricto sensu* ou individuais homogêneos.

Nesse mesmo sentido, reforça Barbosa Moreira[24] que os interesses metaindividuais são propriamente "*interesses essencialmente coletivos*". Inclusive, por vezes um direito individual indisponível é a **manifestação singular** de um direito coletivo, como, por exemplo, se dá com o direito de um estudante à educação em uma escola pública[25]. Para Barbosa Moreira,

---

21 CAPPELLETTI, Mauro; GARTH, Bryant. Acesso à justiça. Tradução de Ellen Gracie Northfleet. Porto Alegre: Sergio Antonio Fabris, 1988. pp. 49-73.

22 RODRIGUES, Geisa de Assis. *Ação civil pública e termo de ajustamento de conduta: teoria e prática.* 3 ed. Rio de Janeiro: Forense, 2011. p. 159.

23 Lei n. 5.991/1973 e respectivo Decreto n. 74.170/1974.

24 MOREIRA, José Carlos Barbosa. Tutela jurisdicional dos interesses coletivos e difusos. In: *Revista de Processo.* São Paulo. Ano 10, nº 39, jul./set, 1985, pp. 55-77, *litteris*: Há, por assim dizer, uma comunhão indivisível de que participam todos os possíveis interessados, sem que se possa discernir, sequer idealmente, onde acaba a 'quota' de um e onde começa a de outro. Por isso mesmo, instaura-se entre os destinos dos interessados tão firme união, que a satisfação de um só implica de modo necessário a satisfação de todos; e, reciprocamente, a lesão de um só constitui, ipso facto, lesão da inteira coletividade.

25 RODRIGUES, Geisa de Assis. *Ação civil pública e termo de ajustamento de conduta: teoria e prática.* 3 ed. Rio de Janeiro: Forense, 2011. p. 162.

"o interesse em jogo, comum a uma pluralidade indeterminada (e praticamente indeterminável) de pessoas, não comporta decomposição num feixe de interesses individuais que se justapusessem como entidades singulares, embora análogas."

Em consonância com esse cenário, as ***class actions***[26] são mundialmente conhecidas por viabilizarem o direito de ação para a tutela de interesses coletivos, permitindo acesso à justiça em casos em que os titulares de direito sejam inumeráveis ou de difícil identificação, ou ainda tão numerosos que seja impraticável sua reunião no pólo ativo de um processo, encontrando disciplina legal na *Rule 23* da *Federal Rules of Civil Procedure*. Cabe ainda a ressalva de que as *class actions* podem ser utilizadas tanto para amparar os indivíduos quanto para impor os direitos coletivos de uma classe[27].

Relacionado ao contexto das *class actions* insere-se o estudo das **ações civis públicas brasileiras**, pois estas possuem, naquelas, identidade e referência. Por sua vez, no âmbito do estudo da Lei de Ação Civil Pública, Lei 7.347/85, insere-se o compromisso de ajustamento de conduta como meio consensual de solução de conflitos coletivos.

Nesse enfoque, Artur Torres[28] traçou um **paralelo** no âmbito do Processo Coletivo entre as *class actions for damages* e a ação coletiva para a tutela de direitos individuais, concluindo-se que, apesar de o sistema norte -americado ter auxiliado na criação do sistema brasileiro de tutela coletiva dos direitos individuais, **hoje** elas funcionam com uma **perspectiva muito distinta**. O autor evidencia, inclusive, que os pressupostos para a tramitação de uma ação coletiva diferem-se consideravelmente em ambos os sistemas. Todavia, mesmo aproximando-se as normas dos dois distintos países pelo viés do processo coletivo, Torres critica que ambos encontram-se reféns do individualismo e não conseguem se mostrar aptos, como regra, a impedir que proliferem os conflitos individuais.

---

[26] CAMPOS, Ronaldo Cunha. *Ação civil pública*. Rio de Janeiro: Aide, 1995. pp. 84-85.

[27] CAPPELLETTI, Mauro; GARTH, Bryant. Acesso à justiça. Tradução de Ellen Gracie Northfleet. Porto Alegre: Sergio Antonio Fabris, 1988. p. 73.

[28] TORRES, Artur. *Proceso Colectivo Comparado: Class Actions for Damages y Acción Colectiva para la Tutela de los Derechos Individuales*. Disponível em <http://www.temasatuaisprocesso civil.com.br/edicoes-anteriores/60-v-2-n-7-julhosetembro-de-2012/204-proceso-colectivo-comparado>. Acesso em 02 jan. 2015, *verbis*: a*) A pesar que el sistema estadounidense haya orientado, al menos em tesis, la creación de un sistema brasileiro de tutela colectiva de los derechos individuales, ambas funcionan hoy día con una perspectiva contraria; b) Los presupuestos para tramitar una acción colectiva difieren considerablemente en ambos sistemas; c) Además del cumplimiento de los requisitos básicos para la certificación de cualquier acción de clase, el sistema estadounidense exige, para la certificación de una class action for damages, que sean superadas las pruebas de predominio y superioridad. Entre nosotros, el requisito solitario se aplica al origen del derecho común; d) Aunque anhelan el colectivismo procesal, ambos sistemas se muestran rehenes del individualismo y se muestran no aptos como regla, para impedir que proliferen los conflictos individuales.*

Partindo-se disso, entende-se que no **futuro a utilização de tecnologia**, através de processo coletivo eletrônico ou termo de ajustamento de conduta eletrônico poderão ser um caminho para a maior possibilidade de participação dos interessados, ainda que distantes territorialmente, pela desnecessidade de deslocamento físico dos juristas e da sociedade, podendo-se cogitar inclusive em convite a *amicus curiae* ou outros interessados a participar através de métodos inovadores como correspondência eletrônica. O pensamento ora proposto está em consonância a teoria de Vicente de Paula Maciel Júnior[29], que defende as ações coletivas como ações temáticas, instaurando-se um procedimento participativo na defesa de interesses difusos pela constituição e sendo legitimados para a demanda coletiva "aqueles que direta ou indiretamente seriam afetados pela situação jurídica que atinge o determinado bem"[30].

Não obstante, em consonância com Artur Torres, Barroso[31] destaca **distinções essenciais** entre os sistemas da **proteção coletiva dos direitos no Brasil** e da ***class action*** norte-americana: (1) quanto à legitimação para agir, no Brasil os órgãos públicos e pessoas jurídicas de direito público são legitimados, além de pessoas privadas como as associações; enquanto que a *class action* pode ser proposta por um indivíduo ou um grupo de indivíduos aos quais se reconheça a representatividade adequada; (2) na *class action*, em especial a *class action for damages*, exige-se notificação de todos os interessados individualmente e por correio, sendo que a decisão proferida irá afetar todos os membros da classe, seja ela favorável ou não, salvo em relação a quem tenha optado expressamente por ser excluído (regra do *opt out*); enquanto que, no Brasil, quem não participar do processo não poderá, via de regra, ser juridicamente prejudicado, "pois no Direito brasileiro compensa-se a não exigência de notificação individual a todos os interessados com a limitação dos efeitos da sentença".

Antes de se adentrar no estudo do TAC cumpre destacar alguns princípios jurídicos especialmente selecionados, com os quais este instituto possui

---

29 MACIEL JÚNIOR, Vicente de Paula. Teoria do direito coletivo: direito ou interesse (difuso, coletivo ou individual homogêneo?). *Revista virtuajus*, v. 1, 2004. Disponível em <http://www.fmd.pucminas.br/Virtua jus/virtuajus_inicio.html>. Acesso em 26 mai. 2015.

30 FERREIRA, Juliana Maria Matos; GUIMARÃES, Natália Chernicharo; MACIEL JÚNIOR, Vicente de Paula. Cidadania, legitimação para agir e efetividade no processo coletivo. *Revista Eletrônica do Conselho Nacional de Pesquisa e Pós-graduação em Direito – Anais do XVII Encontro Preparatório para o Congresso Nacional do CONPEDI, pp. 2965-2982*. Florianópolis: Fundação Boiteux, 2008. Disponível em <http://www.conpedi.org.br/manaus/arquivos/anais/salvador/juliana_maria_matos_ferreira.pdf>. Acesso em 26 mai. 2015.

31 BARROSO, Luís Roberto. A proteção coletiva dos direitos no Brasil e alguns aspectos da class action norte americana. *In: De Jure – Revista Jurídica do Ministério Público do Estado de Minas Gerais.* Disponível em <https://aplicacao.mpmg.mp.br /xmlui/bitstream/handle/123456789/211 / prote%C3%A7 ao%20coletiva%20direitos_Barroso.pdf?sequence=1>. Acesso em 03 jan. 2015.

relevante **ligação**. Não se buscou um estudo principiológico exaustivo mas, ao revés, tão somente daqueles imprescindíveis.

Um dos principais **desafios** brasileiros do microssistema processual coletivo contemporâneo, paralelamente a obter uma codificação própria, é conseguir resolver as demandas consensualmente e em grande quantidade de uma só vez, conforme algumas questões que se passa a examinar.

3.2 O PRINCÍPIO DA EFETIVIDADE DO PROCESSO COLETIVO, RESTITUTIO *IN INTEGRUM* E INTERESSE PÚBLICO EM RESOLVER O MÉRITO DO PROCESSO COLETIVO

Sob a ótica do **princípio da efetividade do processo coletivo**, ressalta Ada Pellegrini Grinover[32] que o papel desempenhado pelos magistrados, em razão do caráter essencialmente social dessa norma, modifica-se, cabendo ao órgão do Poder Judiciário maior poder de impulso e instrução processual para poder tutelar os interesses da sociedade.

Cássio Scarpinella Bueno[33] corrobora tal entendimento e esclarece que paralelamente à facilitação das ações coletivas, sua instrumentalização concreta **demanda mais** do intérprete que a **análise** dos **textos normativos isolados** possa fornecer.

Assim, o referido princípio implica, na prática, em uma **maior possibilidade de atuação** do judiciário para atender ao pedido, inclusive convertendo a tutela específica ou buscando a possível equivalente reparação ao bem jurídico tutelado, em conformidade com os parâmetros previstos no próprio art. 84 do Código de Defesa do Consumidor[34].

---

32 GRINOVER, Ada Pellegrini. *A marcha do processo.* Rio de Janeiro: Forense universitária, 2000. p. 57.

33 BUENO, Cássio Scarpinella. As class actions norte-americanas e as ações coletivas brasileiras: pontos para uma reflexão conjunta. In: *Revista de Processo* n. 82. São Paulo: Revista dos Tribunais, abril/junho de 1996, pp. 92/151. Disponível em <http://www.scarpinellabueno.com.br/Textos/Class%20action%20e%20direito%20brasileiro.pdf>

34 Código de Defesa do Consumidor, art. 84. Na ação que tenha por objeto o cumprimento da obrigação de fazer ou não fazer, **o juiz concederá a tutela específica da obrigação ou** determinará **providências que assegurem o resultado prático equivalente ao do adimplemento.** § 1º A **conversão da obrigação em perdas e danos somente será admissível se por elas optar o autor ou se impossível a tutela específica ou a obtenção do resultado prático correspondente.** § 2º A indenização por perdas e danos se fará sem prejuízo da multa (artigo 287 do Código de Processo Civil/1973). § 3º Sendo relevante o fundamento da demanda e havendo justificado receio de ineficácia do provimento final, é lícito ao juiz conceder a tutela liminarmente ou após justificação prévia, citado o réu. § 4º O juiz poderá, na hipótese do § 3º ou na sentença, impor multa diária ao réu, independentemente de pedido do autor, se for suficiente ou compatível com a obrigação, fixando prazo razoável para o cumprimento do preceito. § 5º Para a tutela específica ou para a obtenção do resultado prático equivalente, poderá o juiz determinar as medidas necessárias, tais como busca e apreensão, remoção de coisas e pessoas, desfazimento de obra, impedimento de atividade nociva, além de requisição de força policial.

Nesse enfoque, observa-se também que a ***restitutio in integrum*** extravasa o Direito Civil, embora tenha nele uma de suas fontes relevantes considerando-se o tratamento diferenciado e detalhado da matéria das obrigações por essa disciplina jurídica.

Nesse sentido, indica a doutrina civilista[35] que para se compreender o conteúdo da **obrigação de restituir** é necessário que se estude seu prisma e seus parâmetros no caso concreto, em especial sua liquidez para se verificar como pode ser materializada a própria obrigação de restituição. Podem constituir parâmetros, inclusive, avaliar a questão da boa-fé ou má-fé e os benefícios proporcionados àquele que agiu em desconformidade com o ordenamento jurídico.

Destaca Davi Monteiro Diniz[36], considerando-se os critérios para estabelecer a restituição utilizados pelos ordenamentos jurídicos Francês e Alemão, possivelmente utilizando-se a lógica subjacente à *condictio sine causa*, que a restituição deve ser efetivada, em princípio, ***in natura***.

A *restitutio in integrum* não se realiza necessariamente no **mesmo objeto** abrangido pelo dano. Com efeito, a restituição integral do dano não precisa ser no mesmo tipo de objeto lesado. E é por isso que os equivalentes ao objeto jurídico tutelado, como as perdas e danos, também caracterizam, *mutatis mutandis*, a *restitutio in integrum*.

Em conformidade com o ordenamento jurídico brasileiro e analisando-se, em especial, a título de exemplo, os artigos 12, 234 e 247 do **Código Civil**[37], pode-se notar um eixo entre eles. Com efeito, o primeiro artigo referido abrange os direitos da personalidade, que embora sejam extrapatrimoniais podem ser, em alguns casos, motivo de reclamação por perdas e danos; já no segundo dispositivo legal verifica-se a transformação da obrigação de dar coisa certa em obrigação de indenizar por impossibilidade superveniente culposa; finalmente, no terceiro artigo do Estatuto Civil pátrio verifica-se uma importante noção acerca da obrigação personalíssima, novamente com possibilidade de conversão em perdas e danos.

---

35 DINIZ, Davi Monteiro. *Da obrigação de restituir por enriquecimento sem causa*. Rio de Janeiro: Lumen Juris, 2013. p. 69.

36 DINIZ, Davi Monteiro. *Da obrigação de restituir por enriquecimento sem causa*. Rio de Janeiro: Lumen Juris, 2013. p. 70.

37 Código Civil, art. 12. Pode-se exigir que cesse a ameaça, ou a lesão, a direito da personalidade, e reclamar perdas e danos, sem prejuízo de outras sanções previstas em lei.
Código Civil, art. 234. Se, no caso do artigo antecedente, a coisa se perder, sem culpa do devedor, antes da tradição, ou pendente a condição suspensiva, fica resolvida a obrigação para ambas as partes; se a perda resultar de culpa do devedor,
responderá este pelo equivalente e mais perdas e danos.
Código Civil, art. 247. Incorre na obrigação de indenizar perdas e danos o devedor que recusar a prestação a ele só imposta, ou só por ele exequível.

Mostrou-se claro, nos três exemplos acima, que a própria disposição *ex lege* fala, em certas hipóteses, em perdas e danos ou indenização. É que o Direito, sem dúvida, precisa de balizas para buscar, em último grau, a reparação do eventual dano causado. É dizer, ainda que não seja desejável ou mesmo possível reparar integralmente os direitos mencionados pela via das perdas e danos, essas existem como referência da lei, do Direito e da justiça.

No âmbito do direito coletivo há certas nuances diferenciadoras. Nele deve-se tentar satisfazer e insistir, em primeiro lugar e sempre que possível, na própria **tutela específica** da obrigação, tendo em vista tratar-se de direitos considerados via de regra, pela teoria mais restritiva, como indisponíveis. Com efeito, trata-se de direitos da coletividade e muitas vezes sua lesão é irreversível, por isso evita-se converter em perdas e danos. Busca-se reparar, quando estritamente necessário, através de obrigações equivalentes ao bem jurídico tutelado antes de se tentar a via da indenização.

Mas é imprescindível dizer que no bojo de um TAC frequentemente não existirá **coincidência** de obrigações originais descumpridas e as posteriores visando à sua reparação, inclusive em termos de tempo, lugar e modo de execução.

Quanto maior a exigência de tal coincidência, maior a **limitação** da reparação do dano, permanecendo-se frequentemente, como corolário, na pendência de ações judiciais que contudo apenas podem, em muitos casos após um processo custoso e moroso, se limitar a vir condenar em perdas e danos com reversão para o *fluid recovery fund*, nos termos do art. 13 da Lei 7.347/1985.

Mas isso não seria bastante, de modo que o termo de ajustamento suscita questionamentos acerca dos **limites e possibilidades** em que pode ser realizado, conforme se verá a seguir.

Com efeito, apenas ilustrando o **tempo processual** necessário para se alcançar a reparação de uma espécie de direitos coletivos via ação civil pública, qual seja, a defesa coletiva de direitos individuais homogêneos, o procedimento dividir-se-á em duas etapas, primeiramente uma condenação de caráter genérico fixando a responsabilidade do réu pelos danos causados e num segundo momento cada vítima poderá executar individualmente.

A efetividade do processo coletivo se encontra ligada, assim, ao TAC, enquanto forma consensual de solução de conflitos coletivos, uma vez que a via litigiosa, por exemplo via ação civil pública, despende corriqueiramente maior lapso temporal. Ambas podem conduzir à *restitutio in integrum*, *in natura* ou em possíveis equivalentes, entre outras alternativas, mas entende-se que deve ser **priorizada** a via extrajudicial.

Cumpre destacar que as ações coletivas, por sua própria natureza, *in re ipsa,* são de natureza social face a sua **repercussão** para a sociedade. Por esse motivo o Judiciário deve, em consonância com o princípio da instrumentalidade das formas e o interesse público em resolver o mérito do processo coletivo, indagar com maior receptividade e amplitude, permitindo, na medida do possível e com respaldo na teoria da *status assertionis*, o preenchimento dos requisitos de admissibilidade processual. Isso tem o objetivo de enfrentar sempre que possível o mérito do processo coletivo gerando pacificação social com repercussão para um grande número de interessados.

Um **exemplo** do interesse público em resolver o mérito do processo coletivo reflete-se na publicação de editais, pelo órgão jurisdicional, para que outros cidadãos ou o Ministério Público assumam o pólo ativo da ação popular quando seu autor der ensejo a qualquer causa de resolução do processo sem exame do mérito em conformidade com o art. 9º da Lei 4.717/65.

Ademais, pelas qualidades da autocomposição já expostas, entende-se que, pelo princípio da efetividade do processo coletivo, sempre que possível deverá ser viabilizada sua realização em TACs, mesmo em direitos que seriam, numa análise "fria" e apriorística da lei, indisponíveis, pois em *ultima ratio* a conciliação ou mediação em sede de TAC permite a **resolução do mérito** da demanda nos termos do art. 487 do Código de Processo Civil/2015 e do art. 269 do Código de Processo Civil/1973, além da própria lide em sentido sociológico.

Como corolário, essa possível resolução do mérito pode beneficiar a sociedade como um todo. Esse **impacto** benéfico de modo algum deve ser dispensado, ao revés deve ser priorizado e maximizado.

A obtenção de um consenso, a economia de custos e a reconhecida efetividade quanto ao seu cumprimento, entre outras **características**, serão adiante sopesadas com as possíveis restrições ao TAC.

3.3 O PRINCÍPIO DA DISPONIBILIDADE MOTIVADA DO INQUÉRITO CIVIL PÚBLICO

Segundo o princípio em tela o **arquivamento do Inquérito Civil Público** deve ser motivado pelo Ministério Público e remetido à revisão pelos respectivos órgãos institucionais competentes, na forma da Lei 8.625/93 ou da Lei Complementar n. 75/93.

Como será visto, o princípio da **disponibilidade motivada** do ICP poderia trazer **reflexos** em termos de questionamentos acerca das possibilidades do

TAC. Mazzilli[38] corrobora esse posicionamento ao lembrar que "o dever de agir não obriga à cega propositura da ação pelo Ministério Público", bem como que **"não é inconstitucional** o sistema da LACP, ao permitir ao Ministério Público **arquive** o **inquérito civil**, pois essa decisão ministerial **não impede que o Poder Judiciário conheça da lesão de direito**" (g.n).

Nessa linha, cumpre recordar que **não é obrigatório propor um TAC tal qual se fosse um requisito para o ajuizamento da ação civil pública**, conforme o entendimento externado através do Recurso Especial n. 895.443-RJ do Superior Tribunal de Justiça[39], embora se tenha reconhecido a notória efetividade de tal instrumento. Não há, portanto, imposição legal de tentativa de celebração de TAC.

Posteriormente, em 2011, o STJ confirmou que não existe nem a obrigatoriedade de o Ministério Público aceitar tampouco negociar as cláusulas do TAC[40], pois ele não constitui um direito subjetivo de quem deseja ajustar sua conduta. Em 2013, a mesma Corte Superior[41] tangenciou novamente o assunto e firmou que **"sua não proposição não induz à carência de ação"**.

---

38 **O dever de agir não obriga à cega propositura da ação pelo Ministério Público**. Sem quebra alguma do princípio da obrigatoriedade, "se o órgão do Ministério Público, esgotadas todas as diligências, se convencer da inexistência de fundamento para a propositura da ação civil, promoverá o arquivamento dos autos do inquérito civil ou das peças informativas, fazendo-o fundamentadamente" (LACP, art. 9º). Há dois meios de controle da não-propositura da ação pelo Ministério Público: a) Sob pena de falta funcional, o membro que promoveu o arquivamento deve remeter de ofício, no prazo de três dias, os autos do inquérito civil ou as peças de informação ao Conselho Superior do Ministério Público, para reexame da decisão de arquivamento (LACP, art. 9º e parágrafos. [...]); b) Como não detém o Ministério Público legitimação exclusiva para a ação civil pública, outros co -legitimados podem concorrentemente propor a ação que ele entendeu não devesse ajuizar (CR, art. 129, § 1º; LACP, art. 5º; CDC, art. 82). **Não é inconstitucional o sistema da LACP, ao permitir ao Ministério Público arquive o inquérito civil, pois essa decisão ministerial não impede que o Poder Judiciário conheça da lesão de direito. A decisão de arquivamento do inquérito civil ou das peças de informação não obsta a que qualquer co-legitimado proponha a ação civil pública ou coletiva acaso cabível; e o próprio lesado sempre poderá propor a ação necessária à defesa de seu interesse individual.** (g.n.), conforme MAZZILLI, Hugo Nigro. *A defesa dos interesses difusos em juízo: meio ambiente, consumidor, patrimônio cultural, patrimônio público e outros interesses.* 21 ed. rev., ampl. e atual. São Paulo: Saraiva, 2008. P. 94.

39 [...] **O ordenamento jurídico brasileiro não confere ao Termo de Ajustamento de Conduta caráter obrigatório**, a ponto de exigir que o Ministério Público o proponha antes do ajuizamento da ação civil pública, em que pese a notória efetividade de tal instrumento. Ademais, julgada a ação há mais de quatro anos, não é razoável extingui-la sob a alegada ausência de prévio esgotamento, pelo parquet, das medidas disponíveis na via administrativa. (g.n.) (STJ, REsp 895.443/RJ, Rel. Ministra Eliana Calmon, Segunda Turma, julgado em 20/11/2008, DJe 17/12/2008)

40 BRASIL. Superior Tribunal de Justiça. REsp 596.764/MG, Rel. Ministro Antonio Carlos Ferreira, Quarta Turma, julgado em 17/05/2012, DJe 23/05/2012

41 BRASIL. Superior Tribunal de Justiça. REsp 1.252.869/DF, Rel. Ministro Herman Benjamin, Segunda Turma, julgado em 15/08/2013, DJe 16/09/2013.

A indagação que se faz partindo tanto da não-obrigatoriedade quanto da disponibilidade motivada do inquérito civil público é sua ligação à disponibilidade da **Ação Civil Pública**, bem como à **possibilidade de transação** em direitos coletivos.

De fato, se pudesse haver disponibilidade, em maior ou menor grau, do inquérito civil público, então, à primeira vista e com mais forte razão, ou seja, ***a fortiori***, poderia se cogitar também em transação extrajudicial ou no bojo da própria ACP.

Porém, muito embora não existam direitos absolutos tampouco indisponibilidade verdadeiramente absoluta de direitos, a própria ACP, em último grau, não possui um elemento disponível que permita sua **autocomposição e transação**.

Verifica-se que, via de regra, a disponibilidade total da ACP é muito mais **gravosa e abrangente** do que uma possível transação realizada em seu curso.

É verdade que, no âmbito da tutela coletiva, tanto com a disponibilidade quanto com a **transação** existe um campo em aberto que dá **margem à atuação** dos juristas, pois estes, em ambos os casos, trabalham a lide direcionando a busca pelo acesso à justiça de acordo como o caso concreto, com a possibilidade de resolver em definitivo o problema jurídico que lhes foi apresentado.

A conciliação ou transação substancial em ACP não pode ser **justificada** *a fortiori* pelo próprio princípio da disponibilidade motivada (segundo o qual o Ministério Público pode solicitar arquivamento de um inquérito civil público por entender que não seria o caso de ACP). Raciocínio em sentido contrário não se sustentaria.

Com efeito, as hipóteses de arquivamento e disponibilidade da ACP estão relacionadas, em maior ou menor grau, **estritamente** à falta de fundamento para sua propositura ou continuidade nos termos da lei, ou seja, não seria possível justificar sua não propositura numa discricionariedade que conduziria ao raciocínio de "transposição" de legitimidade, *a fortiori*, para a autocomposição em outros casos.

Desse modo é forçoso **afastar-se a linha de raciocínio** esboçada neste item como fundamento para a possibilidade de transação em termos de ajustamento de conduta.

Sem embargo da falta de sustentação do pensamento teórico esboçado neste tópico, prossegue-se delineando o tema e verificando-se **outras linhas de raciocínio** que possam conduzir à refutação ou manutenção da hipótese da tese científica projetada.

3.4 O PRINCÍPIO DA GARANTIA MÍNIMA

Em consonância com o Superior Tribunal de Justiça[42], a doutrina entende que o TAC constitui **garantia mínima**[43], nunca garantia máxima em prol da efetivação dos direitos coletivos. Com efeito, a própria lógica rechaça a que o TAC obste a reparação dos direitos coletivos em uma abrangência maior do que nele prevista, pelo próprio princípio da tutela específica da obrigação, interpretado em consonância com o princípio da efetividade.

Segundo Mazzilli[44] um dos aspectos responsáveis pela evolução do instituto do ajustamento de conduta foi justamente o fato de ele, lado a lado com sua natureza de título executivo extrajudicial *ex vi* do art. 585, inciso II, do CPC/1973, constituir garantia mínima em prol dos indivíduos lesados, de modo que sua aplicação prática permitiu o transbordamento das simples obrigações de fazer ou não fazer para a **aquisição de um maior alcance**. Assim, caso sejam ajustadas quaisquer obrigações além das garantias mínimas, tal ajuste permanece válido por estar lastreado no seu caráter inteiramente consensual e não trazer prejuízo à defesa dos interesses coletivos.

Para o **Superior Tribunal de Justiça**[45], o TAC, enquanto instrumento administrativo, não pode significar restrição ao acesso à justiça previsto no art. 5º, inciso XXXV, da Constituição da República, motivo pelo qual ele não pode constituir, jamais, renúncia a direitos de terceiros pelos legitimados, mas simples **garantia mínima** para os detentores de direitos.

---

42 BRASIL. Superior Tribunal de Justiça. REsp 1309948/SP, Rel. Ministro Luis Felipe Salomão, Quarta Turma, julgado em 18/12/2014, DJe 24/02/2015.

43 Entre outros autores, defendem tal posicionamento: MAZZILLI, Hugo Nigro. *A defesa dos interesses difusos em juízo: meio ambiente, consumidor, patrimônio cultural, patrimônio público e outros interesses.* 21 ed. rev., ampl. e atual. São Paulo: Saraiva, 2008. p. 404; RODRIGUES, Geisa de Assis. *Ação civil pública e termo de ajustamento de conduta: teoria e prática.* 3 ed. Rio de Janeiro: Forense, 2011. pp. 163-164 e 281-282; DA CUNHA, Marcio Felipe Lacombe. Termo de ajustamento de conduta e a possibilidade de conciliação na seara da improbidade administrativa. *Revista Virtual da Advogacia Geral da União – AGU.* Ano X nº 107, dezembro de 2010. Disponível em: <http://www.agu.gov.br/page/content/detail/id_conteudo/152998>. Acesso em 30 mar. 2014.

44 MAZZILLI, Hugo Nigro. *A defesa dos interesses difusos em juízo: meio ambiente, consumidor, patrimônio cultural, patrimônio público e outros interesses.* 21 ed. rev., ampl. e atual. São Paulo: Saraiva, 2008. p. 407 e 414.

45 BRASIL. Superior Tribunal de Justiça. REsp 1309948/SP, Rel. Ministro Luis Felipe Salomão, Quarta Turma, julgado em 18/12/2014, DJe 24/02/2015: Assim, a autocomposição levada a efeito pelos órgãos públicos legitimados, na via administrativa do compromisso de ajustamento de conduta, **não constituirá jamais renúncia a direitos, mas simples reconhecimento de direitos mínimos** em proveito dos reais detentores do direito material controvertido. Caso assim não fosse, o instrumento de proteção de direitos transindividuais se transmudaria em mecanismo de restrição de direitos, exatamente na contramão de seu propósito e, em última análise, em frontal ofensa ao comando constitucional segundo o qual "a lei não excluirá da apreciação do Poder Judiciário lesão ou ameaça a direito" (CF, art. 5º, inciso XXXV).

Com efeito, de acordo com a referida Corte Superior, o termo de ajustamento de conduta **não influi na responsabilidade penal**[46] **tampouco administrativa** dos responsáveis. De igual modo, também não prejudica o ajuizamento da ação individual ou execução individual pelos titulares de direitos lesados, conforme as especificidades do caso concreto, por força do art. 103, §§ 1º e 2º, da Lei 8.078/90, CDC.

Segundo o STJ[47], mesmo que o órgão do Ministério Público Estadual responsável pela atuação diante de **termo de ajustamento de conduta** certifique que o respectivo objeto foi **devidamente cumprido** pela parte compromissária, é cabível e possível o oferecimento de denúncia embasada em fatos supostamente criminosos decorridos da continuidade da suposta prática delitiva. Em decorrência disso, segundo a Corte Superior o trancamento de ação penal por intermédio de *habeas corpus* em casos como esse somente se faz possível quando verificadas, de modo patente, a atipicidade da conduta, a extinção da punibilidade ou a ausência de indícios de autoria e prova da materialidade.

Porém, se o TAC não pode obstar uma ação penal, questiona-se se ele poderia impedir uma ação por improbidade. Um dos **pontos extremamente polêmicos** do princípio estudado diz respeito justamente à celebração de TAC na seara de improbidade administrativa, como uma garantia mínima em prol dos bens, direitos ou interesses lesados.

Para Geisa de Assis Rodrigues[48], se houver real vontade de reparar o dano ao erário por parte do agente que cometeu ato de improbidade, não se pode, sob pena de violação aos princípios aplicáveis à tutela extrajudicial, **impossibilitar simplesmente** a realização e celebração do ajuste, tendo em vista que este se consubstanciará em mais um meio importante de defesa do patrimônio público. Isso muito embora, para a referida autora, as outras sanções além do ressarcimento estejam fora da possibilidade de acordo ou negociação, podendo ser repreendido com fundamento na lei de improbidade o agente ímprobo ainda que repare integralmente o dano ao Erário – embora

---

46 [...] **A assinatura do termo de ajustamento de conduta não obsta a instauração da ação penal, pois esse procedimento ocorre na esfera cível, que é independente da penal.** [...] (STJ, 6ª Turma, RHC 24.499, Rel. Min. Maria Thereza de Assis Moura, DJe 03/10/2011) (g.n.) No mesmo sentido, inclusive citando o acórdão acima: STJ, 5ª Turma, HC 187.842, Rel. Min. Laurita Vaz, DJe 25/09/2013.
Vide também: No mesmo sentido: STJ, 5ª Turma, HC 82.911, Rel. Min. Arnaldo Esteves Lima, DJe 15/06/2009.

47 BRASIL. Superior Tribunal de Justiça. HC 61.199/BA, Rel. Ministra Jane Silva, Desembargadora Convocada do TJ/MG, Quinta Turma, julgado em 04/10/2007, DJ 22/10/2007, p. 321.

48 RODRIGUES, Geisa de Assis. *Ação civil pública e termo de ajustamento de conduta: teoria e prática.* 3 ed. Rio de Janeiro: Forense, 2011. p. 163-164 e 281-282.

por óbvio o Poder Judiciário não possa condenar a ressarcir novamente o dano o agente que já o tenha feito, sob pena *bis in idem*.

Ademais, pode-se acrescentar, **sem entrar ainda no mérito** do posicionamento ora proposto, que a reparação do dano poderia constituir uma forte atenuante ou até mesmo, em casos excepcionais, excludente da culpabilidade pela eventual violação da norma jurídica.

Aprofundando-se no tema, indaga-se se poderia o Ministério Público deixar de conduzir à reparação integral do dano em improbidade administrativa, não obstante deixar totalmente em aberto a possibilidade das sanções cabíveis. Ou, em outras palavras, questiona-se se poderia o Ministério Público **deixar de tomar do interessado** compromisso de ajustamento de conduta de reparar o dano por este causado, sob pena de multa[49]. Acredita-se que a resposta seja negativa, pois a reparação do dano é um dos fins máximos da atuação dos órgãos públicos legitimados para a tutela do meio ambiente, especialmente o Ministério Público, e tomar um compromisso sob pena de multa vincula mais o responsável do que simplesmente deixá-lo cumprir a reparação *sponte propria*.

Se um agente supostamente ímprobo desejar reparar seus atos e se dispuser a fazê-lo, desde já, com a condição de que isso seja **formalizado mediante TAC**, o legitimado público com atribuição sobre a questão deve atuar.

Historicamente, Hugo Nigro Mazzilli[50] cita um exemplo de TAC em improbidade administrativa ocorrido na década de 1980, portanto antes da atual Constituição da República bem como antes da Lei 8.429/1992. Trata-se de autorização de um maior prazo para a reparação do dano que se consubstanciou no **"caso da passarinhada do Embu"**, em 1984, no qual um prefeito de município do Estado de São Paulo teria oferecido irregularmente um "churrasco de passarinhos" para seus correligionários e veio a ser condenado. Posteriormente foi concedido, mediante TAC homologado pela autoridade judicial, um prazo adicional para cumprimento da condenação com pagamento parcelado, juros e correção monetária.

---

49 BRASIL. Superior Tribunal de Justiça. Recurso Especial n. 443.407/SP, Rel. Ministro João Otávio de Noronha, Segunda Turma, julgado em 16/03/2006, DJ 25/04/2006, p. 106, *verbis:* Encontra-se em plena vigência o § 6º do art. 5º da Lei n. 7.347/1985, de forma que o descumprimento de compromisso de ajustamento de conduta celebrado com o Ministério Público viabiliza a execução da multa nele prevista. 2. A Mensagem n. 664/90, do Presidente da República – a qual vetou parcialmente o Código de Defesa do Consumidor –, ao tratar do veto aos arts. 82, § 3º, e 92, parágrafo único, fez referência ao art. 113, mas não o vetou, razão por que esse dispositivo é aplicável à tutela dos interesses e direitos do consumidor. [...]

50 MAZZILLI, Hugo Nigro. *A defesa dos interesses difusos em juízo: meio ambiente, consumidor, patrimônio cultural, patrimônio público e outros interesses.* 21 ed. rev., ampl. e atual. São Paulo: Saraiva, 2008. p. 394.

O que se fez nesse caso e não se pode olvidar é que **direcionar o cumprimento da ordem jurídica** pelo violador do direito se torna uma opção necessária se, por outro lado, deixar a ordem jurídica em descumprimento significar violação ao próprio art. 127, *caput*, da Constituição da República de 1988. A finalidade maior da Constituição da República de 1988 é a reparação da violação à ordem jurídica, mas se, por uma questão formal, o legitimado público, como o Ministério Público, é impedido de celebrar um TAC visando à referida reparação, então está sendo criada uma formalidade que pode ir contra a própria Constituição. Isso seria o Direito tentar ir contra a realidade, a vida, os fatos que geram o próprio Direito.

Aprofundando-se ainda mais nessa questão extremamente polêmica, conquanto a vedação de acordos, transações e conciliações em improbidade administrativa, por força do art. 17, § 1º, da Lei 8.429/92, esteja a indicar que a Lei de Improbidade não tem o objetivo de conciliar mas tão somente de reprimir, essa assertiva **pode não ser absoluta**. É o que se passa a questionar.

Em tese seria possível cogitar que venha a ser proposta ação de improbidade posteriormente, constituindo o cumprimento do TAC pelo agente ímprobo, nada obstante, uma atenuante para sua dosimetria ou até mesmo, em casos excepcionais, excludente de tipicidade ou culpabilidade. Com efeito, segundo o STJ[51] a aplicação das **sanções da Lei de Improbidade Administrativa não é necessariamente cumulativa, existindo a imprescindibilidade de sua fundamentação** levando em conta a **reprovabilidade** da conduta, o ressarcimento dos danos anteriormente à propositura da ação civil pública, a posição hierárquica do agente, o objetivo público da exemplaridade da resposta judicial e a natureza dos bens jurídicos secundários lesados.

Assim, se o agente público estiver fatalmente sujeito a uma ação de improbidade, não há impedimento para que ele tenha **atenuantes ou, em casos excepcionalíssimos, excludentes de responsabilidade** em seu julgamento. Essas atenuantes podem ser concretizadas com auxílio dos legitimados públicos através de TACs.

Noutro enfoque, poderia ser questionada a vulnerabilidade a que estaria submetida a **segurança jurídica** caso o celebrante do termo de ajustamento de conduta pudesse esperar que seu cumprimento o permitiria se isentar da ação de improbidade. Isso, a rigor, poderá ser superado se constar, dos termos do TAC, a ressalva de ser possível ação de improbidade, nos termos

51 BRASIL. Superior Tribunal de Justiça. REsp 765.212/AC, Rel. Ministro Herman Benjamin, Segunda Turma, julgado em 02/03/2010, DJe 23/06/2010.

do art. 17, § 1º, da Lei de Improbidade Administrativa, Lei 8.429/92, se presentes os seus requisitos e pressupostos.

Abre-se, nesse ponto, parênteses para evidenciar julgado do **Superior Tribunal de Justiça**[52] que afirma a possibilidade de **exclusão da condenação por improbidade quando não houver, cumulativamente, má-fé e desonestidade**, não se podendo confundir a improbidade, que é uma imoralidade qualificada, com a mera ilegalidade. No exemplo em concreto, o STJ absolveu um agente público de companhia estatal, que visando a compensar empresa prestadora de serviços pelo descumprimento de obrigação da entidade pública, qual seja, atraso no pagamento de faturas, restituiu, à vista de despachos favoráveis porém sem respaldo no edital de licitação, multa que fora aplicada à empresa que prestava serviços.

A seu turno, **Marcio Felipe Lacombe da Cunha**[53] entende ser perfeitamente **viável** que os órgãos públicos legitimados ao ajuizamento da ação civil pública de **improbidade administrativa** celebrem, com os agentes públicos possivelmente ímprobos, termo de ajustamento de suas condutas às exigências legais, devendo isso ser realizado no que diz respeito às condições, ao prazo e ao modo de reparação integral do dano causado ao erário. Não obstante, na visão do referido autor, pode ser celebrado o TAC sem prejuízo do ajuizamento dessa ação ou da continuidade do processo para aplicação das demais sanções contidas no artigo 12, da Lei de Improbidade Administrativa como suspensão dos direitos políticos e perda da função pública, tendo em vista que o TAC constitui garantia mínima e sem embargo de que o compromisso celebrado constitua "circunstância atenuante" ou até uma forma de se obter uma **"delação premiada"** para as penas previstas e aplicáveis ao caso concreto, favorecendo-se de um lado o agente ímprobo que colabora com o legitimado público para a ação de improbidade e de outro lado favorecendo também a efetividade da própria ação.

---

[52] BRASIL. Superior Tribunal de Justiça. Recurso Especial n. 1.420.979/CE, Rel. Ministro Herman Benjamin, Segunda Turma, julgado em 18/09/2014, DJe 10/10/2014.

[53] DA CUNHA, Marcio Felipe Lacombe. Termo de ajustamento de conduta e a possibilidade de conciliação na seara da improbidade administrativa. *Revista Virtual da Advogacia Geral da União – AGU.* Ano X nº 107, dezembro de 2010. Disponível em: <http://www.agu.gov.br/page/content/detail/id_conteudo/152998>. Acesso em 30 mar. 2014, *verbis*: [...] parece-nos perfeitamente viável que os órgãos públicos legitimados ao ajuizamento da ação civil pública de improbidade administrativa tomem dos ímprobos, termo ou compromisso de ajustamento de suas condutas às exigências legais, no que diz respeito às condições, ao prazo e ao modo de reparação integral do dano causado ao erário, sem prejuízo do ajuizamento dessa ação ou da continuidade do processo para aplicação das demais sanções contidas no artigo 12, da Lei de Improbidade Administrativa (perda da função pública, suspensão dos direitos políticos, etc).

Embora a **"colaboração ou delação premiada"**[54] seja um instituto de **direito criminal**, a ideia transmitida é de que, *mutatis mutandis* e *modus in rebus*, ele pode ser **desenvolvido** para **utilização** em sede de **TAC**.

Cumpre aduzir, nesse ponto, que a **possibilidade de ajuizamento da ação de improbidade** deve ser, sempre que possível, **explicitada** pelo legitimado público celebrante do TAC **ao agente público possivelmente ímprobo**, sob pena de possível alegação de ato incoerente ou contraditório, ou seja, *mutatis mutandis* um possível *venire contra factum proprium*. Considera-se que, de um lado, a autonomia da vontade e, de outro, a decisão informada são ambos princípios da conciliação e da mediação nos termos do art. 166 da Lei 13.105/15, novo Código de Processo Civil, em consonância com os arts. 2° e 3° da Lei da Mediação, Lei 13.140/15.

Nada obstante, insta recordar que o objeto da ação de improbidade é amplo e só pode ser realizado TAC sobre as possibilidades que podem ser resolvidas extrajudicialmente, **não podendo o TAC incidir sobre** os objetos de suspensão dos direitos políticos, perda da função pública, impossibilidade de contratar com o poder público, entre outros.

Com efeito, embora a existência de termo de ajustamento de conduta válido implique em **falta de interesse de agir** a respeito dos mesmos fatos para todos os legitimados públicos[55], o TAC não pode excluir a responsabilidade criminal, tampouco poderá ser, em hipótese alguma, confundido com a **transação penal**, uma vez que o TAC cuida de direitos transindividuais. É que, conforme já salientado, o TAC não versa sobre responsabilidade penal[56] nem administrativa, não podendo se constituir de modo algum em "salvo-conduto" para o descumprimento da lei[57].

---

[54] O instituto da colaboração ou delação premiada é um instrumento de investigação criminal que permite uma recompensa legalmente preestabelecida a ser concedida pelo Estado ao investigado/ indiciado/ acusado (e agora condenado) em troca da sua efetiva cooperação com os órgãos de persecução penal na elucidação das infrações penais, podendo resultar na redução de sua pena e até mesmo na extinção da punibilidade pelo perdão judicial, conforme AGOSTINI, Onofre José Carvalho; DELAVI, Marcos Dagoberto Cardoso; SIMAS, Guilherme Brito Laus. Direitos Fundamentais e a nova Lei de Organizações Criminosas – N. 12.850/13. *Revista do Conselho Nacional do Ministério Público*. Brasília: CNMP, n. 4, 2014. pp. 45-78. Disponível em <http://www.cnmp.mp.br/portal/images/stories/Destaques/Publicacoes/Revista_CNMP_WEB4e.pdf>. Acesso em 18 jun. 2015.

[55] RODRIGUES, Geisa de Assis. *Ação civil pública e termo de ajustamento de conduta: teoria e prática*. 3 ed. Rio de Janeiro: Forense, 2011. p. 282.

[56] BRASIL. Superior Tribunal de Justiça. Habeas Corpus n. 82.911/MG, Rel. Ministro Arnaldo Esteves Lima, Quinta Turma, julgado em 05/05/2009, DJe 15/06/2009, *verbis*: [...] A assinatura do termo de ajustamento de conduta não obsta a instauração da ação penal, pois esse procedimento ocorre na esfera administrativa, que é independente da penal.

[57] RODRIGUES, Geisa de Assis. *Ação civil pública e termo de ajustamento de conduta: teoria e prática*. 3 ed. Rio de Janeiro: Forense, 2011. p. 157-158.

É dizer, como o TAC não tem como efeito próprio aplicar punições expressamente previstas em lei para atos praticados pelo celebrante, não pode ele versar sobre a **imposição ou exclusão de sanções previstas na lei de improbidade administrativa**, muito embora possa tratar da reparação do dano que inclusive deverá ser considerada atenuante em caso de dosimetria ou, em hipóteses verdadeiramente excepcionais, excludente da culpabilidade da conduta do agente possivelmente ímprobo. É que o TAC, justamente por constituir, conforme já dito, garantia mínima, não necessariamente deve ser realizado em relação à conduta global eventualmente praticada pelo agente, podendo ser realizado de modo parcial[58] também em consonância com a posição doutrinária adotada por Mazzilli, que denomina o TAC parcial de compromisso preliminar[59].

À frente, questiona-se se existe um crivo de subjetividade na aplicação, pelo juiz, do *quantum* da pena em ações de improbidade: a resposta só pode ser afirmativa, pois ao juiz incumbe a dosimetria das sanções na forma do art. 12 da Lei 8.429/92. Em caso de total e efetivo ressarcimento ao erário ou reparação integral do dano em TAC na seara de improbidade administrativa é possível cogitar-se em improcedência das demais sanções da lei de improbidade, em tese, caso a reparação ocorra de tal modo, por exemplo, que permita o retorno ao *status quo ante*. É justamente na dosimetria das ações de improbidade que poderá incidir eventualmente a atenuante face à celebração e cumprimento do TAC com o ressarcimento ao erário ou outras formas de possível reparação.

Portanto, o TAC se destina a resolver de maneira conciliatória as lesões na esfera do âmbito de responsabilização civil. Por esse motivo ele não pode impor sanções administrativas nem penais[60] e, como decorrência lógica, a celebração do TAC também **não exime** o autor da responsabilização penal ou administrativa, novamente confirmando a natureza jurídica de garantia mínima do TAC. Não obstante, quanto à questão do ressarcimento do dano, inclusive em analogia ao efeito de composição civil da transação penal extinguindo-se a punibilidade, especialmente mediante a análise do caso concreto, para se evitar *bis in idem* seria possível, em tese, admitir que o TAC permita repercussões sobre a mitigação ou até extinção de outras sanções da lei de improbidade, salvo situações excepcionais.

---

[58] RODRIGUES, Geisa de Assis. *Ação civil pública e termo de ajustamento de conduta: teoria e prática.* 3 ed. Rio de Janeiro: Forense, 2011. p. 170.

[59] MAZZILLI, Hugo Nigro. *A defesa dos interesses difusos em juízo: meio ambiente, consumidor, patrimônio cultural, patrimônio público e outros interesses.* 21 ed. rev., ampl. e atual. São Paulo: Saraiva, 2008. p. 409.

[60] RODRIGUES, Geisa de Assis. *Ação civil pública e termo de ajustamento de conduta: teoria e prática.* 3 ed. Rio de Janeiro: Forense, 2011. P. 157-158.

Além disso, quando o **art. 17, § 1º, da Lei 8.429/92** diz que "é vedada a transação, acordo ou conciliação nas ações de que trata o *caput*", não se pode desconsiderar que o referido dispositivo legal não trata da composição extrajudicial. De fato, o referido dispositivo legal cuida apenas, literalmente, de posturas dos legitimados **após o curso das "ações"**, constituindo-se o TAC um instrumento autônomo e independente em relação à ACP e que, em razão disso, não pode ser prejudicado. Assim, como técnica de interpretação, as exceções, como a impossibilidade de autocomposição em ACPs, devem ser interpretadas restritivamente, não abrangendo, portanto, os ajustes de conduta realizados extrajudicialmente.

A **Lei 13.140/2015, Lei da Mediação**, fez a previsão, em seu **art. 36**, da possibilidade de autocomposição em conflitos que envolvam controvérsia jurídica entre órgãos ou entidades de direito público que integram a administração pública federal. Segundo o §3º do referido dispositivo, **a composição extrajudicial do conflito não afasta a apuração de responsabilidade do agente público** que deu causa à dívida, sempre que se verificar que sua ação ou omissão constitui, em tese, infração disciplinar, confirmando-se assim a aplicação do princípio da garantia mínima.

Adiante, no mesmo tema, a previsão, no § 4º do mesmo art. 36 da Lei 13.140/2015, de que nas hipóteses em que a matéria objeto do litígio **esteja sendo discutida em ação de improbidade administrativa** ou sobre ela haja decisão do Tribunal de Contas da União, a **conciliação dependerá da anuência expressa do juiz da causa ou do Ministro Relator**, pode ser considerada uma revogação parcial do conteúdo do art. 17, § 1º, da Lei 8.429/92.

Finalmente, consoante entendimento do **Superior Tribunal de Justiça**[61], o princípio da garantia mínima ou do direito mínimo indica que **exsurgindo "sentença** proferida em ação civil pública, ajuizada para a tutela de direitos transindividuais, **se mais vantajosa** aos beneficiários, **deve prevalecer em face de termo de ajustamento de conduta** celebrado entre o órgão público e o demandado". Isso ocorre, na visão da Corte Superior, por três motivos, quais sejam, a preponderância da coisa julgada, a independência das esferas judicial e administrativa e ainda a qualidade e titularidade dos direitos controvertidos.

61 BRASIL. Superior Tribunal de Justiça. Recurso Especial n. 1309948/SP, Rel. Ministro Luis Felipe Salomão, Quarta Turma, julgado em 18/12/2014, DJe 24/02/2015: [...] a sentença proferida em ação civil pública, ajuizada para a tutela de direitos transindividuais, se mais vantajosa aos beneficiários, deve prevalecer em face de termo de ajustamento de conduta celebrado entre o órgão público e o demandado, seja pela preponderância da coisa julgada, seja pela independência das esferas judicial e administrativa, seja, ainda, pela qualidade e titularidade dos direitos controvertidos.

3.5 O PRINCÍPIO DA PROPORCIONALIDADE APLICADO AO TERMO DE AJUSTAMENTO DE CONDUTA – TAC

Destaca Fernando Gonzaga Jayme[62], forte na lição de Alexy, não ser possível admitir como direitos fundamentais unicamente aqueles registrados *numerus clausus* na Lei Fundamental. Segundo bem destaca, trata-se, portanto, da diferença entre **normas de direito fundamental** diretamente definidas na Constituição e as normas de direito fundamental a ela adstritas.

Nenhum direito é absoluto, nem mesmo a vida, pois o ordenamento jurídico ampara a possibilidade de se perder ou até mesmo tirar a vida alheia em caso de legítima defesa justificada conforme o art. 5º, *caput*, da Constituição da República, c/c art. 25 do Código Penal, c/c art. 386, VI, do Código de Processo Penal. Um direito efetivamente pode limitar outro, mas isso deve ser feito de maneira escorreita e com fundamento jurídico relevante, como por exemplo nos princípios da proporcionalidade, da razoabilidade e da concordância prática, de forma a evitar que um direito suprima outro no caso concreto por inteiro, conforme lecionam as doutrinas de Dworkin[63] e Alexy[64].

Nessa linha, a ideia da **proporcionalidade** (*VerhältnismäBigkeitprinzip)*[65] pode otimizar tempo ao permitir um ponto de equilíbrio entre ideias e princípios distintos, fundamentando uma solução extrajudicial jurídica adequada. É que, como é cediço, em certas causas que envolvem direitos individuais ou coletivos não é raro o juiz deferir (ou indeferir) uma liminar e o processo demorar um tempo considerável em seu trâmite após isso. Assim, a proposição de uma solução extrajudicialmente, de modo adequado e célere é consideravelmente melhor do que postergar ou não apresentar soluções para a questão, como pode ocorrer no caso da falta de acesso à justiça pela vedação de TAC em determinadas hipóteses.

Para Ronald Dworkin[66] "os princípios possuem uma **dimensão de peso (*dimension of weight*)**, referencial de análise que contribuirá para a solução

---

62 JAYME, Fernando Gonzaga. *Tribunal Constitucional: exigência democrática.* Belo Horizonte: Del Rey, 2000. P. 118.

63 DWORKIN, Ronald. *Levando os direitos a sério.* Título original: *Taking rights seriously*. Tradução de Nelson Boeira. 2 ed. São Paulo: Martins Fontes, 2007.
- DWORKIN, Ronald. *O império do direito*. Título original: *Law's empire.*Tradução de Jefferson Luiz Camargo. 2 ed. São Paulo: Martins Fontes, 2007.
- DWORKIN, Ronald. *Uma questão de princípio*. Título original: *A matter of principle*. Tradução de Luís Carlos Borges. 2 ed. São Paulo: Martins Fontes, 2005.

64 ALEXY, Robert. *Colisão de Direitos Fundamentais e Realização de Direitos Fundamentais no Estado de Direito Democrático.* Revista de Direito Administrativo n. 217/75.

65 PALU, Oswaldo Luiz. *Controle dos atos de governo pela jurisdição.* SP: Revista dos Tribunais, 2004. p. 370-371.

66 DWORKIN, Ronald. *Levando os direitos a sério*. Título original: *Taking rights seriously*. Tradução de Nelson Boeira. 2 ed. São Paulo: Martins Fontes, 2007. pp. 18, 26-27, 39-43 e 127.

de colisões, permitindo a identificação daquele que irá preponderar". Desse modo, se ocorrer de vários princípios incidirem sobre determinada situação concreta, deverá o responsável pela solução do conflito medir, calcular e valorar o "peso" relativo de cada um deles de acordo com o caso sob análise[67]. É dizer, atua-se identificando os princípios cuja utilização, total ou parcial, será admitida ou afastada naquela situação jurídica examinada.

Trata-se do **princípio constitucional implícito da proporcionalidade** como critério legitimador da escolha ou decisão jurídica, inclusive a relacionada, excepcionalmente, à transação entre direitos aparentemente indisponíveis.

Para Dworkin[68] os princípios se assemelham a **"vetores"**, manifestando-se como "forças" que exigem seja calculada uma "resultante". Para ele, "o princípio preterido preserva a sua força normativa, mas deixa de incidir na situação concreta, o que permite afirmar que a solução da colisão atua como incidente da aplicação da norma."

Percorrendo o assunto, a seu turno assevera Robert Alexy[69] que os princípios podem tanto **coexistir** quanto conviver **harmonicamente** sem nenhum problema, permitindo-se que, em caso de colisão, um deles seja aplicado mais amplamente em conformidade com a situação sob exame do jurista, a partir da identificação do seu peso e da ponderação com outros princípios, conforme as circunstâncias em que esteja envolto.

Para Alexy[70], **princípios e ponderações** são duas faces do mesmo objeto sob exame jurídico. "Um é do tipo teórico-normativo, o outro, metodológico. Quem efetua ponderações no direito pressupõe que as normas, entre as quais é ponderado, têm a estrutura de princípios e quem classifica normas como princípios deve chegar a ponderações." Portanto, para ele, a discussão sobre a teoria dos princípios culmina, essencialmente, em uma discussão sobre ponderação.

Em sua leitura sobre o tema e obra de Alexy, Emerson Garcia[71] destaca que "além de encerrarem **comandos de otimização** (*Optimierungsgebote*), que

---

67 FERREIRA, Diogo Ribeiro. Teoria e princípios subjacentes à penhora on-line. *In*: ROSENVALD, Nelson; PEREIRA, Leonardo Moreira; BARBOSA, Rogério Monteiro (Orgs.). *Questões Contemporâneas do Direito*. Belo Horizonte: Arraes Editores, 2010. P. 13-23.

68 DWORKIN, Ronald. *Levando os direitos a sério*. Título original: *Taking rights seriously*. Tradução de Nelson Boeira. 2 ed. São Paulo: Martins Fontes, 2007. pp. 18, 26-27, 39-43 e 127.

69 ALEXY, Robert. *Teoria dos Direitos Fundamentais*. Título original: *Theorie der Grundrechte*. Tradução de Virgílio Afonso da Silva. São Paulo: Malheiros, 2008. pp. 93-94.

70 ALEXY, Robert. *Colisão de Direitos Fundamentais e Realização de Direitos Fundamentais no Estado de Direito Democrático*. Revista de Direito Administrativo n. 217/75.

71 GARCIA, Emerson. *Conflito entre normas constitucionais: esboço de uma teoria geral*. Rio de Janeiro: Lumen Juris, 2008. p. 187.

variarão consoante as circunstâncias fáticas e jurídicas presentes por ocasião de sua aplicação, os princípios apresentam peculiaridades em relação às regras", pois, como não pode ser olvidado, "o âmbito das possibilidades jurídicas é determinado pelos princípios opostos, que incidem na espécie e que igualmente buscam a prevalência de suas potencialidades, bem como pela regras que, de algum modo, excepcionam o princípio que se pretende aplicar."

Com relevância, destaca Garcia[72] que "a afirmação de que os princípios podem ser cumpridos em **diferentes graus** resulta do fato de não veicularem comandos definitivos."

Conforme Garcia[73], isso ocorre justamente porque "o comando que deles inicialmente deflui pode ser afastado por razões opostas, sendo que a solução deste conflito não é identificada *a priori*, variando gradativamente conforme os **valores em jogo** no caso concreto."

Adiante, Willis S. G. Filho[74] também cuida do tema da validade dos princípios, salientando que a **contradição entre dois ou mais princípios** não faz com que qualquer um deles seja derrogado ou perca sua validade jurídica.

Ressalva-se[75], com fundamento na lição da doutrina, que, ao lado dos direitos fundamentais de primeira geração ou dimensão, encontram-se outros direitos de ordem diversa e igualmente importantes: "a localização dos direitos fundamentais nas constituições dos Estados de democracia pluralista é constante. Procura-se hoje a **conciliação equilibrada** dos **interesses individuais**, com os de caráter **coletivo** ou geral."

Consoante destacado, portanto, os direitos não são absolutos, nem mesmo os fundamentais. Ao contrário, eles **colidem** e seguem, nessas colisões, as diretrizes evidenciadas doutrinariamente.

Aduz também, nessa linha, Luís Afonso Heck[76] que **não pode haver** uma primazia apriorística entre direitos fundamentais individuais sobre bens ou direitos fundamentais coletivos, pois "se uma **primazia estrita** de todos

---

72 GARCIA, Emerson. *Conflito entre normas constitucionais: esboço de uma teoria geral.* Rio de Janeiro: Lumen Juris, 2008. p. 187.

73 GARCIA, Emerson. *Conflito entre normas constitucionais: esboço de uma teoria geral.* Rio de Janeiro: Lumen Juris, 2008. p. 187.

74 GUERRA FILHO, Willis Santiago. *Sobre o princípio da proporcionalidade. In:* LEITE, George Salomão. Dos Princípios Constitucionais: considerações em torno das normas principiológicas da Constituição. São Paulo: Malheiros, 2003. São Paulo: Malheiros, 2003. p. 241.

75 FERREIRA, Diogo Ribeiro. Teoria e princípios subjacentes à penhora on-line. *In*: ROSENVALD, Nelson; PEREIRA, Leonardo Moreira; BARBOSA, Rogério Monteiro (Orgs.). *Questões Contemporâneas do Direito*. Belo Horizonte: Arraes Editores, 2010. P. 13-23.

76 HECK, Luís Afonso. *Regras, princípios jurídicos e sua estrutura no pensamento de Robert Alexy. In:* LEITE, George Salomão. Dos Princípios Constitucionais: considerações em torno das normas principiológicas da Constituição. São Paulo: Malheiros, 2003. pp. 97-98.

os **direitos fundamentais** fosse valer diante de todos os **bens coletivos**, a liberdade de propriedade não mais poderia ser limitada em favor da proteção ao meio ambiente" (g.n.)[77].

Outro exemplo trazido pelo autor seria de que, levada a efeito a prevalência de bens individuais sobre os coletivos, a liberdade de profissão deveria prevalecer aprioristicamente em favor da proteção do usuário, o que claramente seria inadequado.

Coerentemente, revisitando o tema na dicção de Willis S. G. Filho[78], uma comunidade política, para efetivar a justiça distributiva deve consagrar o **"duplo caráter" dos direitos fundamentais**. É dizer, para o efetivo respeito destes seria necessária não unicamente sua **proteção individual**, mas especialmente sua **harmonização** com os **interesses dos membros da sociedade** (isto é, com os interesses coletivos e com os interesses públicos). Nesse sentido, o princípio da proporcionalidade é fundamental para efetivar o balizamento de interesses, mesmo porque eventual "privilégio" dado a certos interesses causaria prejuízo para todas as ordens de interesses.

Segundo Guerra Filho[79], relevante número de sistemas normativos contemporâneos permitem a compreensão de que não haveria um conjunto fechado de regras, quando "para cada fato apresentaria a consequência jurídica decorrente, mas sim como um **sistema aberto, para dar conta das peculiaridades de cada caso concreto**" (g.n.). Partindo-se disso, a ideia de proporcionalidade[80] constitui-se em um princípio jurídico fundamental, ou

---

[77] [...] O problema da limitação de direitos individuais a favor de bens coletivos não pode, com isso – segundo Alexy –, primeiro, ser resolvido por uma primazia absoluta de todos os direitos individuais diante de todos os bens coletivos. Segundo, o caminho de admitir somente tais bens coletivos como fundamento de barreira que podem ser reduzidos a direitos individuais não promete êxito. Também uma terceira alternativa não deveria entrar em consideração. Ela consiste nisto, de abreviar a lista dos direitos fundamentais, conforme HECK, Luís Afonso. *Regras, princípios jurídicos e sua estrutura no pensamento de Robert Alexy. In*: LEITE, George Salomão. Dos Princípios Constitucionais: considerações em torno das normas principiológicas da Constituição. São Paulo: Malheiros, 2003. pp. 97-98.

[78] GUERRA FILHO, Willis Santiago. *Sobre o princípio da proporcionalidade. In*: LEITE, George Salomão. Dos Princípios Constitucionais: considerações em torno das normas principiológicas da Constituição. São Paulo: Malheiros, 2003. p.243.

[79] GUERRA FILHO, Willis Santiago. *Sobre o princípio da proporcionalidade. In*: LEITE, George Salomão. Dos Princípios Constitucionais: considerações em torno das normas principiológicas da Constituição. São Paulo: Malheiros, 2003. p. 243.

[80] Vários juristas contemporâneos como Josef Esser [1964], Ronald Dworkin [1977;1978;1985], Robert Alexy[1985] e Paulo Bonavides[2003] enfatizam o emprego de certos princípios jurídicos positivados juridicamente – principalmente na Constituição – quer explicitamente, quer implicitamente. Isso significa a superação do legalismo do Positivismo Jurídico [...], conforme GUERRA FILHO, Willis Santiago. *Sobre o princípio da proporcionalidade. In*: LEITE, George Salomão (Org.). Dos Princípios Constitucionais: considerações em torno das normas principiológicas da Constituição. São Paulo: Malheiros, 2003. pp. 243, 245-246 e 250. **Conferir, também,** PALU, Oswaldo Luiz. *Controle dos atos de governo pela jurisdição.* SP: Revista dos Tribunais, 2004. p. 370-371.

seja, um verdadeiro "*topos* argumentativo". Como decorrência, o princípio da proporcionalidade seria uma exigência cognitiva para o próprio Direito, enquanto este fosse concebido como composto conjuntamente por regras e princípios[81].

Face ao exposto, o princípio da proporcionalidade[82] é **fundamento e critério** para que o legitimado público possa, diante da colisão de princípios, **avaliar a propositura de TAC e efetivá-lo**, mesmo em se tratando dos **direitos mais conflituosos**.

Portanto[83], para se aplicar o **TAC substancial**, conforme adiante será visto e analisado, deve-se, preliminarmente, verificar se ele é **adequado, necessário e se guarda estrita relação entre meios e fins**. Se não estiverem presentes todos esses requisitos, sua utilização deve ser descartada naquele caso concreto no momento sob análise, ainda que posteriormente possa ser retomada a mesma avaliação jurídica, uma vez ocorrida a mudança na situação fática ou jurídica subjacente.

Semelhantemente, deve ser aplicado o princípio da **proporcionalidade**[84], com seus **três requisitos ou subprincípios**, para a solução de colisões principiológicas entre bens da vida que estejam em conflito no próprio campo fático **prévio, concomitante ou posterior** à celebração do TAC.

---

81 GUERRA FILHO, Willis Santiago. *Sobre o princípio da proporcionalidade*. *In*: LEITE, George Salomão. Dos Princípios Constitucionais: considerações em torno das normas principiológicas da Constituição. São Paulo: Malheiros, 2003. p. 243.

82 FERREIRA, Diogo Ribeiro. *Execução por quantia certa contra devedor solvente: Penhora on-line e princípios constitucionais*. Monografia. Trabalho de conclusão do curso de bacharelado em Direito – Faculdade de Direito, Universidade Federal de Minas Gerais, Belo Horizonte, 2005. pp. 10-14.

83 Segundo Empédocles de Agrigento, "Belo é dizer mesmo duas vezes o que é necessário", conforme: BORHEIM, Gerd. A. (Org.). *Os filósofos pré-socráticos*. São Paulo: Editora Cultrix, 1985. p. 71.

84 O princípio da proporcionalidade se desdobra em "três princípios parciais". Seriam estes os princípios da **"proporcionalidade em sentido estrito"**, da **"adequação"** e da **"exigibilidade"**. É que deveria haver correspondência entre o fim a ser alcançado por uma disposição normativa e o meio empregado ser juridicamente o melhor possível (primeiro dos 3 princípios). Além disso, o meio escolhido deveria se prestar ao fim estabelecido, sendo, portanto, adequado. Por fim, deveria ser exigível – "... o que significa não haver outro igualmente eficaz e menos danoso a direitos fundamentais." E para que não haja um "relaxamento" na aplicação da lei, em virtude de um eventual **exagero** na aplicação do princípio da proporcionalidade, adverte-se que um **remédio** para tal possível problema seria adotar uma espécie de **"reflexividade" ao princípio**, só aplicando o mesmo mediante análise prévia da "adequação", "exigibilidade" e **"proporcionalidade"** de fazê-lo no caso analisado (g.n.), **conforme** GUERRA FILHO, Willis Santiago. *Sobre o princípio da proporcionalidade*. *In*: LEITE, George Salomão. Dos Princípios Constitucionais: considerações em torno das normas principiológicas da Constituição. São Paulo: Malheiros, 2003. pp. 243, 245-246 e 250.

4
ACESSO À JUSTIÇA

Tendo em vista que a **hermenêutica** é conhecida como a ciência e arte de interpretar o sentido de palavras, escrituras, leis e textos jurídicos, paralelamente aos métodos de interpretação das normas jurídicas, como a interpretação literal ou gramatical, teleológica ou finalística, sistemática, histórica e lógica, alcançam-se algumas formas de especial inteligência de teorias e técnicas especialmente relacionadas ao acesso à justiça e ao termo de ajustamento de conduta.

Faz-se necessário abordar, portanto, uma **breve visão da legitimidade** para as ações coletivas, além do **alto custo** dos processos relacionado à efetividade (ou não) das vias judiciais ordinárias, bem ainda **outros fatores** que inibem o **acesso à justiça** no Brasil, em especial o aspecto temporal.

A seguir, imperou a necessidade de compreensão da **teoria dos poderes implícitos** por estar relacionada aos limites dos poderes que possuem os órgãos constitucionalmente encarregados do cumprimento de deveres insculpidos na Carta da República.

Finalmente, a **reserva do possível**, como é cediço, constitui argumento defensivo que deve ser bem entendido pois é de reiterado uso pelo Poder Público com vistas a buscar justificar o descumprimento de seus deveres constitucionais.

Conforme já ressaltado, bem firmou o **Superior Tribunal de Justiça**[1] que "não se pode relegar a tutela de todos os direitos a instrumentos processuais individuais, sob pena de excluir do Estado e da democracia aqueles cidadãos que mais merecem sua proteção".

Paralelamente, não se pode deixar de mencionar ser importante que o órgão do Ministério Público ou outro legitimado público faça a **racionalização** de seu serviço mediante uma lista das ações, processos e direitos de mais difícil atuação, recuperação e vitória judicial para promover melhor a dosagem da viabilidade de se promover ou não conciliação, mediação ou TAC em processos coletivos nesses casos.

---

1 BRASIL. Superior Tribunal de Justiça. Informativo de jurisprudência n. 497 – REsp 1.099.634-RJ, Rel. Min. Nancy Andrighi, julgado em 8/5/2012.

Nesse enfoque, a **atuação ou não da instituição Ministério Público** numa revisitação dos temas a que lhe incumbia atuar (ex: usucapião nos termos do art. 944 do CPC/1973, enquanto curador dos registros públicos, direito de família em que não há menor ou incapaz, entre outros), nos termos da Recomendação n. 16, de 28 de abril de 2010, do CNMP – Conselho Nacional do Ministério Público[2], permite que o Ministério Público se dedique a atividades em matérias jurídicas que sejam prioritárias em termos de interesse jurídico mais relevante. Porém, sua desnecessidade de atuação obrigatória não significa que deva descumprir a Constituição em termos de não realização dos interesses coletivos, nos termos do art. 127, c/c art. 129, inciso III[3].

Com efeito, a Recomendação n. 16, de 28 de abril de 2010 do CNMP[4] não pode induzir, como de fato não induz, a deixar de atuar em ações civis públicas de improbidade coletiva, tampouco abandonar ações civis públicas. Tal **tarefa indelével** encontra-se prevista no rol não exaustivo do art. 129 da Constituição da República, especialmente seu inciso III. Não atuar num processo individual pode implicar em falta de acesso à justiça. Mas não atuar em **processos coletivos** pode ser mais gravoso quer sob o aspecto objetivo da priorização de processos e atividades, quer sob o aspecto do descumprimento das atribuições constitucionais, quer ainda sob o próprio aspecto da falta de acesso à justiça e desproteção dos direitos de uma coletividade de pessoas.

Pode-se entender além, sob o **aspecto subjetivo**: o eventual desânimo pessoal que pode atingir frontalmente o membro do Ministério Público ao atuar em uma causa em que aparentemente não exista interesse ministerial não pode contaminar a estratégia global de atuação, quanto menos se este órgão pode atuar em âmbito coletivo com abrangência sobre várias causas, através de um TAC formal ou mesmo substancial-material. É que o TAC pode resolver questões jurídicas extrajudicialmente e de maneira efetiva, inclusive preventiva, evitando a diluição de demandas incontáveis mediante uma atuação precisa e pontual, não obstante deva ser ele completo e observar todos os seus requisitos normativos, inclusive os que permitam uma efetiva participação social, *verbi gratia*, se necessário, mediante a realização de audiência pública e admissão de *amici curiae*[5].

---

2 Alterada pela Recomendação nº 19, de 18 de maio de 2011, do CNMP.

3 **Constituição da República, art. 127.** O Ministério Público é instituição permanente, essencial à função jurisdicional do Estado, incumbindo-lhe a defesa da ordem jurídica, do regime democrático e dos interesses sociais e individuais indisponíveis. [...] **Constituição da República, art. 129**. São funções institucionais do Ministério Público: III – promover o inquérito civil e a ação civil pública, para a proteção do patrimônio público e social, do meio ambiente e de outros interesses difusos e coletivos; [...]

4 Alterada pela Recomendação nº 19, de 18 de maio de 2011, do CNMP.

5 Também corroboram o entendimento da oitiva da sociedade mediante audiências públicas e *amici curiae*: PINHO, Humberto Dalla Bernardina de; CABRAL, Trícia Navarro Xavier. Compromisso de

Estão entre as **características** da legitimidade para a ação civil pública ser exclusiva aos seus legitimados, além de ser concorrente e disjuntiva, num rol mais extenso do que o de legitimados para o TAC. Quanto ao TAC, justifica-se a **capacitação** de todos os legitimados públicos em técnicas de mediação e conciliação que podem potencializar sua celebração. Além disso, também é imprescindível a fiscalização pelo Ministério Público dos ajustamentos de conduta celebrados por outros órgãos, nos termos do art. 127, *caput*, c/c art. 129, inciso III, da Constituição da República, em sua missão constitucional de defesa da ordem jurídica, do regime democrático e dos interesses sociais e individuais indisponíveis.

Assim, é forçoso deixar de se ajuizar ação e optar num primeiro momento pelo TAC caso este venha a ser mais vantajoso do que aquela. Os **parâmetros** a serem utilizados para se saber qual dos dois, se o TAC ou o processo será mais adequado, exigem reflexão.

Para isso o jurista deverá aferir, no **caso concreto**, além da própria possibilidade de acordo, parâmetros como o custo de um processo, o tempo disponível antes da prescrição ou decadência, o valor do bem da vida envolvido, a quantidade de pessoas atingidas, entre outros. É o que se passa a perquirir a seguir.

4.1 LEGITIMIDADE PARA AS AÇÕES COLETIVAS E DEFESA DA SOCIEDADE

A legitimidade para as ações coletivas está relacionada ao **acesso à justiça** por uma questão lógica. Quem quer ter direitos e acesso à justiça precisa de **instrumentos** para tanto. Um desses instrumentos é a **legitimidade**, pois sem que houvesse legitimados não seria possível o referido acesso. Em tese, quanto maior o número de legitimados qualificados, maior poderá ser o acesso à justiça.

Questão incontroversa e em conformidade com a dicção do Superior Tribunal de Justiça[6] é que no âmbito da tutela de direitos transindividuais as partes da relação jurídica processual não (necessariamente) coincidem com as partes da relação jurídica de direito material. Textualmente, segundo o art. 5º da Lei de Ação Civil Pública, LACP, Lei 7.347/85, são **legitimados** para a propositura de ação civil pública, além de ação cautelar: I – o Ministério

ajustamento de conduta: atualidades e perspectivas de acordo com o projeto do novo CPC. *Revista Eletrônica de Direito Processual, ano 5, v. 7, jan.-jun. 2011.* Disponível em <http://www.redp.com.br/edicao_07.htm>. Acesso em 30 jun. 2015.

6 BRASIL. Superior Tribunal de Justiça. REsp 1309948/SP, Rel. Ministro Luis Felipe Salomão, Quarta Turma, julgado em 18/12/2014, DJe 24/02/2015.

Público[7]; II – a Defensoria Pública; III – a União, os Estados, o Distrito Federal e os Municípios; IV – a autarquia, empresa pública, fundação ou sociedade de economia mista; V – a associação que, concomitantemente: *a*) esteja constituída há pelo menos 1 (um) ano nos termos da lei civil; *b*) inclua, entre suas finalidades institucionais, a proteção ao meio ambiente, ao consumidor, à ordem econômica, à livre concorrência ou ao patrimônio artístico, estético, histórico, turístico e paisagístico.

No âmbito dos **direitos coletivos** em geral os legitimados manuseiam **direitos não próprios**, mas, em geral, de terceiros[8] e o **Superior Tribunal de Justiça** vem atribuindo **grande amplitude à legitimidade para a proteção** destes direitos.

A título de **exemplo**, o **STJ**[9] reconhece a legitimidade da **Defensoria Pública**, instituição de inolvidável relevância nos termos do art. 5°, inciso LXXIV, c/c art. 134, ambos da Constituição da República, para propor a ação principal e a ação cautelar em ações civis coletivas que buscam aferir responsabilidade por danos causados ao meio-ambiente, ao consumidor, a bens e direitos de valor artístico, estético, histórico, turístico e paisagístico, embora alguns desses bens jurídicos pertençam a **toda a sociedade**, não apenas aqueles cidadãos tutelados em geral e via de regra no cotidiano da referida instituição.

Especificamente no cenário da celebração de compromissos de **ajustamento de conduta**, conforme o parágrafo 6° do art. 5° da Lei 7.347/85, apenas "**os órgãos públicos legitimados**"[10] é que "poderão tomar dos interessados compromisso de ajustamento de sua conduta às exigências legais, mediante cominações, que terá eficácia de título executivo extrajudicial".

Nada obstante o âmbito de atuação de cada legitimado público para celebrar o TAC, não se pode olvidar a posição do **STJ**[11], novamente em acorde com a necessidade de ampla proteção e efetividade dos direitos coletivos, para o qual é válido o termo de ajustamento de conduta firmado entre o

---

7 Conforme precedente do STJ, a presença do Ministério Público do Trabalho na perspectiva *secundum eventum litis*, referente a TAC questionado judicialmente, impõe a remessa dos autos à Justiça Federal. Conforme: BRASIL. Superior Tribunal de Justiça. CC 116.282/PR, Rel. Ministro Herman Benjamin, Primeira Seção, julgado em 24/08/2011, DJe 06/09/2011.

8 BRASIL. Superior Tribunal de Justiça. REsp 1309948/SP, Rel. Ministro Luis Felipe Salomão, Quarta Turma, julgado em 18/12/2014, DJe 24/02/2015.

9 BRASIL. Superior Tribunal de Justiça. REsp 912.849/RS, Rel. Ministro José Delgado, Primeira Turma, julgado em 26/02/2008, DJe 28/04/2008.

10 Ao longo de todo o texto, quando nos referimos aos **legitimados públicos** para a celebração de termo de ajustamento de conduta e defesa dos direitos coletivos, estamos nos referindo àqueles órgãos públicos previstos no **art. 5°, § 6°, da Lei 7.347/85**.

11 BRASIL. Superior Tribunal de Justiça. HC 61.199/BA, Rel. Ministra Jane Silva, Desembargadora Convocada do TJ/MG, Quinta Turma, julgado em 04/10/2007, DJ 22/10/2007, p. 321.

Ministério Público Estadual e empresa privada com o objetivo de preservar **rio pertencente à União**, pois é dever de todos os entes federativos a preservação do meio ambiente, verificando-se no caso examinado pela referida **Corte Superior** o reconhecimento de **legitimidade concorrente** entre o Ministério Público Estadual e o Ministério Público Federal.

Por outro lado, é preciso considerar a existência de uma questão semântica e que é também jurídico-material, qual seja, aquela relacionada à **nomenclatura e natureza da legitimação** em processos coletivos.

Basicamente existem ao menos **três correntes** na doutrina sobre a legitimidade para a defesa dos direitos coletivos no bojo das respectivas ações coletivas, quais sejam, a teoria da legitimidade extraordinária por substituição processual, a teoria da legitimação autônoma para a condução do processo e a teoria da legitimação ordinária das formações sociais.

Segundo a **primeira corrente** dessa divergência interpretativa[12] trata-se de legitimidade extraordinária, ou seja, mediante substituição processual tendo em vista a defesa, em juízo, de direito alheio em nome próprio, consoante o art. 18 do Código de Processo Civil de 2015 e o art. 6º do Código de Processo Civil de 1973, em consonância com entendimento do Pretório Excelso[13].

Cumpre registrar que em **consonância** com o **STF** já se pronunciou o **STJ**, que o fez através do Recurso Especial – Resp. nº 208.068[14].

---

12 MOREIRA, José Carlos Barbosa. *A ação popular do direito brasileiro como instrumento da tutela jurisdicional dos chamados interesses difusos. In:* WAMBIER, Luiz Rodrigues; WAMBIER, Teresa Arruda Alvim (Org.). Doutrinas essenciais de processo civil, v. IX. SP: Revista dos Tribunais, 2011. pp. 107-125.

13 **Legitimação extraordinária** conferida ao órgão pelo dispositivo constitucional em referência, hipótese em que age como substituto processual de toda a coletividade e, conseqüentemente, na **defesa de autêntico interesse difuso**, habilitação que, de resto, **não impede a iniciativa do próprio ente público na defesa de seu patrimônio**, caso em que o Ministério Público intervirá como fiscal da lei, pena de nulidade da ação (art. 17, § 4º, da Lei nº 8.429/92). [...] (BRASIL. Supremo Tribunal Federal. Recurso Extraordinário (RE) n. 208790, Rel. Min. Ilmar Galvão, Tribunal Pleno, julgado em 27/09/2000, DJ 15-12-2000.) (g.n.) **No mesmo sentido os seguintes acórdãos**: BRASIL. Supremo Tribunal Federal. Recurso Extraordinário (RE) n. 368060 AgR, Rel. Min. Eros Grau, Primeira Turma, julgado em 06/09/2005, DJ 28-10-2005. p. 127-128; BRASIL. Supremo Tribunal Federal. Recurso Extraordinário (RE) n. 234439, Rel. Min. Moreira Alves, Primeira Turma, julgado em 30/04/2002, DJ 14-06-2002; BRASIL. Supremo Tribunal Federal. AI n. 642034 AgR, Rel. Min. Eros Grau, Segunda Turma, julgado em 20/11/2007, DJe-157 p. 7-12-07 DJ 07-12-2007; BRASIL. Supremo Tribunal Federal. Recurso Extraordinário 440004 AgR, Rel. Min. Dias Toffoli, Primeira Turma, julgado em 13/08/2013, Acórdão eletrônico DJe-202 Divulg 10-10-2013 Public 11-10-2013; BRASIL. Supremo Tribunal Federal. AI 778583 AgR, Rel. Min. Gilmar Mendes, Segunda Turma, julgado em 27/09/2011, DJe-195 Divulg 10-10-2011 Public 11-10-2011; BRASIL. Supremo Tribunal Federal. Recurso Extraordinário 576155, Relator(a): MIN. Ricardo Lewandowski, Tribunal Pleno; Julgado 12/08/2010, Repercussão Geral – Mérito DJe-226 Divulg 24-11-2010 Public 25-11-2010 Republicação: DJe-020)

14 BRASIL. Superior Tribunal de Justiça. Recurso Especial n. 208068/SC, Rel. Min. Nancy Andrighi, DJ 08/04/2002: PROCESSUAL CIVIL. RECURSO ESPECIAL. AÇÃO CIVIL PÚBLICA. MINISTÉRIO PÚBLICO. LEGITIMIDADE. PLANOS DE SAÚDE. O Ministério Público detém legitimidade

Porém, **tal julgado não se revelou inovador** pois o STJ já havia reconhecido, em situações anteriores, a legitimidade do Ministério Público para propositura de ação civil pública em defesa de direitos individuais homogêneos nos quais se faz mais intensa a possibilidade de substituição processual. Com efeito, no Recurso Especial 138.583[15] se confirmou a legitimidade do *parquet* para propor ação civil pública com o fito de impedir a cobrança antecipada e a utilização de índice ilegal em mensalidades escolares.

Igualmente, no Recurso Especial 177.965[16] restou decidido que o Ministério Público tem legitimidade para promover ação coletiva em defesa de interesses individuais homogêneos quando existe interesse social compatível com a finalidade da instituição, o que se verificou em especial na referida causa, que versava sobre reajuste de prestações de plano de saúde. Além disso, existem outros **precedentes** ligados à formação da jurisprudência do STJ na espécie[17].

Outra teoria sobre a legitimidade para as ações civis públicas é a teoria da **legitimidade autônoma** para a condução do processo[18]. Segundo a referida teoria, a legitimidade extraordinária por substituição processual teria cabimento na explicação de fenômenos envolvendo o direito individual, enquanto na esfera de direitos coletivos, especialmente quando não se pode identificar o titular do direito, os representantes do povo, através de lei, escolhem alguém ou algumas entidades para que os defendam em nome próprio sendo outrem seu titular, sendo portanto mais adequado denominar de legitimação autônoma. Essa legitimidade pode ser considerada plural ou plúrima quando mais de um órgão ou entidade estão autorizados a atuar para proteger o direito.

---

para a propositura de ação civil pública com o fito de obter pronunciamento judicial acerca da legalidade de cláusulas constantes de contrato de plano de saúde. **A legitimação extraordinária justifica-se pelo relevante interesse social e pela importância do bem jurídico a ser tutelado.** (g.n.)

15 BRASIL. Superior Tribunal de Justiça. Recurso Especial n. 138.583, Rel. Min. Menezes Direito, DJ de 13/10/1998.

16 BRASIL. Superior Tribunal de Justiça. Recurso Especial 177.965, Rel. Min. Ruy Rosado de Aguiar, DJ de 23/08/1999.

17 **O campo de atuação do Ministério Público foi ampliado pela Constituição de 1.988, conferindo-lhe legitimidade para propor ação civil pública, visando a proteger o patrimônio público e social, o meio ambiente e outros interesses difusos e coletivos.** (BRASIL. Superior Tribunal de Justiça. Recurso Especial 178.430, Rel. Min. Garcia Vieira, DJ de 13/10/1998). (g.n.); **O Ministério Público tem legitimidade ativa para ajuizar ação civil pública em defesa de direitos individuais homogêneos, desde que esteja configurado interesse social relevante.** (BRASIL. Superior Tribunal de Justiça. Recurso Especial 58.682, Rel. Min. Menezes Direito, DJ de 16/12/1996). (g.n.)

18 NERY JR., Nelson. Mandado de segurança coletivo. *Revista de Processo*, v. 15, n. 57, jan./mar. 1990. p. 150-158.

Além disso, não se pode deixar de mencionar, ainda, a teoria da **legitimação ordinária das formações sociais**[19]. Essa teoria se aplica aos casos em que os grupos titulares de direitos coletivos estão agindo em defesa daquele próprio grupo, ou seja, estão atuando em seu próprio favor. Há, na espécie, a defesa do direito coletivo desse grupo por meio de sua própria atitude enquanto legitimado.

Nada obstante a existência de diversas teorias referentes à existência de mais de um órgão ou ente legitimado a atuar em juízo em nome da coletividade de modo independente, pode classificar-se com tranquilidade a legitimação para a tutela coletiva no Brasil, em geral, como **concorrente e disjuntiva**.

Destaca-se que no Brasil existe uma enorme importância da atuação dos legitimados públicos para processos coletivos. De fato, a maior parte das ações civis coletivas propostas são ajuizadas pelo Ministério Público e por outros legitimados previstos no art. 5º, § 6º, da Lei 7.347/85, havendo **baixo índice de atuação dos legitimados particulares** na propositura de ações coletivas[20].

Com efeito, em um país em que **grande parcela da população é pobre**, a busca pelos direitos sociais não prestados pelo Estado pode consumir grande parte do tempo da população em geral.

Correspondendo a tal raciocínio, os **legitimados públicos no Brasil** constituem importantes responsáveis, na prática, pela tutela coletiva. Recorde-se, nesse particular, que os legitimados privados previstos na Lei 7.347/85 podem ajuizar ações civis públicas, porém não podem celebrar termos de ajustamento de conduta. Diferentemente ocorre, por exemplo, com o **Ministério Público**, legitimado coletivo que tanto pode ajuizar ação civil pública quanto celebrar termo de ajustamento de conduta.

Entre os legitimados coletivos possui **relevância ímpar a atuação do Ministério Público**, responsável pelo ajuizamento de talvez mais de 90% das ações civis públicas para proteção de direitos coletivos no Brasil[21]. Quanto à atuação deste legitimado público especificamente, é pacífica sua possibilidade de atuação em prol dos direitos difusos e coletivos por força

---

19 WATANABE, Kazuo. *Tutela jurisdicional dos interesses difusos: a legitimação para agir. In:* GRINOVER, Ada Pellegrini (Coord.) *A tutela dos interesses* difusos. São Paulo: Max Limonad, 1984. p. 90 *et seq.*

20 FERRAZ, Antonio Augusto Mello de Camargo. Ação civil pública, inquérito civil e Ministério Público. *In:* MILARÉ, Edis (Coord.). Ação civil pública: Lei 7.347/1985 – *15 anos.* SP: Revista dos Tribunais, 2002.

21 CAMBI, Eduardo. *Ação Civil Pública – 20 Anos – Novos Desafios.* p. 3. Disponível em <http://www.abdpc.org.br/abdpc/artigos/Eduardo%20Cambi%20-%20formatado.pdf>. Acesso em 07 jan. 2015.

do próprio art. 129, inciso III, da Constituição da República. Porém, especificamente em relação aos direitos individuais homogêneos houve uma evolução da interpretação de sua legitimidade para ajuizar ações civis públicas protetivas[22], conforme inclusive já se destacou.

Havia uma **primeira corrente**, hoje já superada e minoritária, que entendia que o **Ministério Público não possuía legitimidade para tutelar direitos individuais homogêneos**. Tal dicção provinha de uma interpretação restritiva do art. 129, inciso III, da CRFB/88, segundo o qual o Ministério Público só poderia proteger interesses difusos e coletivos. Contudo, não prosperou essa teoria, seja em razão do rol meramente exemplificativo das atribuições do Ministério Público na Constituição da República, por força de seu art. 129, inciso IX, seja em razão de possibilidade de interpretação extensiva dos referidos dispositivos do art. 129, até mesmo porque existem os direitos coletivos em sentido amplo (englobando os direitos difusos, coletivos stricto sensu e individuais homogêneos) e em sentido estrito. Ademais, o próprio Código de Defesa do Consumidor, em seus arts. 81 c/c 82, bem como a Lei 8.625/93, Lei Orgânica do Ministério Público da União, art. 25, inciso IV, alínea "a", interpretaram a Constituição de 1988 no sentido de permitir ao Ministério Público defender também direitos individuais homogêneos.

Num **segundo momento**, evoluiu-se na interpretação do tema, entendendo-se que quando os **interesses individuais homogêneos fossem indisponíveis seria possível sua tutela pelo Ministério Público**, conforme reconhecido pelo Superior Tribunal de Justiça em seus informativos n. 197/2004 (REsp n. 146.483-PR, Rel. Min. Hamilton Carvalhido, j. 05/02/2004, além de vários outros precedentes citados no próprio informativo) e n. 359/2008 (REsp n. 858.056-GO, Rel. Min. João Otávio de Noronha, j. 11/06/2008, além de vários outros precedentes citados no referido informativo).

Adiante, numa **terceira corrente**, entende-se que o Ministério Público estaria entre os legitimados para a defesa coletiva de direitos individuais homogêneos porque **sua própria homogeneidade lhes conferiria caráter social** a justificar a **atuação requisitada pelo interesse público em questão**, o que foi reconhecido pela jurisprudência do STJ no informativo n. 229/2004 (EREsp n. 141.491-SC, DJ 01/08/2000 e EREsp n. 171.283-PR, Rel. Min. Peçanha Martins, j. 17/11/2004) e pelo Supremo Tribunal Federal no Recurso Extraordinário n. 163.231, Plenário, Rel. Min. Maurício Corrêa, DJ 29.06.2001, além do informativo n. 504/2008, também do STF

[22] ALVES, Leonardo Barreto Moreira; ZENKNER, Marcelo. *Leis Especiais, v. 14: Ministério Público (LONMP), Lei 8.625/1993*. 2 ed. Salvador: Juspodivm, 2012. pp. 93-97.

(RE 472489 AgR/RS, Rel. Min. Celso de Mello, 29.04.2008). Igualmente, tal corrente está acolhida pela Súmula n. 643 do STF.

Finalmente, a **quarta e derradeira corrente**, mais vanguardista e minoritária, entende que os **interesses individuais homogêneos são socialmente relevantes *in re ipsa***, ou seja, por si só, *de per si*, considerando-se que **acabam por atingir a coletividade como um todo**. Segundo tal abordagem, pelo fato de vivermos em uma sociedade hipercomplexa e massificada os direitos individuais homogêneos se tornariam interesses de toda a sociedade e, por ser conveniente evitar e solucionar a proliferação de demandas, deveria haver um tratamento global através de ações civis públicas. Para essa corrente qualquer direito individual homogêneo é reconhecido como justificador de atuação de um legitimado coletivo, sem se perquirir nem mesmo a relevância social ou indisponibilidade, já tendo recebido respaldo do STJ no RESP n. 635.807/CE, Rel. Min. Nancy Andrighi, j. 05.05.2005, DJ 20.06.2005, p. 277.

A par das correntes acima delineadas, para se aferir a legitimidade para ajuizamento de uma ação coletiva há que se examinar certos **requisitos** também conhecidos pela doutrina como cláusulas ***opere legis (ope legis)*** ou ***opere juris (ope judicis)***, ou seja, que no primeiro caso apenas cumprem a previsão legal e que no segundo caso dependem de interpretação judicial, conforme a teoria da representatividade adequada[23]. Finalmente, também há um **sistema misto** entre ambos.

A **teoria da representatividade** concernente ao processo coletivo *lato sensu* remete à necessidade de se aferir se aquele que atua nos processos coletivos ou termos de ajustamento de conduta, em prol de toda a coletividade, tem, em tese, condições de efetivamente fazê-lo.

No **Brasil** adota-se o **sistema misto** tendo em vista a pluralidade de situações de legitimidade possíveis. Como regra geral, os legitimados para o processo coletivo encontram-se literalmente previstos no texto legal consoante o art. 5° da Lei 7347/85, como é o caso do Ministério Público. Não obstante, em alguns casos adota-se também o sistema de controle judicial, como corre em relação às associações em relação às quais o juiz deve aferir os requisitos para sua legitimidade para propositura de ACP[24]. Nada obstante, verifica-se que, na forma do art. 5°, § 4° da respectiva lei, o requisito de

---

[23] FORNACIARI, Flávia Hellmeister Clito. *Representatividade adequada nos processos coletivos.* Tese de doutorado. Professora Orientadora Ada Pellegrini Grinover. Faculdade de Direito da Universidade de São Paulo. São Paulo, 2010. pp. 47-54. Disponível em <http://www.teses.usp.br/teses/disponiveis/2/2137/tde-24092010-133201/publico/Representatividade_Adequada_nos_Processos_Coletivos.pdf>. Acesso em 5 jan. 2015.

[24] Lei 7.347/85, art. 5°, § 4°: A associação deverá, concomitantemente, estar constituída há pelo menos 1 (um) ano nos termos da lei civil e incluir, entre suas finalidades institucionais, a proteção ao meio

tempo de constituição das associações pode ser até mesmo dispensado pelo juiz quando haja manifesto interesse social evidenciado pela dimensão ou característica do dano, ou pela relevância do bem jurídico a ser protegido.

Isso revela que a própria lei reconhece uma **possibilidade mais ampla** para legitimados públicos defenderem os direitos coletivos do que para legitimados particulares. Não é demais frisar que os **legitimados públicos** podem celebrar TACs, enquanto os legitimados privados não o podem, nos termos do art. 5º, § 6º, da Lei 7.347/85.

Ademais, o fato de os **legitimados particulares** como as associações precisarem ser examinados pelos juízes, na forma da lei, para se aferir sua **aptidão** para defender direitos coletivos, demonstra que a lei traz um **filtro** mínimo para que nem todos que se apresentem espontaneamente estejam necessariamente habilitados.

Não obstante, como observação cabe dizer que não se vê impedimento para que o Ministério Público, caso esteja atuando como ***custos legis***, também possa propor TAC extrajudicial ou mesmo judicialmente, cabendo a cautela de que seja ouvido ou convidado a participar da celebração do TAC o próprio legitimado que propôs a ACP. Nada obstante, um sinal positivo é o de que, quando o Ministério Público é chamado a atuar no curso de uma ACP como *custos legis*, já se afiguram elementos de acesso à justiça pois, por óbvio, outro legitimado já propôs anteriormente a ação civil pública em prol da tutela coletiva.

Adiante, ainda quanto à legitimidade para as ações civis públicas e o TAC, no entender de Geisa de Assis Rodrigues[25] a mudança legislativa que inseriu o **parágrafo único do art. 1º da Lei 7.347/1985** mediante a Medida Provisória n. 2.180-35, de 24/08/2001, afastando a possibilidade de conciliação em determinados direitos transindividuais e atribuindo um tratamento especial a determinados direitos, foi uma tentativa do Poder Executivo em tornar a tutela coletiva refém de sua política legislativa autoritária. Porém, isso traria de modo subjacente uma manifesta inconstitucionalidade por vedar a certos direitos coletivos o acesso à justiça, na contramão do próprio art. 127, *caput*, c/c art. 129, inciso III, da Constituição da República.

Prescreve o art. 1º, parágrafo único, da Lei 7.347/85:

> Parágrafo único. Não será cabível ação civil pública para veicular pretensões que envolvam tributos, contribuições previdenciárias, o Fundo de Garantia do Tempo de Serviço – FGTS ou outros fundos de natureza

---

ambiente, ao consumidor, à ordem econômica, à livre concorrência ou ao patrimônio artístico, estético, histórico, turístico e paisagístico.

25 RODRIGUES, Geisa de Assis. *Ação civil pública e termo de ajustamento de conduta: teoria e prática.* 3 ed. Rio de Janeiro: Forense, 2011. p. 165.

institucional cujos beneficiários podem ser individualmente determinados. (Parágrafo único acrescido pela Medida Provisória no 2.180-35, de 24-8-2001)

Se os legitimados para a tutela coletiva não podem ingressar em juízo mediante ação civil pública para veicular pretensões que envolvam tributos, contribuições previdenciárias, o Fundo de Garantia do Tempo de Serviço – FGTS ou outros fundos de natureza institucional cujos beneficiários podem ser individualmente determinados, então isso significa que eles, em especial o Ministério Público, não podem cumprir plenamente seu **mister constitucional** de **proteger a ordem jurídica** e o regime democrático, conforme já destacado. Portanto o art. 1°, parágrafo único, da LACP, em razão desse argumento, já se mostra extremamente questionável.

Os direitos previstos no art. 1°, parágrafo único, da Lei 7.347/85 são essencialmente **direitos fundamentais**. Portanto, deixá-los desguarnecidos de tutela coletiva mitiga o acesso à justiça previsto no art. 5°, XXXV, da CRFB/88, tratando-se portanto de mais um argumento em sentido contrário. É dizer, a possibilidade de ajuizamento exclusivamente de ações individuais em situações de violações de direito de modo massificado viola o acesso à justiça pois isso prejudica frontalmente a **"paridade de armas"** entre quem viola e quem busca a reparação justa do direito.

Ademais, cumpre lembrar, nesse sentido, que algumas violações de direitos possuem repercussões na esfera difusa, coletiva *stricto sensu* e individual homogênea. Desse modo, novamente conclui-se que a proibição de ajuizamento de ACP e de celebração de TAC em matéria de direitos como o FGTS é equivocada pois tal questão **não é puramente individual homogênea**, ela pode, conforme a circunstância, ter um viés coletivo *stricto sensu* ou até difuso implicando isso, em alguns casos, em uma violação tríplice de direitos fundamentais pela impossibilidade de se protegê-los pela esfera individual homogênea, coletiva *stricto sensu* e difusa.

Sobre o tema, Cássio Scarpinella Bueno[26], forte na lição de James Marins[27], revela um dado complementar, qual seja, o de que **pelo menos oitocentas mil ações que cuidam de temas relativos a questões tributárias** tramitavam somente nas seções judiciárias de São Paulo, Curitiba e perante

---

26 BUENO, Cássio Scarpinella. As class actions norte-americanas e as ações coletivas brasileiras: pontos para uma reflexão conjunta. In: *Revista de Processo* n. 82. São Paulo: Revista dos Tribunais, abril/junho de 1996, pp. 92/151. Disponível em <http://www.scarpinellabueno.com.br/Textos/Class%20action%20e%20direito%20brasileiro.pdf>

27 MARINS, James. Ações coletivas em matéria tributária. In: *Revista de Processo*, n. 76. São Paulo: Revista dos Tribunais, 1994. pp. 97-103.

os Tribunais Federais da 3ª e 4ª Regiões, devendo ser, por isso mesmo, facilitado e incentivado o uso da tutela coletiva em tal matéria.

Nada obstante, um argumento em sentido contrário seria de que a restrição da legitimação para a propositura da ACP seria **constitucional** porque a Lei 7.347/85 teria interpretado diretamente o art. 127 da Constituição da República, materializando-o. Assim, não haveria jurisdição a ser prestada por nenhum juiz nesses casos, de FGTS e outros direitos previstos no art. 1º, parágrafo único, da Lei 7.347/85, por haver uma vedação legal decorrente da materialização de preceito constitucional. Não obstante, entende-se que esse critério formal de interpretação da validade da norma jurídica **não prevalece** sobre os argumentos anteriores, pois enquanto este se prende ao formalismo, os outros argumentos em sentido contrário apresentados estão diretamente relacionados aos arts. 127 c/c 129, III, da CRFB/88, bem como aos princípios fundamentais do acesso à justiça e da máxima efetividade das normas constitucionais.

Porém, **o STF não julgou inconstitucional** o parágrafo único do art. 1º da Lei 7.347/85, muito embora o referido dispositivo tenha trazido um enorme grau de inefetividade das ações coletivas.

Um raciocínio lógico-político por meio do qual se acredita que o STF não declare uma maior amplitude para o TAC através do reconhecimento da **inconstitucionalidade do parágrafo único do art. 1º da Lei n. 7347/85** seria porque o Pretório Excelso possivelmente estaria priorizando a resolução de litígios em massa através de mecanismos como a repercussão geral e as súmulas vinculantes, entre outros, ou seja, instrumentos capitaneados pelo próprio STF enquanto órgão de cúpula do Poder Judiciário brasileiro. Assim, propositalmente ou não, o STF não estaria dando toda a atenção merecida pela ação civil pública. Contudo, o cidadão que clama por mais acesso à justiça e que paga seus tributos está em geral mais próximo do juiz de 1º grau, daí a importância de as ACPs e os TACs serem independentes, via de regra e até certo grau, do próprio STF. Ademais, reflete-se que o Supremo Tribunal Federal realmente deveria também caminhar, se possível, no sentido de se tornar uma **Corte Constitucional**[28], deixando de lado sua atuação como “tribunal recursal”. A título de exemplo, enquanto Corte Constitucional o STF poderia conferir uma atenção mais qualificada aos direitos fundamentais que estão desguarnecidos com o advento do parágrafo único do art. 1º da Lei 7.347/85.

Paralelamente, a sociedade pós-industrial é diferente da sociedade anterior em razão da **massificação de direitos**, não se podendo também por isso,

---

28 JAYME, Fernando Gonzaga. *Tribunal Constitucional*: exigência democrática. Belo Horizonte: Del Rey, 2000.

com razoabilidade, dispor da plenitude dos recursos de um meio tão eficaz de enfrentar seus problemas como efetivamente é a via das *class actions* e ações civis públicas, em face de sua possibilidade de resolução de conflitos de massa.

Caso se reconheça não ser cabível **ACP** nos casos previstos no **parágrafo único do art. 1º da Lei 7.347/85**, embora o referido dispositivo seja questionável, isso não impedirá a incidência de um **TAC.**

Com efeito, não há vedação constitucional tampouco legal para a incidência de um TAC nas referidas situações. Cumpre recordar que a **previsão legal** que permite a celebração **de TAC é geral, autônoma e independente**.

Não se pode olvidar, ademais, que o **TAC**, por ser fundado na **autocomposição consensual**, faz prevalecer **atitudes espontâneas**, ou seja, o Poder Público ou outro celebrante que assume o ajustamento o faz *sponte propria* por reconhecer a adequação jurídica da modificação de seu próprio comportamento. Isso pode ocorrer, portanto, em quaisquer casos, mesmo onde existe discricionariedade administrativa, pois o consenso, a voluntariedade e a espontaneidade garantem a licitude e a legitimidade do instrumento.

4.2 O ALTO CUSTO DOS PROCESSOS, O ASPECTO TEMPORAL E OUTROS FATORES QUE INIBEM O ACESSO À JUSTIÇA NO BRASIL

Exemplos claros de temas que podem exigir **perícias** de valor elevado em processos são Engenharia Nuclear, Engenharia Aeronáutica ou Naval, Engenharia Química e nanotecnologia, entre outras matérias que exigem considerável grau de especialização. Além disso, um "altíssimo custo" também se faz presente simplesmente quando a prova pericial não está acessível, por exemplo numa longínqua cidade do interior sem faculdades, tampouco especialistas ou sequer contato fácil com tais peritos.

Também é possível encontrar outros **exemplos** de elevados custos de perícias que podem encarecer demais um processo, dificultando o acesso à justiça, em situações em que é exigido um grande grupo de profissionais ou auditores para proceder a uma perícia, ainda que o custo de apenas um desses auditores, individualmente, não seja tão alto por si só. Com efeito, nesse caso é a multiplicação do número de profissionais e a interação entre eles que pode tornar altíssimo o custo. A mesma situação configura-se quando a matéria probatória a ser periciada for extremamente extensa, fazendo-se necessário longo tempo de análise ainda que não se exija um grupo de profissionais para examiná-la.

Além disso, quando a prova pericial nem sequer está disponível ela pode ser considerada de "altíssimo custo" por si só, mais especificamente um custo possivelmente **inalcançável**.

Um elevado custo de processos ou de produção de provas tem que ser sempre levado em conta comparando-se com a possibilidade da parte de arcar com aquele custo de processo ou de perícia aplicável ao caso, sob pena de ser um elemento isolado e sem fidedignidade de análise. Com efeito, se a parte é miserável, um custo baixo de produção de prova pode tornar-se inalcançável e a gratuidade de justiça nos termos do CPC/2015 e/ou da **Lei 1.060/1950** pode não resolver por completo a questão, que ainda sim demandará uma postura dos juristas responsáveis pela solução da questão jurídica.

A título meramente exemplificativo, existe a **dificuldade de acesso à justiça** nos **casos** dos cidadãos que tiveram seus direitos violados e que, pela grande distância ou dificuldade de deslocamento à comarca ou seção judiciária em que será proposta a ação, muitas vezes vêm seus direitos perecer. Tal dificuldade também ocorre, em especial, quando as pessoas possuem baixo nível de instrução e em razão dessa situação não conseguem se aproximar do Poder Judiciário, bem como quando existem problemas de saúde que as impedem de procurar uma representação judicial por advogado ou defensor público, além, é claro, dos casos das comarcas carentes de advogados ou defensores públicos.

Nesses casos, a autocomposição, em especial a conciliação, a mediação e o TAC não suprirão o **custo das provas**. Não obstante, esses institutos podem ser preventivos[29] e até mesmo prescindir de provas cabais de que os acordantes causaram o dano.

Em razão da própria possibilidade de confissão e colaboração espontânea, o compromisso de ajustamento, a título de exemplo, pode ser **muito menos dispendioso** do que um procedimento judicial que tenha o mesmo objetivo. Aliás, o TAC pode auxiliar no **acesso à justiça** quando eventualmente o celebrante passivo desejar fazê-lo sem a contratação de advogado, tendo em vista que a presença deste não é requisito legal para o TAC.

Pelo exposto, destaca-se como relevante vantagem do TAC justamente a **redução de custos** de processos, que podem cair drasticamente. Não serão irrisórios pois há o custo do período laborativo dos representantes dos legitimados públicos, além do custo do inquérito civil público ou outro instrumento que eventualmente possa induzir ou auxiliar no conhecimento das condutas inadequadas juridicamente. Não obstante, o dispêndio de recursos poderá ser bem inferior, repita-se, ao custo de um processo judicial.

---

[29] "O controle da conformidade constitucional, no sentido exposto, é mais amplo que o simples controle de legalidade, eis que abrange também atos não regulados por leis e a omissão, governamental e administrativa", conforme PALU, Oswaldo Luiz. *Controle dos atos de governo pela jurisdição*. SP: Revista dos Tribunais, 2004. p. 368.

Além disso, há que se recordar que o **tempo** decorrido ao longo de uma ação civil pública também é parâmetro ou elemento para se justificar a efetividade e a diminuição de custos através da autocomposição, em especial através de um TAC, mesmo em sentido substancial, conforme será visto em item próprio.

Outro exemplo seria o decurso da quase totalidade do prazo prescricional para ações de reparação de dano (art. 205, § 3º, do Código Civil) ou quando houver um elevadíssimo custo para se manejar uma ação judicial, bem ainda quando incidir um eventual significativo custo de produção de prova mediante possível perícia de custos elevados. Com efeito, o acesso à justiça inclui a possibilidade de o Ministério Público e outros legitimados coletivos defenderem a sociedade em seus legítimos interesses e valores constitucionais via tutela coletiva de modo **razoavelmente rápido e próprio**.

A contrario sensu, um exemplo da **falta de acesso à justiça** é justamente o fim do prazo hábil ao exercício do direito ou a premência da incidência da norma de prazo decadencial ou prescricional razoáveis. Nesses casos reitera-se que os legitimados coletivos podem, se necessário, celebrar um TAC substancial visando à proteção jurídica dos direitos transindividuais, pois poder-se-á considerá-los desguarnecidos.

Sobre o **fenômeno temporal**, cabe recordar os provérbios "dar tempo ao tempo", bem como "o tempo é o senhor do destino", além da passagem bíblica em Eclesiastes, 3:1, que não permite desconsiderar que "tudo tem o seu tempo determinado, e há tempo para todo o propósito debaixo do céu."

Um dos maiores dilemas do ser humano é enfrentar a morte, destino comum de todos e uma passagem inevitável a que está sujeito o corpo biológico. Também os direitos têm um efeito ao longo do **tempo** e de futuro que evoluem, se modificam, se extinguem e se transformam de algum modo. O acesso à justiça, como um direito do qual derivam os demais direitos, tem papel essencial e recebe influência crítica nesse contexto pois, se não exercido a tempo e modo, o direito pode nunca vir a realizar-se.

Nesse contexto, interpretando-se o art. 189 do Código Civil, a prescrição constitui a **perda da eficácia de uma pretensão** que emerge após a violação de um direito. A seu turno, a decadência indica o fim de um prazo para o exercício de um direito potestativo.

Tanto nos casos de prescrição quanto nos de decadência explicitam-se formas de incidência do princípio da **segurança jurídica** como direito fundamental previsto no art. 5º, inciso XXXVI, da Constituição da República.

De fato, o decurso do tempo, ou seja, o fenômeno natural temporal **diminui a possibilidade** de acesso à justiça, consolidando situações em prol de uma segurança jurídica que nem sempre será justa por si só.

Como será adiante pormenorizado, enquanto medida de otimização do acesso à justiça deve haver a possibilidade de TAC substancial, como via residual ao TAC formal, para permitir o exercício de direitos, observado o princípio da proporcionalidade, especialmente diante do altíssimo custo social da **falta de acesso** à justiça ou da **falta de atuação** do poder público em determinadas matérias.

Contudo, há que se atentar com especial cautela para que um TAC em sentido substancial não gere impunidade e **viole o sistema jurídico brasileiro de causalidade-imputação**, com o que se refere a burlas ao sistema de responsabilização de atos ilícitos, já que nos termos dos arts. 186 e 187 c/c art. 927 do Código Civil, em diálogo de fontes com o Direito Coletivo, deverá ser responsabilizado quem der causa a um dano. Não se pode esquecer que a falta de imputação de atos ilícitos também implicará, como corolário, violação ao acesso à justiça. De fato, perante uma conduta antijurídica contra a qual a lei determine punição, a ausência de responsabilização gerará descrédito do Poder Público, aumentando o custo social referente à tolerância do comportamento que deveria ter sido punido. Por tal motivo, deve-se avaliar criteriosamente a utilização, subsidiária, do TAC substancial, para que de nenhum modo ele permita a legitimação de uma ilicitude. A palavra subsidiária, nesse contexto, significa seu aspecto residual diante da impossibilidade de simples ajustamento de conduta, ou seja, TAC formal tradicional.

Com efeito, utilizar um TAC substancial para gerar impunidade é **utilizar o Direito contra o próprio Direito**, o que é vedado e ensejará anulação ou ineficácia do respectivo compromisso de ajustamento de conduta.

Em especial, **duas repercussões** ou consequências para o TAC substancial devem ser observadas:

1) o TAC substancial deve ser utilizado para solucionar condutas ilícitas em situações que se façam **estritamente necessárias**, ou seja, em que não se faça possível a utilização do TAC formal tradicional;

2) o TAC substancial não deve ser utilizado para promover a **impunidade**, o que poderia ocorrer, a título de exemplo, se houvesse uma posição do Ministério Público isentando ou anistiando de responsabilidade condutas ilícitas, irregularidades ou outras inadequações significativas à ordem jurídica pátria sem justificativa suficiente e idônea.

4.3 A TEORIA DOS PODERES IMPLÍCITOS APLICADA AO TAC

Conforme registrado pelo Supremo Tribunal Federal[30], a teoria dos poderes implícitos tem **precedente** na Suprema Corte dos Estados Unidos da América no caso McCulloch vs. Maryland, de 1819.

Portanto, à luz da **teoria dos poderes implícitos (*implied powers*)**[31], quando a Constituição da República outorga "atribuições a determinado órgão, lhe confere, implicitamente, os poderes necessários para a sua execução", o que também já foi reconhecido pelo STJ[32].

A título de exemplo, possuindo os **Tribunais** brasileiros o poder-dever, ou dever-poder, de julgar as causas que lhes são submetidas, inclusive havendo a vedação do *non liquet,* possuem também, como decorrência, o **poder implícito** de dar-lhes efetividade, materializando suas próprias decisões e defendendo sua competência contra possíveis tentativas de usurpações, conforme se observa do remédio constituído contra isso, qual seja, a Reclamação constitucional prevista no art. 102, inciso I, alínea l, da Constituição da República[33].

De igual modo, se cabe a algum legitimado tutelar um direito, cabe a ele buscar sua **persecução integral**, de maneira que se acredita que ele poderá, observados certos limites, participar de uma conciliação ou mediação, inclusive em sede de TAC, desde que isso não implique renúncia mas sim efetivação.

A esse entendimento anui o Superior Tribunal de Justiça[34] pois, em sua visão, a **autocomposição** levada a efeito pelos órgãos públicos legitimados, na via administrativa do compromisso de ajustamento de conduta, **não constituirá nunca uma renúncia a direitos**, mas simples reconhecimento de direitos mínimos (princípio da garantia mínima) em proveito dos reais detentores do direito material controvertido. Caso contrário, o instrumento

---

30 BRASIL. Supremo Tribunal Federal. Habeas Corpus n. 94173, Rel. Min. Celso de Mello, Segunda Turma, julgado em 27/10/2009, DJe-223, public. 27-11-2009, conforme voto do Relator no inteiro teor do acórdão, p. 36, *verbis*: "[...] a outorga de competência expressa a determinado órgão estatal importa deferimento implícito, a esse mesmo órgão, dos meios necessários à integral realização dos fins que lhe foram atribuídos."

31 BRASIL. Supremo Tribunal Federal. Ação Penal n. 611, Rel. Min. Luiz Fux, Primeira Turma, julgado em 30/09/2014, DJe-241; BRASIL. Supremo Tribunal Federal. Ação Direta de Inconstitucionalidade n. 4414, Rel. Min. Luiz Fux, Tribunal Pleno, j. 31/05/2012, DJe-114.

32 BRASIL. Superior Tribunal de Justiça. RHC 2009.003.064.68. Rel. Min. Jorge Mussi. Quinta Turma, DJe 18/06/2014.

33 **CRFB/88, art. 102.** Compete ao Supremo Tribunal Federal, precipuamente, a guarda da Constituição, cabendo-lhe: I – processar e julgar, originariamente: [...] l) a reclamação para a preservação de sua competência e garantia da autoridade de suas decisões; [...]

34 BRASIL. Superior Tribunal de Justiça. Recurso Especial n. 1309948/SP, Rel. Ministro Luis Felipe Salomão, Quarta Turma, julgado em 18/12/2014, DJe 24/02/2015.

de proteção de direitos transindividuais se transformaria em mecanismo de restrição de direitos, exatamente na contramão de seu propósito e, em última análise, em total ofensa ao acesso à justiça previsto no art. 5º, XXXV, da Constituição da República.

Conforme corrobora Marco Antônio Marcondes Pereira[35], **não convém deixar de aplicar pura e simplesmente o regramento da transação (relativa a direitos individuais) aos chamados direitos coletivos**, o que se dá por diversas razões, das quais se destacam as seguintes: "no momento em que se reconhece constitucionalmente a tutela dos direitos coletivos não se pode impedir a efetivação deles, **cerceando a atuação de quem por eles compete lutar**"; e "a indisponibilidade não será afetada, na medida em que visa, com a transação, a sua maior efetivação".

Trata-se de uma **aplicação** da teoria dos poderes implícitos que demonstra a possibilidade e necessidade de se utilizar o TAC substancial, em caráter subsidiário, conforme os critérios desenvolvidos ao longo deste estudo.

É uma teoria, portanto, que sustenta a **proteção** de direitos coletivos em consonância com as normas mais relevantes do ordenamento jurídico brasileiro.

Finalmente, nos **Juizados Especiais** existe um entendimento pela impossibilidade de processos coletivos[36]. Face a isso, para se lidar com processos referentes a direitos individuais homogêneos nesses juizados inicialmente é necessário **repensar** o **Enunciado n. 139 do FONAJE** – Fórum Nacional de Juizados Especiais pois, a rigor, uma exegese de direitos coletivos não está peremptoriamente vedada pela literalidade do art. 3º, § 2º, da Lei 9.099/95[37].

Com fundamento na **teoria dos poderes implícitos** haveria a possibilidade de que os respectivos juízes apensassem determinados processos para **análise conjunta** em processo de conhecimento e **apenas liquidação a título individual**, indo além da literalidade das normas de reunião de processos,

---

35 PEREIRA, Marco Antônio Marcondes. Transação no curso da ação civil pública. *Revista de Direito do Consumidor*. São Paulo: RT, n. 16, p. 124-125, 1995.

36 FONAJE – Fórum Nacional de Juizados Especiais – ENUNCIADO n. 139 (substitui o Enunciado n. 32) – A exclusão da competência do Sistema dos Juizados Especiais quanto às demandas sobre direitos ou interesses difusos ou coletivos, dentre eles os individuais homogêneos, aplica-se tanto para as demandas individuais de natureza multitudinária quanto para as ações coletivas. Se, no exercício de suas funções, os juízes e tribunais tiverem conhecimento de fatos que possam ensejar a propositura da ação civil coletiva, remeterão peças ao MP para as providencias cabíveis (XXVIII Encontro – Salvador/BA). Disponível em http://www.fonaje.org.br/site/enunciados/. Acesso em 01 jan. 2015.

37 Lei 9.099/95. Art. 3º, § 2º: Ficam excluídas da competência do Juizado Especial as causas de natureza alimentar, falimentar, fiscal e de interesse da Fazenda Pública, e também as relativas a acidentes de trabalho, a resíduos e ao estado e capacidade das pessoas, ainda que de cunho patrimonial.

conexão e continência para permitir uma solução das demandas nos **moldes do Direito Coletivo**. Como resultado desse esforço também poderiam ser elaborados enunciados uniformizadores de jurisprudência para a atuação dos juizados, além da celebração de termos de ajustamento de conduta.

De fato, acredita-se que em geral os Juizados não estejam solucionando as demandas de massa tal qual seria necessário, devendo-se buscar um **alinhamento** entre a **autocomposição consensual** e as técnicas de Direito Coletivo, impulsionando-se assim a efetividade.

4.4 A RESERVA DO POSSÍVEL APLICADA AO TAC

A reserva do possível, alinhada com a expressão alemã *Vorbehalt des Möglichen*, constitui uma **frequente defesa** utilizada pelos órgãos ou entidades estatais em ações judiciais para justificar sua omissão em determinadas áreas, como se pode exemplificar quando ocorre a ausência de prestação de determinados direitos sociais previstos no art. 6º da Constituição da República de 1988, entre os quais estão, entre outros, a educação, a saúde, a alimentação, o trabalho, a moradia, o lazer e a segurança, seja por órgãos da Administração Pública direta, seja por entidades da Administração Pública indireta.

Relaciona-se tal teoria, portanto, a uma frequente tentativa de justificar a **ausência** de conduta estatal ou de adequada prestação de serviços públicos mediante a suposta falta de recursos do erário ou de meios para realização de direitos, como pode ser exemplificado, entre outros casos, pela alegação de escassez de verba orçamentária para custear determinados medicamentos para as pessoas que deles necessitam.

Aponta-se, porém, que tal argumento só pode ser acatado fora dos casos de proteção ao **mínimo existencial**.

Nesse sentido, o entendimento no âmbito do STF e também do STJ revelam que a reserva do possível, primeiramente, **não pode justificar** a ausência de **proteção do mínimo existencial** dos cidadãos e, em segundo lugar, não pode ter lugar como alegação genérica, devendo, portanto, para ter validade, ser devidamente comprovada nos autos.

Com efeito, o Supremo Tribunal Federal[38] já asseverou a **legitimidade constitucional da intervenção do poder judiciário** em caso de omissão

---

[38] BRASIL. Supremo Tribunal Federal. ARE 639337 AgR, Rel. Min. Celso de Mello, 2ª Turma, julgado em 23/08/2011, DJe-177 Divulg 14-09-2011 Public 15-09-2011 Segundo o STF, no Agravo Regimental em Recurso Extraordinário n.º 271.286-Agr, que versa sobre o direito à saúde, a interpretação, mesmo da norma constitucional eventualmente programática, "não pode transformá-la em promessa constitucional inconsequente", sob pena de grave inconstitucionalidade. Além disso,

estatal na implementação de políticas públicas previstas na constituição, sem que ocorra a violação ao princípio da separação de poderes, quando isso ocorrer para proteger direitos sociais básicos e até a dignidade da pessoa humana, mesmo face à escassez de recursos orçamentários e financeiros. Para o STF, destinar os recursos públicos, em face do dilema causado pela insuficiência de disponibilidade de finanças e orçamento, faz instaurar situações de conflito. Assim, cumpre ao Poder Público proceder a **"escolhas trágicas"** em decisão governamental cujo parâmetro deve estar fundado na dignidade da pessoa humana, com a perspectiva da intangibilidade do mínimo existencial, além de prestações positivas originárias do Estado, viabilizadoras da plena fruição de direitos sociais básicos. Garante-se, assim, o mínimo existencial e a preservação da força normativa da Declaração Universal dos Direitos da Pessoa Humana de 1948.

A seu turno, o STJ[39] já entendeu que "a reserva do possível não pode ser apresentada como **alegação genérica**, destituída de provas da inexistência de recursos financeiros, requerendo, ademais, considerações sobre a situação orçamentária do ente público envolvido".

Sem nenhum embargo, em casos em que a jurisprudência entende nem mesmo ser possível a alegação da reserva do possível **não existirá óbice** para a celebração do TAC, menos ainda para o seu descumprimento.

Com efeito, a reserva do possível pode ser justamente uma **justificativa para que seja celebrado** o TAC formal, ou subsidiariamente o TAC substancial, desde que, nos termos da jurisprudência dos tribunais superiores, haja prova real da indisponibilidade de recursos orçamentários por

---

na ADPF n. 45 afirmou o STF: "ARGÜIÇÃO DE DESCUMPRIMENTO DE PRECEITO FUNDAMENTAL. **A QUESTÃO DA LEGITIMIDADE CONSTITUCIONAL DO CONTROLE E DA INTERVENÇÃO DO PODER JUDICIÁRIO EM TEMA DE IMPLEMENTAÇÃO DE POLÍTICAS PÚBLICAS, QUANDO CONFIGURADA HIPÓTESE DE ABUSIVIDADE GOVERNAMENTAL. DIMENSÃO POLÍTICA DA JURISDIÇÃO CONSTITUCIONAL ATRIBUÍDA AO SUPREMO TRIBUNAL FEDERAL.** INOPONIBILIDADE DO ARBÍTRIO ESTATAL À EFETIVAÇÃO DOS DIREITOS SOCIAIS, ECONÔMICOS E CULTURAIS. **CARÁTER RELATIVO DA LIBERDADE DE CONFORMAÇÃO DO LEGISLADOR. CONSIDERAÇÕES EM TORNO DA CLÁUSULA DA 'RESERVA DO POSSÍVEL'. NECESSIDADE DE PRESERVAÇÃO, EM FAVOR DOS INDIVÍDUOS, DA INTEGRIDADE E DA INTANGIBILIDADE DO NÚCLEO CONSUBSTANCIADOR DO 'MÍNIMO EXISTENCIAL'.** VIABILIDADE INSTRUMENTAL DA ARGÜIÇÃO DE DESCUMPRIMENTO NO PROCESSO DE CONCRETIZAÇÃO DAS LIBERDADES POSITIVAS (DIREITOS CONSTITUCIONAIS DE SEGUNDA GERAÇÃO). [...] *Não obstante a formulação e a execução de políticas públicas dependam de opções políticas a cargo daqueles que, por delegação popular, receberam investidura em mandato eletivo, cumpre reconhecer que não se revela absoluta, nesse domínio, a liberdade de conformação do legislador, nem a de atuação do Poder Executivo."*

39 BRASIL. Superior Tribunal de Justiça. REsp 764.085/PR, Rel. Ministro Humberto Martins, Segunda Turma, julgado em 01/12/2009, DJe 10/12/2009.

uma causa alheia à vontade da Administração Pública, entre seus outros requisitos.

É dizer, *a contrario sensu* a celebração de TAC em ACP é possível pela própria interpretação da teoria da reserva do possível. Com efeito, se um legitimado coletivo público percebe a **impossibilidade de execução plena** de um direito face à reserva do possível, caberá, ainda assim, a autocomposição consensual nesses casos e, consequentemente, sua formalização mediante TAC. Com efeito, se a justificativa para a violação de um direito for a ausência de recursos orçamentários o TAC poderá permitir o ajustamento dessa conduta e conferir, conforme o caso, mais prazo ou eventuais obrigações equivalentes para que haja sua plena regularização.

Ao contrário, portanto, do que se poderia pensar num primeiro e perfunctório olhar, a própria teoria da reserva do possível não é, de modo algum, óbice insuperável para a celebração do TAC, **podendo**, ao revés, **justificar mais fortemente** a sua celebração.

Finalmente, **não basta condenar**, devendo ser levada a efeito a **adequada execução** das soluções para as questões jurídicas, constituindo esse um ponto crucial. Com efeito, urge valorizar o princípio do processo cooperativo, art. 6º do CPC/2015, a fim de que a execução contra a administração pública não se torne autoritária, mas sim, caso necessário, a execução seja programada no tempo através das técnicas de gestão pública. Com efeito, uma solução para aumentar a proteção ao direito fundamental à educação pode não constituir tão somente em intervir determinando, *verbi gratia*, fazer ou desfazer uma obra, como, por exemplo, uma creche, pois o Judiciário e o Ministério Público não são gestores precípuos dos recursos públicos destinados à educação básica. O **TAC permite implementar a adequação da conduta da administração pública** de um modo consensual e compatível com as próprias técnicas de gestão dos recursos públicos.

5
A QUESTÃO DA INDISPONIBILIDADE DE DIREITOS COLETIVOS NA ATUALIDADE

Faz-se imperioso recordar, inicialmente, o posicionamento de Celso Agrícola Barbi[1], para quem, sob o prisma do exercício do direito de ação, "nenhuma das teorias até hoje construídas está isenta de críticas irrespondíveis", característica essa que de certo modo predomina no **pensamento científico** em geral.

Com efeito, acredita-se que a **interpretação da indisponibilidade absoluta** de certos direitos visando à sua proteção possa ser **falsamente adequada** e em alguns casos se torne prejudicial ao próprio objeto jurídico tutelado – o que constitui um aparente paradoxo a ser solucionado.

O art. 11 do **Código Civil**[2], sobre a matéria sob enfoque nesse item, estabelece que determinados direitos são indisponíveis, não obstante a **jurisprudência** venha reconhecendo a possibilidade de sua proteção através da autocomposição, em conformidade com o caso concreto. Procura-se identificar os principais temas ligados a tal objeto para se chegar a uma conclusão sobre desafios atuais desse ponto de pesquisa.

Pode-se dizer que os direitos, após o decurso de um determinado tempo, acabam, em último grau, por se tornarem **impraticáveis**, salvo os imprescritíveis, variando, nada obstante, apenas o grau de demora para que **seja mitigada a indisponibilidade.** Até mesmo em caso de direitos imprescritíveis como é o caso do ressarcimento ao erário nos termos do art. 37, § 5º, da CRFB ou até mesmo no caso da indenização face à tortura[3] é possível

---

1 BARBI, Celso Agrícola. *Comentários ao Código de Processo Civil, Lei n. 5.869*, de 11 de janeiro de 1973, vol. I. Rio de Janeiro: Forense, 1991, p. 20.

2 Código Civil, art. 11. Com exceção dos casos previstos em lei, os direitos da personalidade são intransmissíveis e irrenunciáveis, não podendo o seu exercício sofrer limitação voluntária.

3 PROCESSUAL CIVIL. ADMINISTRATIVO. INDENIZAÇÃO. REPARAÇÃO DE DANOS MORAIS. REGIME MILITAR. PERSEGUIÇÃO E PRISÃO POR MOTIVOS POLÍTICOS. IMPRESCRITIBILIDADE. DIGNIDADE DA PESSOA HUMANA. INAPLICABILIDADE DO ART. 1.º DO DECRETO N.º 20.910/32. ESGOTAMENTO DA VIA ADMINISTRATIVA. OFENSA A DISPOSITIVOS CONSTITUCIONAIS. RESPONSABILIDADE CIVIL DO ESTADO. DANOS MORAIS. INDENIZAÇÃO. CONFIGURAÇÃO [...]. (STJ, REsp 959.904/PR, Rel. Ministro Luiz Fux, Primeira Turma, julgado em 23/04/2009, DJe 29/09/2009)

haver um limite temporal para se efetivar o direito, na prática. A título de exemplo, a vida do torturado e de seus sucessores que tenham sofrido dano especificamente reflexo ou "em ricochete" pode representar um parâmetro temporal, ainda que incompleto, para que se possa efetivamente buscar reparar um dano perante aqueles indivíduos que sofreram ofensa jurídica.

Assim, no pós-positivismo ou neoconstitucionalismo, as normas jurídicas, inclusive principiológicas, não devem ser analisadas de modo isolado, mas sim em conformidade com o contexto jurídico e fático próprio-subjacente. Além disso, não há hierarquia entre normas constitucionais que eventualmente venham a colidir, conforme entendimento do próprio Supremo Tribunal Federal[4].

Não é temerária tal assertiva pois com o tempo os direitos vão naturalmente perdendo eficácia gradativamente. Isso, em último grau, para fins de raciocínio jurídico e da racionalidade própria ao Direito, acaba por **torná-los mais frágeis e até disponíveis**, demonstrando o quanto o fenômeno temporal é, proporcionalmente, impactante para o Direito. A título de reflexão, propõe-se o exemplo da reparação de um dano após mais de 200 (duzentos) anos de sua ocorrência.

5.1 ANÁLISE DA INDISPONIBILIDADE DE DIREITOS COLETIVOS E INDIVIDUAIS

Se, por um lado, para a literalidade do Código Civil[5] determinados direitos são indisponíveis, por outro lado cada vez mais a **jurisprudência** reconhece a proteção desses direitos por autocomposição conforme o caso concreto, conforme já destacado.

A Lei 13.140/2015, ao tratar do tema da indisponibilidade em mediação, em seu art. 3° utilizou a expressão "direitos indisponíveis que admitam transação". Porém, isso constitui um **aparente paradoxo** pois não seria possível tecnicamente um direito ser indisponível e concomitantemente aceitar transação. Transação tangencia disponibilidade com fim de pacificação.

A **indisponibilidade quanto ao fundo** com **transigibilidade quanto ao modo de cumprimento** ou reparação implica em uma disponibilidade parcial. Para os casos do art. 3° da Lei 13.140/2015 a própria lei prescreveu a necessidade de consenso, bem como homologação em juízo, exigida a oitiva

---

[4] BRASIL. Supremo Tribunal Federal. ADI 815, Rel. Min. Moreira Alves, julgamento em 28-3-1996, Plenário, DJ de 10-5-1996: "Parágrafos 1° e 2 ° do art. 45 da CF. A tese de que há hierarquia entre normas constitucionais originárias dando azo à declaração de inconstitucionalidade de umas em face de outras é incompossível com o sistema de Constituição rígida."

[5] Código Civil, art. 11. Com exceção dos casos previstos em lei, os direitos da personalidade são intransmissíveis e irrenunciáveis, não podendo o seu exercício sofrer limitação voluntária.

do Ministério Público. Porém, fora dos casos da Lei 13.140/2015 um direito indisponível pode ser objeto de autocomposição negociada sem necessidade legal de homologação judicial obrigatória.

Ademais, a necessidade de proibição expressa de transações em matéria de improbidade, nos termos do **art. 17, § 1º, da Lei de Improbidade, n. 8.429/92,** pode ser considerada um indicativo de que nos demais direitos coletivos e difusos a transação pode se fazer possível.

Porém, no curso da história jurídica registra-se a existência de um entendimento no sentido de que a existência de controvérsias sobre direitos inviabilizaria as suas disposições em juízo[6]. Nada obstante, atualmente, em alguns casos a **realidade conduz** a um ajustamento de conduta muitas vezes mediante conciliação ou mediação, em processo ou mesmo extrajudicialmente, ainda que em situações com incidência sobre direitos tidos por indisponíveis.

Considera-se que os direitos, **em último grau,** não são absolutamente indisponíveis. Se fossem totalmente indisponíveis entende-se que isso estaria associado a uma determinada perpetuidade e, portanto, estaria ligado e poderia conduzir também, em tese, a uma imprescritibilidade. Ademais, alguns direitos que podem até ser indisponíveis em tese, na prática, em conflito com outros direitos, não são indisponíveis pois se intercedem e se relacionam com outros e acabam se tornando mais ou menos flexíveis, conforme bem exemplifica a teoria acerca da colisão de princípios formulada por Robert Alexy[7]. Além disso, pode-se dizer que a preclusão no âmbito processual e a prescrição ou decadência no âmbito material, entre outros, são formas de o direito lidar com a indisponibilidade de maneira a imputar ao tempo, ou seja, ao fenômeno temporal, a necessidade de extinção e portanto, em último grau, a própria disponibilidade dos direitos.

Relacionado a isso e devido ao assoberbamento de serviço dos membros do ministério público e juízes, entre outros, ocorre que hoje se fala em **racionalização dos serviços**[8], o que demanda estratégias quanto ao que seja mais prioritário e que em alguns casos extremos pode implicar até mesmo que se deixe de atuar temporariamente em determinadas situações para priorizar o que seja mais relevante.

---

6 Conforme CALAMANDREI, Piero. *Estudios sobre el processo civil*. Buenos Aires: Cangallo, 1945. P. 344.

7 ALEXY, Robert. *Teoria dos Direitos Fundamentais*. Título original: *Theorie der Grundrechte*. Tradução de Virgílio Afonso da Silva. São Paulo: Malheiros, 2008. pp. 93-99.

8 MAZZILLI, Hugo Nigro. *A defesa dos interesses difusos em juízo: meio ambiente, consumidor, patrimônio cultural, patrimônio público e outros interesses*. 21 ed. rev., ampl. e atual. São Paulo: Saraiva, 2008. Pp. 92-93.

Nesse sentido, a título de exemplo afirma Hugo Nigro Mazzilli[9], sobre a atuação do Ministério Público em geral, não ser possível desconsiderar a evolução do Direito, ou seja, é necessário **adequar o perfil institucional e suas atribuições à evolução jurídica** no trato de determinados assuntos. Com efeito, para ele torna-se necessário recusar a atuação ministerial em determinadas hipóteses previstas, exemplificativamente, no ordenamento jurídico anterior a 1988 e que exijam a atuação ministerial em hipóteses atualmente desnecessárias.

Infelizmente, mesmo havendo a **priorização** do serviço, na prática existe a possibilidade de ocorrência de prescrições e preclusões, entre outros fenômenos jurídicos, quanto mais em se tratando da enorme gama de atribuições previstas para tais órgãos na Constituição de 1988, além das normas infraconstitucionais.

Alguns direitos exemplificam isso, podendo-se estudá-los paulatinamente até que se compreenda como funciona a forma de a **ciência jurídica** lidar com a indisponibilidade ou até mesmo desfazê-la, quebrando o mito nesse tocante relativo a certos temas. É possível perpassar, nesse sentido, **escolhas** sobre alguns dos direitos mais cruciais para o ser humano, entre os quais estão o direito à vida e à saúde.

Esses direitos, ao serem exercidos, podem entrar em **confronto** de modo que **teoricamente** o direito à vida e à saúde são **indisponíveis**, porém, **no caso concreto**, apesar da polêmica podem se tornar **disponíveis**, como é o caso do suicídio. Em caso de ocorrência desta infelicidade simplesmente os fatos transcendem a indisponibilidade apriorística e teórica do direito, não sendo punida pelo Direito brasileiro, a título de exemplo, a tentativa de suicídio.

Fazem-se de extrema relevância os direitos à vida, à saúde, à liberdade e tantos outros, conforme insculpido no próprio art. 5° da CRFB/88. Nenhum direito, porém, é absoluto e o **próprio direito à vida pode ceder** em caso de legitima defesa. Novamente exemplificando, nosso Código Penal autoriza o aborto para salvar a vida da mãe (art. 128, inciso I, do Código Penal), existindo também em vários outros casos a colisão de direitos fundamentais ou princípios no contexto do Direito pós-moderno conforme ensina Robert Alexy[10].

---

[9] É indispensável ter em conta o atual perfil constitucional do Ministério Público e recusar sua intervenção em hipóteses em que, embora exigidas pelo ordenamento jurídico anterior, tal intervenção não mais se justifique, como [...] em mandados de segurança ou procedimentos de jurisdição voluntária que não envolvam questões de efetivo interesse social (Lei n. 1.533/51, art. 10 [vigente à época do texto]; e CPC/1973, art. 1.105), conforme MAZZILLI, Hugo Nigro. *A defesa dos interesses difusos em juízo: meio ambiente, consumidor, patrimônio cultural, patrimônio público e outros interesses.* 21 ed. rev., ampl. e atual. São Paulo: Saraiva, 2008. P. 92.

[10] ALEXY, Robert. *Teoria dos Direitos Fundamentais.* Título original: *Theorie der Grundrechte.* Tradução de Virgílio Afonso da Silva. São Paulo: Malheiros, 2008. pp. 93-99.

Igualmente se procede em relação aos direitos tidos por indisponíveis por serem direitos fundamentais de 3ª geração, mais especialmente os direitos coletivos *lato sensu*. Pode-se afirmar que, em tese, um tempo longo, diferindo seu cumprimento, **representa o mesmo** que dispor de um direito parcial e/ou temporariamente.

Ademais, cumpre ressaltar que a própria ação civil pública é **relativamente disponível** na medida em que sua propositura não é peremptória nem absoluta, ou seja, não é aprioristicamente obrigatória. Com efeito, existem casos em que o próprio Ministério Público, além de outros legitimados, não devem propor a ação civil pública. Embora esse raciocínio já tenha sido refutado ao longo deste estudo como fundamento para o TAC substancial, permanece sua possibilidade de fundamentação quanto à disponibilidade jurídica relacionada ao fenômeno temporal.

Isso, por si só, já corrobora e exemplifica o fato de que, **embora exista respeitável entendimento em sentido contrário, na prática as nuances conduzem a que os direitos não sejam absolutamente indisponíveis**[11]. Nada obstante, cumpre recordar que, no caso do Ministério Público o arquivamento e a disponibilidade da ação civil pública devem ainda, na forma da Lei n. 8.625/93 e/ou da Lei Complementar n. 75/93, serem justificados e comunicados aos órgãos institucionais competentes.

Pelo exposto, um dos parâmetros principais para a forma como se deve conduzir a disponibilidade de direitos em um TAC é a observância do princípio da **proporcionalidade**. Soma-se a isso, entre outros, o requisito de se verificar primeiramente a possibilidade de adoção do TAC em sentido tradicional, formal, e somente em sua impossibilidade cogitar-se da celebração de TAC substancial.

5.2 DIREITO CIVIL E A QUESTÃO DA INDISPONIBILIDADE DE DIREITOS

O **Código Civil brasileiro atual**, diferentemente do Código Civil de 1916, classificou a **transação** como um contrato típico e autônomo com características previstas em seus arts. 840 a 850. Segundo o art. 841 do Código Civil de 2002, "só quanto a direitos patrimoniais de caráter privado se permite a transação". Verifica-se, portanto, uma possibilidade e, concomitantemente, uma restrição quanto à disponibilidade de direitos.

---

11 MARINHO, Josaphat. Os direitos da personalidade no projeto de novo Código Civil brasileiro. *Boletim da Faculdade de Direito da Universidade de Coimbra*. Coimbra: Universidade de Coimbra, 2000. p. 257.

Além do aspecto acima destacado, o sentido da **indisponibilidade** é encontrado na teoria do Direito Civil, entre outros pontos, nos direitos da personalidade. Conforme as normas dispostas nos arts. 11 e 12 do Código Civil, "pode-se exigir que cesse a ameaça, ou a lesão, a direito da personalidade, e reclamar perdas e danos, sem prejuízo de outras sanções previstas em lei", bem como "com exceção dos casos previstos em lei, os direitos da personalidade são intransmissíveis e irrenunciáveis, não podendo o seu exercício sofrer limitação voluntária".

Diferentemente do Direito Civil mas com efeitos semelhantes por também refletir em possível indisponibilidade, no **Direito Coletivo** a nota de indisponibilidade aparentemente encontra fundamento não só em razão de o legitimado coletivo não ser o verdadeiro e último titular do direito, mas também porque há um **interesse público** em que haja acesso à justiça da sociedade no caso concreto. É que, conforme recorda Ronaldo Cunha Campos[12], um ilícito de um único dólar para dez mil cidadãos pode não ser viável de ser buscado por cada legitimado individualmente, porém coibir o ilícito de dez mil dólares globalmente e sua devolução aos lesados é de interesse geral.

Nesse contexto, o art. 841 CC acima exposto exsurge como norma especialmente relevante para o estudo do TAC porque, como é cediço, o Código Civil, pelo seu aspecto abrangente, traz normas com **repercussões** sobre outros ramos do direito.

É possível enumerar as **características** do contrato de transação previsto no Código Civil, que possui natureza jurídica de negócio jurídico bilateral, quais sejam: consenso; a extinção ou prevenção de litígio; a reciprocidade de concessões; e a indivisibilidade através da qual a nulidade de uma das cláusulas principais da transação poderá afetá-la por inteiro. Para a transação civilista, porém, só podem ser objeto direitos de caráter patrimonial privado.

Contudo, tendo em vista que a transação é um contrato de direito privado[13] e o termo de ajustamento de conduta é um instrumento de conciliação de direito coletivo e processual coletivo, verifica-se que as **regras** daquele instituto **não são automaticamente aplicáveis** ao TAC. Com efeito, o ajustamento de conduta constitui um instituto com lógica bem diversa da lógica estritamente civilista.

Retomando o estudo do art. 841 do Código Civil e, em especial, partindo-se da teoria de Ronald Dworkin[14] e Robert Alexy[15] sobre normas, regras e

---

12 CAMPOS, Ronaldo Cunha. *Ação civil pública*. Rio de Janeiro: Aide, 1995. pp. 84-85.

13 Código Civil, arts. 840 até 850.

14 DWORKIN, Ronald. *Levando os direitos a sério*. Tradução de Nelson Boeira. São Paulo: Martins Fontes, 2002.

15 ALEXY, Robert. *Teoria dos Direitos Fundamentais*. Título original: *Theorie der Grundrechte*. Tradução de Virgílio Afonso da Silva. São Paulo: Malheiros, 2008.

princípios, verifica-se que o art. 841 não traz menção expressa a nenhum princípio e, além disso, pode ser compreendido como uma **regra**[16] de Direito Civil.

Embora a proximidade do art. 841 do CC com as tendências expressas no **Código Civil português** (art. 1.248)[17] e no **italiano** (art. 1.965)[18], nestes existe a previsão explícita e clara de que a transação pode envolver a criação ou constituição de novos direitos, diferentes portanto daqueles que originaram o acordo. Se, no Brasil, isso não é vedado, também não é expresso[19].

Para Cláudio Luiz Bueno de Godoy[20] a **transação** requer, necessariamente, "concessões recíprocas que fazem os interessados, com a finalidade de solucionar incerteza obrigacional". Com efeito, destaca Bueno de Godoy que cada um dos interessados deve **"abrir mão"** de parte de seu direito ou interesse, o que torna forçoso que o direito transacionado seja disponível. Corolário disso é que o art. 841 teria determinado que somente direitos patrimoniais de caráter privado podem ser transacionados, retirando dessa possibilidade o direito a alimentos, os direitos da personalidade, o direito sobre o estado ou capacidade das pessoas e os bens fora do comércio em geral. Porém, ressalva o autor que os efeitos ou **reflexos patrimoniais de direitos indisponíveis** podem ser transacionados quando não afetarem o fundo ou cerne do direito, citando como exemplo disso transações sobre direitos a alimentos já vencidos, isto é, que já deviam ter sido pagos, bem como os reflexos patrimoniais dos direitos da personalidade, como é o caso da exploração da imagem, da voz ou do nome de alguém.

Também analisando o tema da indisponibilidade de direitos, Flávio Tartuce[21] discorre especialmente sobre o art. 11 do Código Civil brasileiro[22],

---

16 Código Civil, art. 841. Só quanto a direitos patrimoniais de caráter privado se permite a transação.

17 PORTUGAL. Código Civil Português. Disponível em <http://www.igf.min-financas.pt/leggeraldocs/DL_47344_66_COD_CIVIL_INDICE.htm>. Acesso em 01 jan. 2015: Artigo 1248.° (Noção) *1. Transacção é o contrato pelo qual as partes previnem ou terminam um litígio mediante recíprocas concessões. 2. As concessões podem envolver a constituição, modificação ou extinção de direitos diversos do direito controvertido.*

18 ITALIA. Codice Civile Italiano. Disponível em <http://www.diritto.it/codici/1>. Acesso em 01. jan. 2015: Dei Singoli Contratti (aggiornato al 03/01/2013). Articolo 1965 – Nozione LIBRO IV – DELLE OBBLIGAZIONI – TITOLO III – Dei singoli contratti – Capo XXV – Della transazione *1. La transazione è il contratto col quale le parti, facendosi reciproche concessioni, pongono fine a una lite già incominciata o prevengono una lite che può sorgere tra loro. 2. Con le reciproche concessioni si possono creare, modificare o estinguere anche rapporti diversi da quello che ha formato oggetto della pretesa e della contestazione delle parti.*

19 GODOY, Cláudio Luiz Bueno de. *Contratos (em espécie). In:* PELUSO, CEZAR (Coord.). *Código Civil Comentado: doutrina e jurisprudência.* 2 ed. Barueri: Manole, 2008. p. 801.

20 GODOY, Cláudio Luiz Bueno de. *Contratos (em espécie). In:* PELUSO, CEZAR (Coord.). *Código Civil Comentado: doutrina e jurisprudência.* 2 ed. Barueri: Manole, 2008. p. 802-803.

21 TARTUCE, Flávio. *Manual de Direito Civil.* São Paulo: Método, 2011. P. 86-87.

22 Código Civil, art. 11. Com exceção dos casos previstos em lei, os direitos da personalidade são intransmissíveis e irrenunciáveis, não podendo o seu exercício sofrer limitação voluntária.

que trata dos direitos da personalidade atribuindo-lhes as características de intransmissíveis e irrenunciáveis. Comenta o autor que, por uma questão de lógica, tal regra comporta **exceções** e pode ser **relativizada**, em consonância com os Enunciados n. 4[23] e 139[24] do CJF – Conselho da Justiça Federal, da I e III Jornadas de Direito Civil.

Em tais jornadas de Direito Civil ficou expressamente consignado que, em determinados casos, os direitos da personalidade e seu exercício podem sofrer **limitação voluntária**, ainda que não especificamente prevista em lei. Comprova-se, assim, pela própria exegese civilista, que por vezes se faz necessário ultrapassar a visão literal que reza pela indisponibilidade dos direitos e compreender que os direitos **não são absolutos**, já que até mesmo o direito à vida, previsto no art. 5°, *caput*, da Constituição da República, pode ceder em caso de legítima defesa, nos termos do art. 25 do Código Penal.

Embora concluindo no mesmo sentido que este estudo indica, infelizmente o **Superior Tribunal de Justiça**[25], ao cuidar da questão, não adentrou o tema da disponibilidade de direitos, tomando, ao revés, caminho diverso e **interpretação estritamente civilista aplicável aos direitos coletivos**, embora eles sejam de espécies absolutamente distintas, conforme é notório:

> No âmbito da tutela de direitos transindividuais, **as partes da relação jurídica processual não coincidem com as partes da relação jurídica de direito material.** Igualmente, no cenário da celebração de **compromissos de ajustamento de conduta**, os legitimados – órgãos públicos, nos dizeres do art. 5°, § 6°, da Lei n. 7.347/1985 – não manuseiam direitos próprios, mas de terceiros. Por consequência lógica, muito embora detenham, por força de lei, a faculdade de celebrar compromisso de ajustamento de conduta, **não detêm a disponibilidade do conteúdo material do direito controvertido, seguindo-se daí a regra segundo a qual não se pode transacionar com direito alheio (arts. 844 e 850, in fine, do Código Civil de 2002), independentemente de discussão acerca da disponibilidade de tais direitos.** (g.n.)

---

23 BRASIL. Conselho da Justiça Federal. Enunciado n. 4 da I Jornada de Direito Civil. Disponível em <http://www.cjf.jus.br/enunciados/pesquisa/resultado>. Acesso em 01 jan. 2015: "O exercício dos direitos da personalidade pode sofrer limitação voluntária, desde que não seja permanente nem geral."

24 BRASIL. Conselho da Justiça Federal. Enunciado n. 139 da III Jornada de Direito Civil. Disponível em <http://www.cjf.jus.br/enunciados/pesquisa/resultado>. Acesso em 01 jan. 2015: "Os direitos da personalidade podem sofrer limitações, ainda que não especificamente previstas em lei, não podendo ser exercidos com abuso de direito de seu titular, contrariamente à boa-fé objetiva e aos bons costumes."

25 BRASIL. Superior Tribunal de Justiça. REsp 1309948/SP, Rel. Ministro Luis Felipe Salomão, Quarta Turma, julgado em 18/12/2014, DJe 24/02/2015.

Nada obstante, também segundo o STJ, **independentemente** da discussão acerca da **disponibilidade dos direitos,** o compromisso de ajustamento de conduta deve sempre conduzir à garantia de direitos mínimos e jamais à renúncia de direitos. Concorda-se com essa conclusão conforme se discorreu em item próprio, acerca do princípio da garantia mínima, neste estudo. Porém, diverge-se da fundamentação do STJ, que, repita-se, numa exegese excessivamente restrita e oriunda do Direito Civil sem suficiente adaptação para os direitos coletivos, consignou apenas que o TAC **não** pode constituir uma **transação**, nos termos dos arts. 844 e 850 do Código Civil de 2002.

A norma do art. 841 do CC cuida de limites à disponibilidade de direitos sob a ótica do Direito Privado. Não obstante, ela constitui um **ponto de partida** para se buscar entender se seria um "aparente paradoxo" dispor de um direito coletivo visando à sua maior efetivação.

"Aparentemente paradoxo" porque finda-se por reforçar o argumento de que em alguns casos a inflexibilidade pode inviabilizar o direito enquanto a **flexibilidade** conduz a uma maior possibilidade de efetividade. Por exemplo, quando um direito já foi violado e não há como retornar ao *status quo ante*, não adianta manter uma postura inflexível. Nessa medida, impera aceitar a situação fática e partir para a solução ou remediar o que se faça possível, o que implicará, em situações que se façam verdadeiramente necessárias e extrajudiciais, em "transigir", estipulando novas obrigações, diferentes das originais, que possam trazer a viabilização da realização de um direito que tente substituir e ser equivalente àquele original violado.

Conforme pontuam Didier Jr. e Hermes Zaneti Jr.[26], embora verse sobre direitos **indisponíveis** caberá **conciliação** em causas coletivas, sem nenhum embargo da previsão contida no art. 841 do CC.

Com efeito, não só por **pertencerem à sociedade e coletividade** mas também porque os direitos difusos, coletivos e individuais homogêneos muitas vezes estão envolvidos concomitantemente em um mesmo caso concreto, em geral todos os direitos coletivos possuem uma nota de **indisponibilidade**.

Sob outro enfoque, com a conciliação ou a mediação as tratativas incidentes sobre um direito coletivo implicam em uma possível **mudança por si só,** com as vantagens e desvantagens disso decorrentes. Isso significa que essa transformação **implica, *mutatis mutandis*,** em se adotar uma forma própria de transação, diferente da civilista, sobre um direito de que um legitimado público coletivo não possui titularidade, sendo perfeitamente possível em tese extrair, ainda assim, benefícios para a sociedade.

26 DIDIER JÚNIOR, Fredie; ZANETI JÚNIOR, Hermes. *Curso de Direito Processual Civil, v. 4, Processo Coletivo.* 3. ed. Salvador: JusPodivm, 2008. P. 328.

Retomando-se e interpretando ***a contrario sensu*** o art. 841 do Código Civil, havendo uma violação a um direito que não seja patrimonial disponível, deve-se partir diretamente para a indenização. Ou seja, por esse artigo **não se pode chegar a uma nova obrigação mais satisfativa** para o titular do direito violado por meio da transação. O art. 841 do CC acaba conduzindo para a esfera da **indenização judicial** um problema que poderia ser resolvido, em alguns casos, pelas próprias partes.

Exemplificando, segundo a literalidade do Código Civil, em caso de direito de personalidade violado mediante ato ilícito que implique lesão à honra da vítima, a **transação civil sequer pode ser cogitada** para reparar o mal causado, fugindo-se da possibilidade de autocomposição e transação sobre o "fundo do direito" ou "cerne do direito" segundo interpretação estrita do art. 841 do respectivo Código.

Isso conduz à **necessidade de um processo judicial** para que a autoridade judiciária, esta sim, possa estabelecer o *quantum* indenizatório e/ou obrigações substitutivas. Isso, porém, significa grande dispêndio de esforços e tempo. Embora a via judicial seja a mais utilizada nesses casos, ela é **questionada** quanto à sua efetividade em razão da morosidade do sistema.

5.3 DIREITO COLETIVO E A INDISPONIBILIDADE DE DIREITOS

Saindo do âmbito do Direito Civil e caminhando para o Direito Coletivo, verifica-se a **possibilidade de solução consensual dos conflitos**, entre outras normas jurídicas, pelo art. 5º, § 6º, da Lei 7.347/85, bem como pelo art. 211 do Estatuto da Criança e do Adolescente, Lei 8.069, que merece destaque por cuidar de incapazes e permitir o ajustamento de conduta justamente em direitos que são considerados absolutamente indisponíveis, embora seja uma lei da década de 1990.

Partindo disso, em um TAC formal não se permite trocar uma obrigação por outra em caso de dano irreversível mediante uma transação.

Sem avançar nesse ponto, contudo, a literalidade do Código Civil, aplicada por analogia, não estará atribuindo aplicabilidade plena e adequada ao atual estágio de desenvolvimento do direito coletivo, demonstrando-se ausência de congruência para os fins deste estudo quanto à análise do TAC. A regra da indisponibilidade de direitos, portanto, merece ser aplicada com certo **temperamento**, tal qual a moderna exegese civilista permite vislumbrar com ponto de partida nos Enunciados n. 4[27] e 139[28] do CJF – Conselho da Justiça Federal.

É possível, inclusive, estabelecer a seguinte diretriz de raciocínio jurídico: em último grau, com o passar do tempo e a influência de outros fenômenos jurídicos, bem como direitos de outros sujeitos, pode ocorrer uma **mitigação** de alguns direitos, que podem sair da esfera da indisponibilidade para se tornarem, naturalmente, mais flexíveis e disponíveis. Igualmente ocorre com o "choque" ou "colisão" entre direitos individuais e coletivos, devendo o **TAC** realizar a transição, de um lado, entre a indisponibilidade e, de outro, a disponibilidade jurídica com **segurança**, protegendo a **ordem jurídica.**

De modo semelhante ao art. 841 do Código Civil, que restringe a conciliação, está o art. 447 do Código de Processo Civil/1973[29], que apenas se refere à conciliação no tocante a **direitos patrimoniais de caráter privado.** Não obstante, o raciocínio acima já desenvolvido quanto ao art. 841 do Código Civil aplica-se também ao art. 447 do CPC/1973. Reitera-se, nesse ponto, o entendimento de Didier Jr.[30], para quem, embora se trate de direitos indisponíveis, cabe conciliação em causas coletivas, não obstante a regra do art. 841 do Código Civil[31].

A seu turno, asseveram Humberto Dalla Bernardina de Pinho e Trícia Navarro Xavier Cabral[32] que, embora, por um lado, seja necessário respeitar a natureza indisponível do direito tutelado nas ações coletivas, por outro lado, "diante da máxima da ponderação, se num determinado caso, o autor e o réu entendem ser possível o acordo, se o M.P. concorda e se o magistrado homologa, não vemos razão para que se negue **exiquibilidade** ao avençado."

---

27 BRASIL. Conselho da Justiça Federal. Enunciado n. 4 da I Jornada de Direito Civil. Disponível em <http://www.cjf.jus.br/enunciados/pesquisa/resultado>. Acesso em 01 jan. 2015: "O exercício dos direitos da personalidade pode sofrer limitação voluntária, desde que não seja permanente nem geral."

28 BRASIL. Conselho da Justiça Federal. Enunciado n. 139 da III Jornada de Direito Civil. Disponível em <http://www.cjf.jus.br/enunciados/pesquisa/resultado>. Acesso em 01 jan. 2015: "Os direitos da personalidade podem sofrer limitações, ainda que não especificamente previstas em lei, não podendo ser exercidos com abuso de direito de seu titular, contrariamente à boa-fé objetiva e aos bons costumes."

29 Código de Processo Civil/1973, art. 447. Quando o litígio versar sobre direitos patrimoniais de caráter privado, o juiz, de ofício, determinará o comparecimento das partes ao início da audiência de instrução e julgamento.

Parágrafo único. Em causas relativas à família, terá lugar igualmente a conciliação, nos casos e para os fins em que a lei consente a transação.

30 DIDIER JÚNIOR, Fredie; ZANETI JÚNIOR, Hermes. *Curso de Direito Processual Civil, v. 4, Processo Coletivo.* 3. ed. Salvador: JusPodivm, 2008. P. 328-331.

31 Código Civil, art. 841: Só quanto a direitos patrimoniais de caráter privado se permite a transação.

32 PINHO, Humberto Dalla Bernardina de; CABRAL, Trícia Navarro Xavier. Compromisso de ajustamento de conduta: atualidades e perspectivas de acordo com o projeto do novo CPC. *Revista Eletrônica de Direito Processual, ano 5, v. 7, jan.-jun. 2011.* Disponível em <http://www.redp.com.br/edicao_07.htm>. Acesso em 30 jun. 2015.

Não fosse isso bastante, superando o art. 447 do CPC/73, o art. 359 do CPC/2015 insculpiu: "Instalada a audiência, o juiz tentará conciliar as partes, independentemente do emprego anterior de outros métodos de solução consensual de conflitos, como a mediação e a arbitragem."

Assim, sem embargo das previsões dos referidos dispositivos legais, é possível que ocorra a disponibilidade de direitos coletivos em razão dos **motivos de ordem teórica e prática imprescindíveis**, destacando-se ser essencial recordar que os referidos artigos cuidam de interesses individuais, enquanto que a efetividade dos direitos coletivos exige uma adaptação das normas individuais sob a égide da interpretação teleológica ou finalística.

A **disponibilidade** dos direitos coletivos, para sua maior efetivação, deve ser feita através da metodologia do princípio da **proporcionalidade** visando justamente à sua maior efetivação. Por isso **não há renúncia** nem disposição do direito coletivo tutelado, mas sim a busca da melhor forma de satisfazê-lo dado o quadro fático possível empirica e ontologicamente.

Portanto, trata-se de uma disponibilidade apenas no montante **estritamente necessário** para uma maior efetivação dos próprios direitos coletivos.

Com efeito, segundo o Supremo Tribunal Federal[33], os bens públicos em regra são indisponíveis, porém há casos em que o próprio princípio da indisponibilidade deve ser **atenuado**, mormente quando outra solução é a que atende melhor ao interesse público.

Em razão disso a **disponibilidade** poderá ser considerada, em alguns casos, também **temporária**, visto que após a efetivação do TAC o bem jurídico tutelado deverá ser restaurado, ou deverá ainda haver um equivalente obrigacional previsto no TAC, em último caso, de modo a **tutelar** o bem jurídico protegido na medida do possível.

De fato, é preciso visualizar que, nos termos do próprio **art. 14 da Resolução n. 23 do CNMP**, além das exigências legais o TAC pode abranger as **exigências normativas**, acrescentando-se a possibilidade de **compensação ou indenização** para a busca da reparação do dano quando não se

---

[33] BRASIL. Supremo Tribunal Federal. Recurso Extraordinário n. 253.885-MG, 1ª Turma, Rel. Min. Ellen Gracie, j. 4-6-2002, DJU 21-6-2002, *verbis*: **Em regra, os bens e o interesse público são indisponíveis, porque pertencem à coletividade.** É, por isso, o Administrador, mero gestor da coisa pública, não tem disponibilidade sobre os interesses confiados à sua guarda e realização. **Todavia, há casos em que o princípio da indisponibilidade do interesse público deve ser atenuado,** mormente quando se tem em vista que a **solução adotada pela Administração é a que melhor atenderá à ultimação deste interesse.** Assim, tendo o acórdão recorrido concluído pela não onerosidade do acordo celebrado, decidir de forma diversa implicaria o reexame da matéria fático-probatória, o que é vedado nesta instância recursal (Súm. 279/STF). (g.n.)

fizer possível a tutela específica para retorno ao *status quo ante*, como seria ideal.

Atualmente, portanto, o TAC suscita a análise da **juridicidade** mais do que a análise positivista da legalidade, tendo em vista o momento contemporâneo pós-positivista que se vive no Direito brasileiro.

Para Hugo Nigro Mazzilli[34], "a rigor o legitimado de ofício não pode transigir sobre direitos dos quais não é titular", como ocorre justamente com os direitos transindividuais, pois a transação envolveria uma certa disposição do direito. Porém, para o mesmo autor, não obstante essas observações "**aspectos de conveniência prática recomendavam a mitigação da indisponibilidade da ação pública, que, aliás, já tinha sido atenuada até mesmo na área penal**"[35] (g.n.). De todo modo, para Mazzilli até mesmo as transações em direito privado são interpretadas de forma restrita pela jurisprudência[36], não sendo aceitas em como se fossem renúncia ou extinção geral da obrigação, de modo que, *a fortiori*, tal interpretação também deve ser dada aos casos de "transações" em direitos coletivos.

Já Luciane Moessa de Souza[37], ao tratar dos **(falsos) argumentos** contrários à **consensualidade** na esfera do **interesse público** informa que as principais linhas de raciocínios daqueles que resistem à aplicação da consensualidade nessa seara são a **desigualdade** nas relações de poder, bem como a suposta **supremacia e indisponibilidade** do interesse público. Não obstante, não se trata de argumentos incontornáveis e eles podem ser superados, por exemplo, pela **mediação**, pois um dos deveres elementares do mediador é buscar amenizar a eventual desigualdade entre os envolvidos no conflito. Ademais, quanto ao interesse público secundário e meramente patrimonial da Administração Pública não existe indisponibilidade nem supremacia. Já quanto ao interesse público primário, ele é indisponível desde que não esteja em confronto com direitos fundamentais, como é o caso dos direitos coletivos.

---

34 MAZZILLI, Hugo Nigro. *A defesa dos interesses difusos em juízo: meio ambiente, consumidor, patrimônio cultural, patrimônio público e outros interesses.* 21 ed. rev., ampl. e atual. São Paulo: Saraiva, 2008. pp. 394-395.

35 CRFB/1988, art. 98, inciso I.

36 BRASIL. Superior Tribunal de Justiça. Recurso Especial n. 129.182/SP, Rel. Ministro Waldemar Zveiter, Terceira Turma, julgado em 15/12/1997, DJ 30/03/1998, p. 45, *verbis*: "Igualmente consolidado o entendimento de que o recibo de quitação passado de forma geral, mas relativo a obtenção de parte do direito legalmente assegurado, não traduz renuncia a este direito e, muito menos, extinção da obrigação. precedente do STJ". Vide também REsp 195.425-SP e REsp 333.099-SP.

37 Escola Nacional de mediação e Conciliação – ENAM; Centro de Educação a Distância da Universidade de Brasília – CEAD-UnB. *Resolução consensual de conflitos coletivos envolvendo políticas públicas.* Curso ministrado por Luciane Moessa de Souza. Módulo 1, p. 59-60.

De fato, segundo informa Celso Antônio Bandeira de Mello[38], **interesse público** primário é o interesse da coletividade como um todo, enquanto interesse público secundário é aquele que o Estado pode ter do mesmo modo que qualquer sujeito de direitos, independentemente de sua qualidade de "servidor de interesses da coletividade".

Face a todo o exposto, não encontra mais eco a teoria da **indisponibilidade absoluta** dos direitos nem individuais nem coletivos, restando cada vez mais superada especialmente após o **pós-positivismo** e o neoconstitucionalismo[39]. Para Willis S. G. Filho[40] e Afonso Heck[41], nenhum direito é absoluto tampouco a própria colisão de princípios jurídicos faz com que eles percam a validade ou sejam derrogados[42]. Daí a necessidade de se utilizar o princípio da proporcionalidade para que se possa respeitar normas, como os princípios, que são tendentes a colidir.

Assim, severos argumentos contrários à disponibilidade do interesse público são **rebatidos**, abrindo-se espaço para a **prevalência da autocomposição consensual** e a busca pela pacificação social.

Por tal motivo, há que se compreender, também, a possibilidade de autocomposição em direitos coletivos como atitude de **conformação** do acesso à justiça ligado à efetivação dos direitos. Assim, pode-se afirmar ser **inconstitucional** a vedação peremptória de TAC em direitos difusos, coletivos e individuais homogêneos. Especialmente em casos nos quais a própria transação venha a trazer mais efetividade do que a indisponibilidade do direito através de uma postura rígida do operador do ordenamento jurídico, o TAC pode ser mostrar indispensável.

---

38 MELLO, Celso Antônio Bandeira de. *Curso de Direito Administrativo.* 15 ed. São Paulo: Malheiros, 2003. p. 63.

39 FERREIRA, Diogo Ribeiro. *Execução por quantia certa contra devedor solvente: Penhora on-line e princípios constitucionais.* Monografia. Trabalho de conclusão do curso de bacharelado em Direito – Faculdade de Direito, Universidade Federal de Minas Gerais, Belo Horizonte, 2005. pp. 10-14.

40 GUERRA FILHO, Willis Santiago. Sobre o princípio da proporcionalidade. In: LEITE, George Salomão. *Dos Princípios Constitucionais: Considerações em torno das normas principiológicas da Constituição.* São Paulo: Malheiros, 2003. p. 241.

41 HECK, Luís Afonso. Regras, princípios jurídicos e sua estrutura no pensamento de Robert Alexy. In: LEITE, George Salomão. *Dos Princípios Constitucionais: Considerações em torno das normas principiológicas da Constituição.* **São Paulo: Malheiros, 2003. p. 97: A diferença consiste nisto, que a resolução de uma colisão de princípios é uma resposta à questão, o que é definitivamente** *devido,* enquanto a resolução de uma colisão de valores responde a isto, o que é definitivamente *melhor.* Colisões de princípios e de valores podem ser consideradas como o mesmo, uma vez em traje *deontológico* e outra vez em traje *axiológico.* Isso torna claro que ao problema da relação da primazia entre princípios corresponde o problema de uma ordem hierárquica dos valores.

42 Não obstante, como é cediço, o conflito entre regras é capaz de gerar uma antinomia.

Assim, num âmbito mais aprofundado observa-se que, devido ao fato de a transação substancial, conforme será visto em item próprio, poder ser homologada em juízo, isso pode implicar numa **abreviação** de todo um processo de conhecimento que venha a culminar na solução jurídica para a questão.

Um exemplo de **TAC substancial** seria aquele celebrado por um legitimado público, em caso de dano em que seja impossível o retorno ao *status quo ante*, com fiscalização do Ministério Público e possível homologação judicial.

5.4 PERECIMENTO DE DIREITOS, PRESCRIÇÃO, DECADÊNCIA, OBRIGATORIEDADE E INDISPONIBILIDADE

Ainda revisitando-se o tema da indisponibilidade de direitos, há que se detalhar as questões da **prescrição** ou **decadência** e ainda a **obrigatoriedade** do exercício de direitos. Nesse contexto também não se pode desconsiderar que a possível indisponibilidade em tese não é a mesma que se observa na prática de acordo com cada caso concreto.

Inicialmente, quanto à obrigatoriedade, destaca-se que ninguém pode ser obrigado a exercer um direito personalíssimo. Nessa medida, a **indisponibilidade não significa que ele seja obrigatório**, o que por si só já permite ao titular do direito dispor dele. Significa, isso sim, que ninguém pode retirar de seu titular a possibilidade de exercê-lo dentro do respectivo prazo prescricional ou decadencial.

Por outro lado, existem prazos prescricionais que se aplicam aos processos coletivos, em especial às **ações civis públicas**, demonstrando que tais ações são prescritíveis, o que também indica vias de disposição, por indução de um fenômeno temporal, de direitos *a priori* considerados indisponíveis.

Com efeito, os direitos do consumidor em geral prescrevem no prazo de até 5 (cinco) anos conforme entendimento do STJ aplicando por analogia o art. 21 da Lei 4.717/65, **Lei da Ação Popular**, através de diálogo de fontes no microssistema processual coletivo[43]. A seu turno, a prescrição de ações civis públicas contra a Fazenda Pública ocorre também em 5 (cinco) anos conforme o art. 1º do **Decreto n. 20.910/32**[44] ou em 3 (três) anos conforme o art. 206, § 3º, do **Código Civil**.

---

[43] BRASIL. Superior Tribunal de Justiça. Recurso Especial n. 1.089.206-RS, Rel. Min. Luiz Fux, j. 23/06/2009 e vários outros precedentes citados, conforme Boletim Informativo do STJ n. 400.

[44] BRASIL. Superior Tribunal de Justiça. Agravo Regimental no Agravo n. 1180561/PR, DJe 03/11/2011, *verbis*: "'Prescreve em 5 (cinco) anos a ação civil pública ajuizada contra a Fazenda Pública, e a contagem do prazo prescricional da execução inicia-se com o trânsito em julgado da sentença'. [...] Na espécie, havendo a decisão no processo de conhecimento transitado em julgado

Ademais, verifica-se ainda que a **execução individual da sentença** proferida em ação coletiva prescreve em 5 (cinco) anos contados do trânsito em julgado da sentença coletiva[45]. Destaca-se que o prazo prescricional da **ação civil pública** em que se busca anular uma eventual ilegalidade de contrato administrativo tem, como prazo de início, o fim do próprio contrato, por se tratar de situação jurídica continuada[46].

Tudo isso está a confirmar que a **imprescritibilidade** é verdadeiramente excepcional e a extinção do direito pelo decurso do tempo é a regra. Por tal motivo, há que se considerar que a indisponibilidade em tese dos direitos muitas vezes não se concretiza na realidade, atuando o fenômeno temporal, entre outros, no sentido da disponibilidade dos direitos.

Até mesmo no caso dos direitos tidos por imprescritíveis, como ocorre com o dano ao erário (**art. 37, § 5º, da Constituição da República**) e no caso de danos ambientais segundo a jurisprudência do Superior Tribunal de Justiça[47], o transcurso do lapso temporal pode ir gradativamente dificultando a produção e a colheita de provas de modo a mitigar cada vez mais até, eventualmente, inviabilizar o exercício do direito, ainda que não prescrito ou caduco, decaído.

Por tal motivo, não é exagero dizer que, na prática, muitos direitos tidos por indisponíveis acabam se tornando, mais cedo ou mais tarde, **disponíveis**. A indisponibilidade total, portanto, pode ser considerada, em vários casos, uma verdadeira exceção no universo jurídico.

Sem nenhum embargo, a disponibilidade dos direitos, quando se faz *cum grano salis* e sob a exegese do **princípio da proporcionalidade**, através da fiscalização de um legitimado público e do próprio Ministério Público, de modo fundamentado e com observância dos princípios da publicidade e transparência, pode se tornar mais um mecanismo com vistas a um ganho maior, qual seja, a verdadeira devolução à sociedade da possibilidade de reparação de seus bens jurídicos eventualmente lesados ou o equivalente a isso, na medida do possível e como garantia mínima.

em 7/10/2000 e tendo sido iniciada a execução em 7/04/2003, não há falar em prescrição, porquanto a execução foi ajuizada dentro do lapso temporal de cinco anos."

45 BRASIL. Superior Tribunal de Justiça. Recurso Especial n. 1.275.215-RS, Rel. Min. Luís Felipe Salomão, j. 27/09/2011, conforme Boletim Informativo n. 484 do STJ.

46 BRASIL. Superior Tribunal de Justiça. Recurso Especial n. 1150639/RS, Rel. Min. Mauro Campbell Marques, 2ª Turma, DJe 08/10/2010.

47 BRASIL. Superior Tribunal de Justiça. Recurso Especial n. 1120117/AC, Rel. Min. Eliana Calmon, DJe 19/11/2009.

6

TAC – TERMO DE AJUSTAMENTO DE CONDUTA E SEU DESENVOLVIMENTO RUMO AO FUTURO DO DIREITO

O TAC[1] é um **tema atual**, ensejador de inúmeras **controvérsias**, o que se dá exemplificativamente em relação à possibilidade de celebração de conciliação, mediação e até mesmo transação pelo legitimado em ações coletivas, o que ganha relevo inclusive no caso do Ministério Público enquanto órgão constitucionalmente legitimado para a defesa dos interesses difusos.

Quando se fala em TAC se está falando em **transformar** uma *conduta* inadequada juridicamente em uma **conduta jurídica adequada**. Isso remete à transformação social, à resolutividade jurídica e ao Direito enquanto mecanismo a um só tempo transformador e transformado, impulsionador e impulsionado[2].

Como se sabe, a **solução consensual de conflitos** é importantíssima para a efetividade processual, porém persiste o entendimento de que não há sua admissão para todas as espécies de direitos protegidos pelo ordenamento jurídico, fazendo-se questionar se, face aos enormes benefícios proporcionados, sua aplicação não poderia ser melhor adequada às finalidades do processo coletivo e sua missão de efetividade no ordenamento pátrio.

Entende-se ser relevante verificar se as **vedações e limitações** às possibilidades jurídicas de conciliação podem ser restringidas, com benefício para o próprio direito tutelado. Sem nenhum embargo, sob o enfoque contemporâneo pós-positivista, o TAC, em seus múltiplos aspectos, suscita a análise da juridicidade mais do que da legalidade positivista e restritiva.

Atualmente, a permanecer a interpretação do TAC como está, o Direito vai em muitos casos contra o próprio Direito, **prejudicando-se em seus**

---

1 Embora TAC seja o nome mais difundido para o termo de ajustamento de conduta, a própria nomenclatura a ser utilizada para expressar tal instituto não é uníssona, havendo quem prefira utilizar CACEL – compromisso de ajustamento de conduta às exigências legais. Essa pequena e inicial distinção está a indicar a existência de inúmeras outras polêmicas referentes ao instituto ora pesquisado.

2 TRINDADE, André. *Para entender Luhmann e o Direito como sistema autopoiético*. Porto Alegre: Livraria do Advogado, 2008. pp. 69-77 e 84-88.

fins, num fenômeno verdadeiramente paradoxal. Com efeito, embora seja possível verificar a **finalidade protetiva** da atitude da **interpretação formalista**, ou seja, de restrição à transação em TAC, sua literalidade tende a retirar a resolutividade necessária à solução dos problemas jurídicos contemporâneos.

Lidar com os **óbices e dificuldades** à realização de um TAC é o caminho que se passa a perscrutar a seguir.

Segundo o art. 5º, § 6º, da Lei 7.347/85, o termo de ajustamento de conduta – TAC pode ser tomado por qualquer **órgão público legitimado à ação civil** pública, como o Ministério Público, a Defensoria Pública, a União, os Estados-membros, o Distrito Federal, os Municípios, as autarquias, as empresas públicas, fundações ou sociedades de economia mista.

Porém, ressalta-se que o TAC não pode ser tomado por **entes privados**, como as associações civis, apenas podendo ser realizado, repita-se, pelo rol estrito dos legitimados públicos previstos no art. 5º da Lei 7.347/85.

Complementarmente, salienta-se a vigência do disposto no art. 4º-A da Lei nº 9.469/97[3] com relação à **União, bem como suas autarquias e fundações**, dispositivo que traz requisitos relevantes para a respectiva existência, validade e efetividade de um TAC.

Pela teoria dos poderes implícitos, segundo a qual a incumbência a algum legitimado de tutelar um direito pressupõe sejam **garantidos os meios aptos** a tal intento, a participação em uma conciliação, observados certos limites, poderá dar-se desde que isso não implique sua renúncia em caráter essencial.

Apenas pontualmente, verifica-se que a realidade não se limitou à teoria sobre a possibilidade ou não de um TAC, de modo que **já se evidenciam os resultados** de celebração de acordos (*lato sensu*) no contexto dos Inquéritos e Ações Civis Públicas[4]. Com efeito, neste ponto não se pode deixar de

---

[3] Art. 4º-A O termo de ajustamento de conduta, para prevenir ou terminar litígios, nas hipóteses que envolvam interesse público da União, suas autarquias e fundações, firmado pela Advocacia-Geral da União, deverá conter: (Incluído pela Lei nº 12.249, de 2010): I – a descrição das obrigações assumidas; (Incluído pela Lei nº 12.249, de 2010); II – o prazo e o modo para o cumprimento das obrigações; (Incluído pela Lei nº 12.249, de 2010); III – a forma de fiscalização da sua observância; (Incluído pela Lei nº 12.249, de 2010); IV – os fundamentos de fato e de direito; e (Incluído pela Lei nº 12.249, de 2010)

V – a previsão de multa ou de sanção administrativa, no caso de seu descumprimento. (Incluído pela Lei nº 12.249, de 2010)

Parágrafo único. A Advocacia-Geral da União poderá solicitar aos órgãos e entidades públicas federais manifestação sobre a viabilidade técnica, operacional e financeira das obrigações a serem assumidas em termo de ajustamento de conduta, cabendo ao Advogado-Geral da União a decisão final quanto à sua celebração. (Incluído pela Lei nº 12.249, de 2010)

[4] BRASIL. Ministério da Justiça – Secretaria de Reforma do Judiciário. *Relatório Tutela judicial dos interesses metaindividuais: ações coletivas.* Brasília, 2007. P. 31. **Nota:** Em busca no site do

mencionar que, através de pesquisa realizada pelo Ministério da Justiça[5], a homologação de acordos em ACPs foi o segundo resultado final mais corriqueiro entre as ações verificadas, atrás apenas da procedência total, além do fato de que a duração dos processos em que houve a homologação de acordo foi a mais rápida entre todas as outras vias pesquisadas.

Reitera-se que o estudo que se faz da solução consensual de conflitos em processos coletivos adota como **ponto de partida** a teoria do "acesso à justiça" de Cappelletti e Garth[6], o que também remete ao direito e garantia fundamental insculpido no art. 5º, inciso XXXV, da Constituição da República de 1988.

Percebe-se que a referida teoria do "acesso à justiça" adotada como marco teórico deste trabalho atribui um largo campo semântico à sua própria abrangência e está fortemente ligada ao que entendemos por **efetividade do processo pela obtenção de resultados justos através de acesso igualitário** no âmbito dos processos coletivos, o que novamente reforça o enquadramento do TAC nesse contexto.

Assim, não obstante as significativas controvérsias que serão adiante tratadas, inclusive sobre a própria natureza jurídica do TAC, ele constitui um meio alternativo de resolução de conflitos e, pelas suas próprias características, atende teoricamente ao **acesso à justiça** segundo proposto por Mauro Cappelletti e Bryant Garth.

De fato, seguindo o posicionamento do TAC como **negócio jurídico bilateral** e justamente em razão disso, o STJ firmou que é **nulo** o TAC se ele fizer previsão de objeto ilícito ou proibido, bem como também será nulo se as obrigações previstas no respectivo título não forem **livremente** pactuadas.

Tais conclusões são reafirmadas pela interpretação do REsp 802.060/RS, Rel. Min. Luiz Fux, DJe 22/02/2010[7]. Nesse particular, caso comprovada a

---

Ministério da Justiça (www.mj.gov.br) em 18/06/2015, não se encontrou novos relatórios referentes ao tema.

5 BRASIL. Ministério da Justiça – Secretaria de Reforma do Judiciário. *Op. cit.* pp. 44-45.

6 CAPPELLETTI, Mauro; GARTH, Bryant. *Acesso à Justiça.* Tradução e revisão Ellen Gracie Northfleet. Porto Alegre: Sergio Antônio Fabris Editor, 1988. p. 8: A expressão "acesso à justiça" é reconhecidamente de difícil definição, mas serve para determinar duas finalidades básicas do sistema jurídico – o sistema pelo qual as pessoas podem reivindicar seus direitos e/ou resolver seus litígios sob os auspícios do Estado. Primeiro, o sistema deve ser igualmente acessível a todos; segundo, ele deve produzir resultados que sejam individual e socialmente justos. Nosso enfoque, aqui, será primordialmente sobre o primeiro aspecto, mas não podemos perder de vista o segundo. Sem dúvida, uma premissa básica será a de que a justiça social, tal como desejada por nossas sociedades modernas, pressupõe o acesso efetivo.

7 [...] 1. A revogação da manifestação de vontade do compromitente, por ocasião da lavratura do Termo de Ajustamento de Conduta – TAC junto ao órgão do Ministério Público, não é objeto de regulação pela Lei 7347/855. **2. O Termo de Ajustamento, por força de lei, encerra transação para cuja validade é imprescindível a presença dos elementos mínimos de existência, validade**

celebração de TAC mediante práticas ilícitas, poderá haver inclusive a responsabilização do órgão legitimado público.

Abordando a **consensualidade** do TAC no REsp 596.764/MG, Rel. Ministro Antônio Carlos Ferreira, DJe 23/05/2012[8], o STJ deixou claro que "do mesmo modo que o MP não pode obrigar qualquer pessoa física ou jurídica a assinar termo de cessação de conduta, o *Parquet* também não é obrigado a aceitar a proposta de ajustamento formulada pelo particular".

Com efeito, para o STJ **inexiste direito subjetivo do particular a celebrar termo de ajustamento de conduta**, pois este é "um acordo semelhante ao instituto da conciliação e, como tal, depende da convergência de vontades entre as partes".

Sob outro prisma, o TAC pode ser **parcial ou total**[9]. Como o próprio vocábulo explicita, será parcial quando não abranger integralmente o objeto de um inquérito civil público promovido pelo Ministério Público, nos termos do art. 129, inciso III, da Constituição da República.

De outro modo, será total quando abranger, conforme já se pronunciou o Conselho Superior do Ministério Público do Estado de São Paulo[10], todo o objeto do mesmo inquérito civil.

Nada impede, também, que haja um TAC posterior e **sucessivo**, ou seja, a realização de um novo TAC para a adequação da conduta às novas circunstâncias de fato ou para complementação do TAC anterior.

Além disso, conforme já verificado, o TAC pode ser ainda **judicial ou extrajudicial**, destacando-se que, caso celebrado extrajudicialmente durante o curso de uma demanda, ele não terá o condão de extinguir por si só o processo.

---

e eficácia à caracterização deste negócio jurídico. [...] (STJ, REsp 802.060/RS, Rel. Ministro Luiz Fux, Primeira Turma, julgado em 17/12/2009, DJe 22/02/2010) (g.n.)

8 BRASIL. Superior Tribunal de Justiça. REsp 596.764/MG, Rel. Ministro Antonio Carlos Ferreira, Quarta Turma, julgado em 17/05/2012, DJe 23/05/2012.

9 RODRIGUES, Geisa de Assis. *Ação civil pública e termo de ajustamento de conduta: teoria e prática.* 3 ed. Rio de Janeiro: Forense, 2011. p. 170; **Verificar também** MAZZILLI, Hugo Nigro. *A defesa dos interesses difusos em juízo: meio ambiente, consumidor, patrimônio cultural, patrimônio público e outros interesses.* 21 ed. rev., ampl. e atual. São Paulo: Saraiva, 2008. p. 409.

10 **SÚMULA n.º 20** "Quando o compromisso de ajustamento tiver a característica de ajuste preliminar, que não dispense o prosseguimento de diligências para uma solução definitiva, salientado pelo órgão do Ministério Público que o celebrou, o Conselho Superior homologará somente o compromisso, autorizando o prosseguimento das investigações.", **conforme** MINISTÉRIO PÚBLICO DO ESTADO DE SÃO PAULO. Súmulas do Conselho Superior. Disponível em: <http://www.mpsp.mp.br/portal/page/portal/conselho_superior/sumulas>. Acesso em 31 mar. 2014.

Isso é observado do próprio entendimento do STJ[11]. Com efeito, havendo TAC após a instauração do processo deverá haver sua **submissão**, para análise, ao órgão judicial competente.

Tangenciando o tema da disponibilidade do processo ou dos direitos através dele tutelados, há que se distinguir entre a mera celebração de um **TAC em sentido formal**, através de negócio jurídico bilateral e consensual e que mantém em tese o caráter da obrigação original descumprida, de um outro tipo de TAC que signifique uma **verdadeira transação** em sentido **material, substancial**, relativo ao cerne ou "fundo de direito". Portanto, em decorrência disso o TAC terá **natureza jurídica distinta** conforme seja celebrado de um ou de outro modo.

Aliás, tratando-se de uma distinção essencial, acredita-se que a **terminologia transação** deve ser utilizada apenas para o termo de ajustamento de conduta em sentido substancial, pois no TAC em sentido formal ela não ocorre. Cuida-se, nesse momento, do vocábulo transação em seu sentido mais amplo, distinguindo-se da transação civilista prevista nos arts. 840 a 850 do Código Civil, conforme exposto.

De outro lado, a presença do TAC no rol dos títulos executivos extrajudiciais por força de lei, conforme o art. 783 c/c art. 784, incisos II, III, IV e XII do CPC/2015, bem como o art. 585, incisos II e VIII, c/c 586 do CPC/1973, além do art. 5º, § 6º, da Lei 7.347/85[12], somente se faz viável mediante sua **certeza, liquidez e exigibilidade.**

Nada obstante não seja nulo o TAC que não faça a previsão expressa de **sanções pelo seu descumprimento**, a estipulação de sanção é altamente desejável pois viabiliza a execução direta das obrigações avençadas, enquanto que, se não houver a previsão de sanção no termo que instrumentaliza o TAC, deverá ser proposta uma ação, via de regra ACP, ou medida cautelar pertinente, para que somente assim seja determinado judicialmente o cumprimento das obrigações sob as penas da lei.

---

11 [...] **O Termo de Ajustamento de Conduta entabulado após pronunciamento jurisdicional não tem o condão de implicar em perda do interesse de agir do recorrido** [...]. Outrossim, o TAC não afasta a apreciação da matéria pelo Poder Judiciário. Nesse caso, a sentença apenas deixaria de subsistir se houvesse pedido de desistência do autor da ação ou se o acordo fosse homologado judicialmente, o que implicaria em formação de título executivo da mesma forma, mas que não é o caso dos autos. O Termo de Ajustamento de Conduta não afasta provimento jurisdicional se já houver sido provocado. [...] (BRASIL. Superior Tribunal de Justiça. Recurso especial (Resp) n. 1.150.530/SC, Rel. Min. Humberto Martins, 2ª Turma, j. 18/02/10, DJe 08/03/10) (g. n.)

12 **Lei 7.347/85, art. 5º, § 6º.** Os órgãos públicos legitimados poderão tomar dos interessados compromisso de ajustamento de sua conduta às exigências legais, mediante cominações, que terá eficácia de título executivo extrajudicial.

Porém, a rigor, o art. 783 do CPC/2015[13] e o art. 618, inciso I, do Código de Processo Civil/1973[14], que trazem como requisitos do título executivo extrajudicial constituir obrigação certa, líquida e exigível, não permitem concluir que sejam necessárias sanções para a exigibilidade do TAC. É dizer, embora respeitando-se eventuais posições em sentido contrário, entende-se que a **falta de previsão de sanção** no instrumento do TAC **não gera** sua **nulidade**, porém **pode gerar** sua **ineficácia**.

6.1 CONCEITOS JURÍDICOS INDETERMINADOS E TERMO DE AJUSTAMENTO DE CONDUTA

No atual estágio evolutivo do Direito brasileiro existe uma plêiade de **normas jurídicas** que devem ter seu conteúdo preenchido com o auxílio do intérprete com o objetivo de materializar a lei das leis, qual seja, a Constituição. Por isso essas normas a serem preenchidas são consideradas porosas, ou seja, de tessitura, contextura e organização aberta.

As **cláusulas gerais, os princípios e os próprios conceitos jurídicos indeterminados,** nesse contexto, constituem-se em institutos jurídicos que merecem revisitação no contexto do termo de ajustamento de conduta. Nesse contexto, nos modelos abertos de aplicação do Direito é necessário recorrer à legislação, em especial a Constituição, bem como à jurisprudência e à doutrina para sua adequada compreensão, conforme recorda Zaneti Júnior[15].

Os conceitos jurídicos indeterminados possuem uma **função relevante** no ordenamento jurídico, qual seja, de permitir flexibilidade interpretativa de acordo com o caso concreto[16]. Representam, pois, aberturas à posição do intérprete sob os influxos do pós-positivismo ou neoconstitucionalismo, adequando-se ao que se concluir, mediante pertinente **exegese**, ser mais justo em conformidade com o caso concreto.

De fato, analiticamente, em parte da expressão "termo de ajustamento de conduta" observa-se a presença de conceito jurídico indeterminado. No **primeiro vocábulo** da expressão adianta-se não existir grande indeterminação tendo em vista que o termo possui a semântica de um instrumento

---

13 **CPC/2015, art. 783.** A execução para cobrança de crédito fundar-se-á sempre em título de obrigação certa, líquida e exigível.

14 **CPC/1973, art. 618.** É nula a execução: I – se o título executivo extrajudicial não corresponder a obrigação certa, líquida e exigível (art. 586); [...]

15 ZANETI JÚNIOR, Hermes. *Processo constitucional.* RJ: Lumen Juris, 2007.

16 FALAVIGNA, Maria Clara Osuna Diaz. *Os princípios gerais do Direito e os standards jurídicos no Código Civil.* Tese de doutorado. Professora Orientadora Daisy Gogliano. Faculdade de Direito da Universidade de São Paulo. São Paulo, 2007. pp. 14-15. Disponível em <http://www.teses.usp.br/teses/disponiveis/2/2131/tde-23032008-183352/publico/TESE.pdf>. Acesso em 7 jan. 2015.

formal, escrito, que deve conter cláusulas consensuais, bilaterais e lícitas pertinentes, nada obstante as distintas formas de ser celebrado esse termo.

Por outro lado, no **segundo e terceiro vocábulos** existe uma indeterminação, tendo em vista a existência de campo significativo a ser preenchido pelo intérprete. Visualiza-se isso ao se constatar que o vocábulo *ajustamento* poderá significar um ajuste parcial ou total, em maior ou menor escala, indefinida quantitativamente e qualitativamente portanto, bem como temporalmente ainda indefinida, de uma *conduta* meramente inadequada ou frontalmente contrária ao ordenamento jurídico, constituindo-se em ilícita, ilegítima ou imoral, entre outras várias possibilidades.

Isso significa que o "ajustamento de conduta" deverá ser analisado em conformidade com cada **caso concreto**, o que de um lado representa uma maior flexibilidade, adaptabilidade e justiça a inúmeras situações a serem encontradas, mas de outro demanda uma maior responsabilidade, cuidado e esforço do intérprete e jurista.

Essas possibilidades interpretativas estão relacionadas com a amplitude da exegese que pode ser aplicada ao TAC, conforme se corrobora a seguir.

6.2 A POLÊMICA QUANTO À NATUREZA JURÍDICA DO TAC

Da atividade da solução consensual de conflitos coletivos verificam-se vários benefícios diretos[17], além da pacificação social. Primeiro se ganha em **segurança jurídica**, já que as partes é que definem os termos em que o pacto virá a ser concluído (e homologado judicialmente se for o caso). Em segundo lugar vem a **rapidez**, já que as partes obtêm o acordo (ou até mesmo a decisão judicial homologatória) brevemente. Também há **economia**, já que as partes ajustam os termos do acordo para saírem perdendo o mínimo possível, preservando assim, ao máximo, seus interesses. Em quarto lugar, ganha-se em possibilidade de **pacificação social**, já que as próprias partes têm a chance de se entenderem em definitivo, preservando, ampliando, restaurando ou finalizando amistosamente as relações que existiam anteriormente entre elas. Como **resultado**, o TAC formará um título executivo judicial, encerrando o processo com julgamento do mérito, ou extrajudicial, a teor do art. 515, II e III, bem como do art. 784, IV, do CPC/2015, além do art. 475-N, inciso III ou V, e ainda o art. 585, inciso II, do CPC/1973.

---

17 FERREIRA, Diogo Ribeiro; PAIXÃO JÚNIOR, Manoel Galdino da. UNIVERSIDADE FEDERAL DE MINAS GERAIS. *Efetividade do processo como direito fundamental: tecnologia, técnica processual e diálogo democrático face aos desafios do direito brasileiro.* 2010. 224 f. Dissertação (mestrado) – UFMG, Faculdade de Direito. p. 125.

Cappelletti e Garth[18] ressalvam que as partes não devem ser conduzidas a um acordo somente porque elas tenham medo de incorrer no **ressentimento** do juiz, o que pode ser enfrentado pela troca de órgão entre quem tenta efetuar a negociação, conciliação ou mediação em sede de TAC e quem irá julgar a demanda em caso de insucesso da tentativa de acordo. Outra ressalva feita pelos referidos autores é que a solução consensual de conflitos é extremamente útil para **restaurar** relacionamentos prolongados, porém deve haver a certificação de que seus resultados representem verdadeiros êxitos, ou seja, não apenas remédios para os problemas do judiciário.

Na visão de Mazzilli[19], para que o termo de ajustamento de conduta seja **exigível**, deverá trazer uma obrigação lícita, consensual, exigível, certa em sua existência e determinada quanto ao seu objeto.

Conforme já visto, o TAC pode ser negociado diretamente ou **instrumentalizado** por meio de uma sessão de **conciliação** ou **mediação**, a depender das circunstâncias. Em especial, entende-se que deve ocorrer preferencialmente através da produção de uma estratégia especial de autocomposição qualificada, mediante vetores de persuasão lógico-dialética e fundamentação jurídica pertinente especificamente direcionados para aquele caso concreto.

Porém, esses pontos de clareza não são suficientes para esgotar o assunto, pairando divergência sobre a própria **natureza jurídica** do TAC. Para Geisa de Assis Rodrigues[20] o TAC tem natureza jurídica de ajuste ou negócio jurídico consensual bilateral. Mas conforme expõe a autora, parte da doutrina[21] diverge quando da análise material do instituto, sendo ele considerado ora negócio jurídico *sui generis,* ora tradicional. Por outro lado, há quem entenda tratar-se de modalidade específica de transação[22].

É importante também a ressalva do STJ[23], para quem, apesar de sua natureza jurídica de solução negociada, não pode o Ministério Público ou

---

18 CAPPELLETTI, Mauro; GARTH, Bryant. *Acesso à justiça*. Tradução de Ellen Gracie Northfleet. Porto Alegre: Sergio Antonio Fabris, 1988. PP. 86-87.

19 MAZZILLI, Hugo Nigro. A defesa dos interesses difusos em juízo: meio ambiente, consumidor, patrimônio cultural, patrimônio público e outros interesses. 21 ed. rev., ampl. e atual. São Paulo: Saraiva, 2008. p. 408.

20 RODRIGUES, Geisa de Assis. *Ação civil pública e termo de ajustamento de conduta: teoria e prática.* 3 ed. Rio de Janeiro: Forense, 2011. p. 138: É um negócio da Administração que também tem natureza de equivalente jurisdicional, por ser um meio alternativo de solução de conflito. Podemos concluir que o ajustamento de conduta é um acordo, um negócio jurídico bilateral, que tem apenas o efeito de acertar a conduta do obrigado às exigências legais.

21 RODRIGUES, Geisa de Assis. *Ação civil pública e termo de ajustamento de conduta: teoria e prática.* 3 ed. Rio de Janeiro: Forense, 2011. p. 122-139; e p. 138.

22 PEREIRA, Marco Antonio Marcondes. Transação no curso da ação civil pública. *Revista de Direito do Consumidor.* São Paulo: RT, n. 16, p. 124-125.

23 BRASIL. Superior Tribunal de Justiça. REsp 1155144/MS, Rel. Ministra Eliana Calmon, Segunda Turma, julgado em 24/08/2010, DJe 08/09/2010.

qualquer outro ente ou órgão público legitimado impor sua aceitação a todos, inclusive aos que não participaram do acordo, o que revela sua produção de **efeitos *inter partes***.

Também segundo Didier Jr.[24] há **divergência** quanto à natureza jurídica do compromisso de ajustamento de conduta. Entende o autor que inobstante a existência de diferentes concepções trata-se indubitavelmente de modalidade de acordo com nítida finalidade conciliatória. Para ele, uma exceção seria a ação de improbidade administrativa, na qual não seria possível a conciliação *ex vi* do art. 17, § 1º, da Lei 8.429/92[25].

Também com enfoque sobre o assunto, Hugo Nigro Mazzilli[26] faz uma **diferenciação** entre o **contrato de transação** e o **termo de ajustamento de conduta – TAC**[27], ressaltando em especial que o legitimado público não assume compromissos ao celebrar o TAC, sem prejuízo de poder fiscalizar livremente seu cumprimento. Para o autor, o compromisso de ajustamento de conduta **não é um contrato**, primeiramente, porque "seu objeto não são direitos patrimoniais de caráter privado" e, em segundo lugar, porque "o órgão público que o toma não é titular do direito transindividual nele objetivado, e, como não pode dispor do direito material, não pode fazer concessões quanto ao conteúdo material da lide."

Sem embargo da divergência apresentada, é incontroverso tratar-se de **instituto de Direito Coletivo**, merecendo certo temperamento as regras de Direito Civil e Processual Civil individual, quando aplicáveis ao TAC.

Há que se recordar ainda que o **TAC não é requisito para o ajuizamento da ação civil pública**[28] e sua não proposição não induz à carência de ação[29].

---

24 DIDIER JÚNIOR, Fredie; ZANETI JÚNIOR, Hermes. *Curso de Direito Processual Civil, v. 4, Processo Coletivo.* 3. ed. Salvador: JusPodivm, 2008. p. 329.

25 Lei 8.429/92. Art. 17. A ação principal, que terá o rito ordinário, será proposta pelo Ministério Público ou pela pessoa jurídica interessada, dentro de trinta dias da efetivação da medida cautelar. § 1º É vedada a transação, acordo ou conciliação nas ações de que trata o caput. [...]

26 Conforme MAZZILLI, Hugo Nigro. *A defesa dos interesses difusos em juízo: meio ambiente, consumidor, patrimônio cultural, patrimônio público e outros interesses.* 21 ed. rev., ampl. e atual. São Paulo: Saraiva, 2008. p. 404: [...] **Nem se diga que o compromisso teria natureza contratual porque o órgão público nele também assumiria uma obrigação, qual seja a de fiscalizar o seu cumprimento. Essa obrigação não tem caráter contratual, e decorre do poder de polícia da Administração**, tanto que, posto omitida qualquer cláusula a respeito no instrumento, mesmo assim subsiste por inteiro o poder de fiscalizar. (g.n.)

27 Também conhecido como compromisso de ajustamento de conduta às exigências legais – CACEL ou simplesmente como compromisso de ajustamento de conduta.

28 BRASIL. Superior Tribunal de Justiça. REsp 895.443/RJ, Rel. Ministra Eliana Calmon, Segunda Turma, julgado em 20/11/2008, DJe 17/12/2008.

29 BRASIL. Superior Tribunal de Justiça. REsp 1.252.869/DF, Rel. Ministro Herman Benjamin, Segunda Turma, julgado em 15/08/2013, DJe 16/09/2013.

Quando o TAC é realizado **processualmente**, é nítida, conforme já exposto, sua característica de autocomposição, podendo ser realizado mediante audiência de conciliação[30] ou mediação, que são, como é cediço, formas de se chegar a um acordo para a resolução de uma questão jurídica referente à adequação de um comportamento. Isso não obsta, de nenhum modo, a possibilidade de realização, em tese, de TAC em outro momento processual, nos termos do art. 3º, § 2º, do CPC/2015.

Conforme já destacado, mesmo em caso de **descumprimento** os TACs ainda reservam forças por constituírem via de regra título executivo extrajudicial[31], não havendo dúvidas de que devem ser incentivados pelo seu **desejável grau de efetividade**.

Aliás, já se mencionou precedente do STJ que indica que "o descumprimento de cláusula constante no termo de compromisso de ajustamento de conduta celebrado entre a **municipalidade e o Ministério Público** viabiliza a **execução da multa** nele prevista"[32], pois a natureza jurídica do TAC está preservada também nessa hipótese.

Face a tudo quanto está sendo exposto, deve ser criado um momento até mesmo no curso do **inquérito civil público** para se buscar promover seu ajuste[33].

Já se informou, também, que a **dificuldade** se faz presente quanto aos **limites e possibilidades** para a celebração de TACs. Contudo, **sem essa compreensão** faz-se **impossível precisar a natureza jurídica do instituto**.

Isso também exige reflexão justamente para que os próprios termos de ajustamento de conduta estejam **adequados ao ordenamento jurídico** e, desse modo, possam se manter no caminho mais adequado para sua permanente evolução jurídica e resolução de conflitos em casos concretos.

Aprofundando-se nos limites do TAC, Geisa de Assis Rodrigues[34] entende que pelo compromisso de ajustamento de conduta não se pode dispensar a

---

30 DIDIER JR, Fredie; ZANETI JR., Hermes. *Curso de direito processual civil*, v. 4, Processo Coletivo. 3 ed. Salvador: Juspodivm, 2008. p. 328-331.

31 BRASIL. Superior Tribunal de Justiça. REsp 327.023/DF, 2ª Turma, Rel. Min. Francisco Peçanha Martins, DJ de 23.5.2006; BRASIL. Superior Tribunal de Justiça. REsp 443.407/SP, 2ª Turma, Rel. Min. João Otávio de Noronha, DJ de 25.4.2006; BRASIL. Superior Tribunal de Justiça. REsp 440.205/SP, 3ª Turma, Rel. Min. Carlos Alberto Menezes Direito, DJ de 13.6.2005.

32 BRASIL. Superior Tribunal de Justiça. AgRg no AREsp 154.381/MG, Rel. Ministro Og Fernandes, Segunda Turma, julgado em 22/10/2013, DJe 13/11/2013.

33 RODRIGUES, Geisa de Assis. *Ação civil pública e termo de ajustamento de conduta: teoria e prática*. 3 ed. Rio de Janeiro: Forense, 2011. p. 282.

34 RODRIGUES, Geisa de Assis. *Ação civil pública e termo de ajustamento de conduta: teoria e prática*. 3 ed. Rio de Janeiro: Forense, 2011. pp. 281-282.

satisfação do direito individual ofendido, mas, tão somente, **regular o modo** pelo qual se deverá proceder à sua reparação.

No que diz respeito à própria administração pública, não obstante o princípio da indisponibilidade do interesse público existem regras favoráveis à autocomposição e conciliação. Nesse sentido, a **Lei 8.987/95**[35], ao tratar do regime de concessões e permissões da prestação de serviços públicos, estendeu as possibilidades de autocomposição.

Pela importância do instituto ora conceituado, a **Lei 13.140/2015**, Lei da Mediação, informa, em seu art. 32, incisos I e III, c/c art. 42, em consonância com o art. 174 do novo Código de Processo Civil/2015, a importância da **utilização da mediação**, além de outros meios consensuais de resolução de conflitos, **como a conciliação, em conjunto com o TAC,** ao prever que todos os entes federativos brasileiros poderão criar câmaras com competência para prevenir e **dirimir conflitos entre órgãos e entidades da Administração Pública** e promover, quando couber, a celebração de termo de ajustamento de conduta.

Em sentido inverso, como se sabe, a **Lei de Improbidade Administrativa**, Lei n. 8.429/92, assim estabelece em seu art. 17, § 1º: "É vedada a transação, acordo ou conciliação nas ações de que trata o *caput*."

A seu turno, o **Projeto de Lei n. 5.139/09**[36], que disciplina a ação civil pública e que foi **encaminhado pelo Ministro da Justiça ao Congresso**, trata do TAC e propõe, ao longo do procedimento, a conciliação em **audiência preliminar**, bem como a **transação** e inclusive a intervenção de um **mediador**, além da **homologação judicial**:

> Art. 19. Não sendo o caso de julgamento antecipado, encerrada a fase postulatória, o juiz designará **audiência preliminar**, à qual comparecerão as partes ou seus procuradores, habilitados a transigir.
>
> § 1º **O juiz ouvirá as partes sobre os motivos e fundamentos da demanda e tentará a conciliação**, sem prejuízo de outras formas adequadas de solução do conflito, como a mediação, a arbitragem e a avaliação neutra de terceiro, observada a natureza disponível do direito em discussão.
>
> § 2º A avaliação neutra de terceiro, de confiança das partes, obtida no prazo fixado pelo juiz, é sigilosa, inclusive para este, e não vinculante

---

35 Lei 8.987/95, ART. 23-A. O contrato de concessão poderá prever o emprego de mecanismos privados para resolução de disputas decorrentes ou relacionadas ao contrato, inclusive a arbitragem, a ser realizada no Brasil e em língua portuguesa, nos termos da Lei n. 9.307, de 23 de setembro de 1996.

36 BRASIL. Câmara dos Deputados. Projeto de Lei n. 5.139/2009. Disponível em http://www.camara.gov.br/proposicoesWeb/fichadetramitacao?idProposicao=432485. Acesso em 02. Mai. 2015.

para as partes, tendo por finalidade exclusiva orientá-las na tentativa de composição amigável do conflito.

§ 3º **Quando indisponível o bem jurídico coletivo, as partes poderão transigir sobre o modo de cumprimento da obrigação.**

§ 4º Obtida a **transação**, será ela **homologada por sentença**, que constituirá título executivo judicial. (g.n.)

Conforme já visualizado, a Lei 13.105/15, **novo Código de Processo Civil**, em seu art. 3º, §§ 2º e 3º, bem como art. 165 e seguintes, também estimula a **conciliação e a mediação**, tanto judicial quanto extrajudicialmente, seja pelos juízes, seja pelos advogados, membros do Ministério Público ou defensores públicos.

Sem embargo, enquanto **ainda pendente** a referida proposta legislativa, PL 5.139/09, permanecem as nuances das questões levantadas pela doutrina, destacando-se o sentido que vem tomando a jurisprudência do Superior Tribunal de Justiça[37], que tem permitido, em certos casos, a transação em sede de TAC, conforme já explicitado em item próprio.

Acrescenta Barbosa Moreira[38] que a **criação de condições** para realização da **transação** é uma das tendências observadas no movimento de reforma que inspirou o próprio processo civil alemão.

Partindo-se dos limites, controvérsias, parâmetros e questões acima explicitados, o que não tem sido suficientemente estudado é que a **natureza jurídica do TAC** varia conforme o **TAC seja formal** (natureza jurídica de compromisso ou negócio jurídico bilateral a ser fiscalizado pelo legitimado público, havendo apenas a estipulação de prazo para o atendimento da tutela específica, por exemplo) **ou TAC substancial** (natureza jurídica de transação

---

[37] BRASIL. Superior Tribunal de Justiça. REsp 299400/RJ, Rel. Ministro Francisco Peçanha Martins, Rel. p/ Acórdão Ministra Eliana Calmon, Segunda Turma, julgado em 01/06/2006, DJ 02/08/2006 p. 229, *verbis*: **1. A regra geral é de não serem passíveis de transação os direitos difusos.** 2. Quando se tratar de direitos difusos que importem obrigação de fazer ou não fazer deve-se dar tratamento distinto, possibilitando dar à controvérsia a melhor solução na composição do dano, quando impossível o retorno ao *status quo ante*. **3. A admissibilidade de transação de direitos difusos é exceção à regra.** 4. Recurso especial improvido. (g.n.)

[38] BARBOSA MOREIRA, José Carlos. Breve notícia sobre a reforma do processo civil alemão. *In*: WAMBIER, Luis Rodrigues; WAMBIER, Teresa Arruda Alvim (Org.). Doutrinas essenciais de processo Civil, v. IX. SP: Revista dos Tribunais, 2014. pp. 1023-1034: [...] já anteriormente, por força de uma lei de 1999, os órgãos legislativos dos 'Lander' tinham sido autorizados, sob determinadas circunstâncias, a exigirem, como requisito de admissibilidade da ação, que se realizasse prévia tentativa de conciliação extrajudicial. Doravante, nos termos do art. 278, deve o tribunal, em princípio, levar a efeito a tentativa, ordenando o comparecimento pessoal de ambas as partes. O órgão judicial discutirá com elas a situação, poderá formular-lhes perguntas e fazer-lhes observações. Os litigantes serão ouvidos pessoalmente e terá cada qual a oportunidade de expor sua versão do litígio [...].

sobre o próprio modo de cumprimento da obrigação ou sobre o cumprimento de um equivalente à tutela específica, enquanto obrigação original).

Portanto, o conteúdo do TAC pode implicar em variação de sua classificação jurídica. Embora seja bilateral e consensual, a definição de sua natureza jurídica completa **depende do conteúdo do ajuste**. Quanto mais for colocado em negociação, maior a natureza jurídica de transação. Quanto menos, maior será sua aproximação com um negócio jurídico unilateral, apesar de nunca alcançar a pureza desta natureza jurídica, por ser essencialmente bilateral. Não obstante, seja ele um TAC formal ou substancial, não se altera sua característica de método alternativo de resolução de conflitos, estratégia de autocomposição e que pode inclusive se utilizar da conciliação ou da mediação integrativamente, conforme o caso.

É dizer, a natureza jurídica da essência do TAC é invariavelmente de negócio jurídico consensual e bilateral. Porém, há **aspectos adicionais** de sua natureza jurídica que não podem ser definitivamente caracterizadas *a priori*, ou seja, antes de se conhecer seus termos, tendo em vista que num **TAC preventivo**, *verbi gratia*, não haverá nenhuma transação nem sequer haverá dano, conduzindo-se a conduta do celebrante para que este não venha a cometer ilícitos. Sob outro ponto de análise, num **TAC repressivo** em que seja impossível a reparação do dano através da mesma espécie de obrigação de fazer ou não fazer consubstanciada na tutela específica far-se-á necessária a realização de transação para se transformar a solução da questão, nos limites em que isso seja possível, e ajustar novas obrigações que venham a ser possivelmente equivalentes àquela obrigação original descumprida pelo infrator da norma jurídica.

Não obstante, uma observação necessária é que não deve via de regra o Ministério Público ou outro legitimado público, mesmo em sede de TAC, **se substituir** ao órgão encarregado de gerir o cumprimento de determinados deveres jurídicos, concedendo por exemplo um prazo que esteja a critério de outro órgão de fiscalização sem ouvi-lo, como por exemplo o IBAMA em matéria ambiental. Ao invés disso, o legitimado público, no TAC, normalmente buscará direcionar o cumprimento do próprio dever jurídico já estabelecido pela lei ou pelo órgão de fiscalização, ou então poderá buscar junto a estes órgãos fiscalizadores critérios preferencialmente objetivos, alternativas ou prazos para se atender ao bem jurídico tutelado. Assim, em regra será realizado o TAC formal e, subsidiariamente, poderá ser celebrado o TAC substancial.

Conforme recorda Marcio Felipe Lacombe da Cunha[39], embora seu posicionamento pela possibilidade de adoção de conciliação na seara da

---

39 DA CUNHA, Marcio Felipe Lacombe. Termo de ajustamento de conduta e a possibilidade de conciliação na seara da improbidade administrativa. Revista Virtual da Advogacia Geral da União – AGU.

improbidade administrativa, autores como José dos Santos Carvalho Filho[40] e Rodolfo de Camargo Mancuso[41] entendem ser vedada a possibilidade de transação em matéria de improbidade administrativa. Portanto, para Carvalho Filho estaria afastada a possibilidade de o ajustamento de conduta prever outros tipos de obrigações tendo em vista que a norma do art. 5º, § 6º, da Lei 7.347/85, ao determinar o ajustamento às exigências legais mediante cominações, teria optado expressamente pelas próprias obrigações de fazer e não fazer, que seriam sinônimo da natureza jurídica de comportamento em sentido estrito.

Sob outro prisma, Wallace Paiva Martins Júnior[42] entende que haverá maior eficiência, para repressão da improbidade administrativa, justamente pela mitigação do princípio da indisponibilidade e a possibilidade de ocorrência de um TAC com natureza jurídica de "**delação premiada**", bem como, consequentemente, pela redução das sanções por improbidade ou a impossibilidade de acúmulo de sanções pela prática do ato ímprobo.

A seu turno, Rogério Pacheco Alves[43] também entende pela possibilidade de ajuste de conduta mesmo em improbidade administrativa por ele constituir **garantia mínima**, devendo constituir "circunstância atenuante" para eventuais sanções que venham a ser impostas.

Por tal breve exposição já se vislumbra a grande **controvérsia** que paira sobre a natureza jurídica, bem como a possibilidade ou não de mitigação do princípio da indisponibilidade em um TAC, especialmente em matéria de improbidade administrativa, conforme já se cuidou inclusive em item específico sobre o princípio da garantia mínima. Sem embargo, observa-se que o TAC formal via de regra não implica reconhecimento explícito de culpa ou de ilicitude do responsável.

Inobstante a permanência de grandes variações e, com isso, pontos de indefinição apriorística, embora seja possível sua análise conforme cada

---

Ano X nº 107, dezembro de 2010. Disponível em: <http://www.agu.gov.br/page/content/detail/id_conteudo/152998>. Acesso em 30 mar. 2014.

40 CARVALHO FILHO, José dos Santos. Ação Civil Pública: Comentários por artigo. 7 ed. Rio de Janeiro: Lumen Juris, 1995. p. 139, *verbis*: "Na verdade, o compromisso visa a ajustar conduta às exigências legais, o que significa um *facere* ou *non facere*. Se a pessoa causou dano e compromete-se formalmente a indenizar o lesado formará mera confissão de dívida, negócio jurídico já bastante conhecido e regulado pelo direito privado".

41 MANCUSO, Rodolfo de Camargo. Ação Civil Pública: em Defesa do Meio Ambiente, do Patrimônio Cultural e dos Consumidores – Lei 7.347/85 e Legislação Complementar. 11 ed. São Paulo: Revista dos Tribunais, 2009. pp. 269-270.

42 MARTINS JÚNIOR, Wallace Paiva. Probidade administrativa. 4 ed. São Paulo: Saraiva, 2009. pp. 415-416.

43 ALVES, Rogério Pacheco. *Improbidade administrativa.* 4ª ed. Rio de Janeiro: Lumen Juris, 2008. pp. 595-596.

caso concreto já se faz possível um esboço **da definição básica** do termo de ajustamento de conduta como negócio jurídico bilateral, consensual e formal, que produz efeitos *inter partes* e pode ser impulsionado por estratégias de conciliação ou mediação, além do que, após celebrado, constitui-se em garantia mínima em prol dos direitos coletivos protegidos, constituindo-se título executivo extrajudicial ou judicial, caso celebrado em juízo.

6.3 OBJETO DO TAC: COMPROMISSO EM SENTIDO SUBSTANCIAL, ENQUANTO VIA SECUNDÁRIA, PARALELAMENTE AO TAC EM SENTIDO FORMAL

Se não fosse bastante a divergência doutrinária entre autores distintos examinada precedentemente, observa-se que entre os juristas que abordam o tema também é possível encontrar **posicionamentos distintos**, pasme, dentro do mesmo texto jurídico, justificando-se a revisitação e o desenvolvimento do tema TAC substancial, paralelamente ao TAC em sentido formal.

É que a doutrina em geral tem sido **insegura** ao dizer que no TAC não se pode celebrar acordo em sentido substancial. A título exemplificativo, dispõe Geisa de Assis Rodrigues[44], textualmente, que o TAC "não pode importar, como já sustentamos, em uma transação", bem como "independentemente de seu rótulo, não pode ter como resultado disposição nem transação do direito transindividual"[45].

Prefere Mazzilli[46] dizer que, "a rigor, nem mesmo em juízo deve haver verdadeira e própria transação em direitos difusos, coletivos e individuais homogêneos", decorrente do fato de que os legitimados ativos à ação civil pública ou coletiva podem defender em juízo os interesses transindividuais, embora **não tenham disponibilidade** material sobre tais interesses.

Não obstante, os próprios referidos autores por vezes se tornam parcialmente contraditórios ao ponto de destacar a própria **transação** em suas obras, como Mazzilli[47] que, ao tratar do TAC, ressalta que "se a própria lei admite que se tome extrajudicialmente do causador do dano o compromisso

---

44 RODRIGUES, Geisa de Assis. *Ação civil pública e termo de ajustamento de conduta: teoria e prática.* 3 ed. Rio de Janeiro: Forense, 2011. p. 155.

45 RODRIGUES, Geisa de Assis. *Ação civil pública e termo de ajustamento de conduta: teoria e prática.* Idem. p. 281.

46 MAZZILLI, Hugo Nigro. *A defesa dos interesses difusos em juízo: meio ambiente, consumidor, patrimônio cultural, patrimônio público e outros interesses.* 21 ed. rev., ampl. e atual. São Paulo: Saraiva, 2008. p. 411.

47 MAZZILLI, Hugo Nigro. *A defesa dos interesses difusos em juízo: meio ambiente, consumidor, patrimônio cultural, patrimônio público e outros interesses.* Idem. p. 412.

de ajustar sua conduta às exigências da lei, sob cominações, com maior razão nada impedirá que sobrevenha transação judicial nessas mesmas hipóteses".

Para o autor[48], "excepcionada a hipótese em que a própria lei vede, por expresso, **a transação judicial, no mais a jurisprudência tem admitido, em certos limites, haja transação judicial** para encerrar ações civis públicas", referendando-as o autor como adequadas aos TACs em certos casos.

A seu turno, Geisa de Assis Rodrigues[49] indica que "beira o truísmo afirmar que os ajustes de conduta conterão obrigações de fazer ou de não fazer coincidentes com o previsto na lei ou no contrato". Para a autora faz-se relevante tentar, como primeira opção, coincidir as obrigações de fazer do celebrante do TAC com as originalmente estipuladas por lei ou contrato, o que será tanto mais possível quanto mais for preventiva a atuação do legitimado público coletivo. Contudo, não sendo isso viável devem ser buscadas, **gradativamente, outras medidas** para não deixar de proteger o bem tutelado. Assim, em segundo plano destaca também a autora que se deve procurar tutelar o direito coletivo mediante uma obrigação de fazer ou não fazer diferente da originária mas que possa mitigar ou resolver os danos e recuperar o bem da vida. Cita Geisa de Assis Rodrigues, como exemplo, a situação em que se deparou com uma obra de engenharia que causava impacto ambiental mas foi totalmente realizada sem o respectivo estudo prévio do seu impacto. Nesse caso foram adotadas outras obrigações de fazer espontaneamente assumidas pela empresa, mediante TAC, que foram totalmente executadas mitigando os danos e recuperando o meio ambiente.

Ainda para Rodrigues, em consonância com o art. 14 da Resolução n. 23/2007 do CNMP, não sendo possível uma obrigação de fazer ou não fazer diversa deve-se partir para **medidas compensatórias e de reparação integral** do dano causado, buscando-se, exemplificativamente, medidas equivalentes ecologicamente à reparação, na medida do possível, do ecossistema violado.

Adiante, destaca-se[50] que, não sendo possíveis medidas equivalentes deve-se partir, **em último caso**, para a **indenização**[51], o que seria a medida

---

48 MAZZILLI, Hugo Nigro. *A defesa dos interesses difusos em juízo: meio ambiente, consumidor, patrimônio cultural, patrimônio público e outros interesses*. Idem. p. 411.

49 RODRIGUES, Geisa de Assis. *Ação civil pública e termo de ajustamento de conduta: teoria e prática*. 3 ed. Rio de Janeiro: Forense, 2011. p. 167.

50 RODRIGUES, Geisa de Assis. *Ação civil pública e termo de ajustamento de conduta: teoria e prática*. 3 ed. Rio de Janeiro: Forense, 2011. p. 168.

51 Inclusive englobando danos morais coletivos, que devem ser revertidos para o *fluid recovery fund*, ou simplesmente fundo de reparação dos direitos coletivos, previsto no art. 13 da Lei 7.347/85.

mais problemática, além de vista com extrema desconfiança por parte da doutrina por ter a possibilidade de desconfigurar a reparação do dano original, conforme também corroborado por Francisco Sampaio[52].

Não obstante a insegurança doutrinária nos termos explicitados, não é adequado "abrir mão" de proteger um direito coletivo depois de esgotados outros meios considerados prévios. De fato, não se pode deixar de lado uma **indenização** obtida consensualmente, de modo seguro e razoavelmente rápido e cujos resultados reverterão para a sociedade através do *fluid recovery fund*, se o próprio resultado máximo de um processo judicial em vários casos será o mesmo.

Se, inobstante a **busca exaurida pela tutela específica**, a conversão da obrigação em perdas e danos se afigurar como última ou única medida cabível, inclusive em sede judicial, haverá que se cogitar, como alternativa, o TAC substancial.

Há que se recordar que o *fluid recovery fund,* nos termos do art. 13 da Lei 7.347/1985[53], será o **destinatário da indenização** obtida do responsável em casos de indenização, permitindo-se uma tentativa de proteção ou reconstituição do mesmo tipo de bem jurídico violado, na medida do possível.

A própria **Lei 8.078/90**[54], Código de Defesa do Consumidor, cuida, em seu art. 84, § 1°, a título de referência, da determinação judicial de providências que assegurem o **resultado prático equivalente** ao do adimplemento da obrigação de fazer ou não fazer original **ou,** quando impossível a tutela específica ou a obtenção do resultado prático correspondente, da **conversão da obrigação em perdas e danos** pelo juiz.

O que não deve ser feito, ressalta-se, é uma transação que realmente transforme a reconstituição dos bens jurídico-coletivos violados em reparação a

---

[52] SAMPAIO, Francisco José Marques. *Negócio jurídico e direitos difusos e coletivos*. Rio de Janeiro: Lumen juris, 1999. p. 118.

[53] Lei 7.347/1985, art. 13. Havendo condenação em dinheiro, a indenização pelo dano causado reverterá a um fundo gerido por um Conselho Federal ou por Conselhos Estaduais de que participarão necessariamente o Ministério Público e representantes da comunidade, sendo seus recursos destinados à reconstituição dos bens lesados. § 1° Enquanto o fundo não for regulamentado, o dinheiro ficará depositado em estabelecimento oficial de crédito, em conta com correção monetária. § 2° Havendo acordo ou condenação com fundamento em dano causado por ato de discriminação étnica nos termos do disposto no art. 1° desta Lei, a prestação em dinheiro reverterá diretamente ao fundo de que trata o caput e será utilizada para ações de promoção da igualdade étnica, conforme definição do Conselho Nacional de Promoção da Igualdade Racial, na hipótese de extensão nacional, ou dos Conselhos de Promoção de Igualdade Racial estaduais ou locais, nas hipóteses de danos com extensão regional ou local, respectivamente. (g.n.)

[54] Lei 8.078/90, Código de Defesa do Consumidor, art. 84. Na ação que tenha por objeto o cumprimento da obrigação de fazer ou não fazer, o juiz concederá a tutela específica da obrigação ou determinará providências que assegurem o resultado prático equivalente ao do adimplemento. § 1° A conversão da obrigação em perdas e danos somente será admissível se por elas optar o autor ou se impossível a tutela específica ou a obtenção do resultado prático correspondente.[...]

outros bens jurídicos que não possuam "correspondência direta com os direitos transindividuais que estão sob proteção" [55].

Aliás, pode haver, *mutatis mutandis*, o mesmo grau de risco tanto na celebração de ajuste com a previsão de **indenização, quanto na previsão de cláusula** de indenizar em caso de **descumprimento** do termo de ajustamento, devendo-se guardar, portanto, semelhantes cautelas, num e noutro caso.

Na verdade, observa-se que a **doutrina**, em especial os autores já mencionados, adequadamente teme que o TAC seja utilizado, indevida, incorretamente e ilegitimamente, como se fôra uma mera transação de direito privado, olvidando-se o princípio da tutela específica materializado no próprio art. 5º, § 6º, da Lei 7.347/85, segundo o qual o TAC deve, em primeiro plano e tão amplamente quanto possível, se prestar a garantir o cumprimento da obrigação legal e do dever jurídico, tal qual previsto na lei. Isso é relevantíssimo e é louvável para que não se venha a converter toda e qualquer violação a direitos coletivos em indenizações que podem até "enriquecer os cofres" do *fluid recovery fund*, mas mesmo assim não terão o condão de reparar totalmente, devolvendo ao *status quo* ante os direitos transindividuais em si já lesados, pois muitas vezes se fará verdadeiramente impossível sua reparação integral.

Exemplificativamente está a questão notória da crise hídrica pela qual passam atualmente os Estados de São Paulo[56] e Minas Gerais[57]. Por motivos óbvios, de nada adiantaria, numa situação extrema, acabar a água mesmo que houvesse recursos no *fluid recovery fund*, o que resume toda a questão da necessidade de proteção da tutela específica, além de só se poder recorrer à indenização quando não restar outra alternativa.

Adiante, partindo-se da revisitação da teoria crítica de Carrió[58] recorda-se que as classificações não se fazem por si só verdadeiras nem falsas, mas, simplesmente, úteis ou inúteis, devendo suas respectivas vantagens ou desvantagens serem observadas sobre o prisma de quem as formula. Para ele, a fecundidade das **classificações** deve considerar o campo de conhecimento de uma maneira mais assimilável ou rica em consequências práticas desejáveis. Justifica-se a classificação de TAC em sentido substancial e TAC

---

55 RODRIGUES, Geisa de Assis. *Ação civil pública e termo de ajustamento de conduta: teoria e prática*. 3 ed. Rio de Janeiro: Forense, 2011. p. 168.

56 COMPANHIA DE SANEAMENTO BÁSICO DO ESTADO DE SÃO PAULO – SABESP. *Situação dos mananciais*. Disponível em <http://www2.sabesp.com.br/mananciais/>. Acesso em 04 mai. 2015.

57 COMPANHIA DE SANEAMENTO DE MINAS GERAIS – COPASA/MG. *Nível dos reservatórios do Sistema Paraopeba, Rio Manso, Serra Azul e Vargem das Flores*. Disponível em <http://www.copasatransparente.com.br/?page_id=24>. Acesso em 04 mai. 2015.

58 CARRIÓ, Genaro. *Notas sobre Derecho y lenguage*. 3ª ed. Buenos Aires, Aleledo-Perrot, 1986. p. 99.

em sentido formal por representar um divisor de águas no estudo do tema, representando o nível de transação que se possa realizar.

É que, partindo-se da concepção de acesso à justiça dada por Cappelletti e Garth[59], afirmou-se que as vedações e limitações à conciliação por parte dos legitimados para as ações coletivas constituem, em determinadas hipóteses, **óbices** à própria efetividade do direito a ser tutelado.

Mas é sempre necessário recordar que se deve trabalhar a transação em direitos coletivos lato sensu como uma **via alternativa e residual** ao TAC formal, possibilitando dar à controvérsia, em alguns casos, a melhor solução na composição do dano inclusive quando impossível o retorno ao status quo ante, conforme a jurisprudência do STJ evidenciada particularmente no Recurso Especial n. 299.400/RJ[60].

Considerando que as referidas **hipóteses** podem consubstanciar situações de carência de acesso à justiça ou excessivo custo processual, entre outras, conforme se analisou, o TAC em sentido substancial está ligado essencialmente à possibilidade de se proporcionar mais acesso à justiça ao se permitir, subsidiariamente e caso seja verdadeiramente necessário, a celebração de um TAC quanto à própria matéria de essência e fundo dos direitos coletivos tutelados.

Conforme visto, para Nigro Mazzilli[61], o legitimado para **ações coletivas** não tem, *ex vi legis*, disponibilidade do conteúdo material da lide, por não haver direito material controvertido que seja de sua **titularidade**. Contudo, tal indisponibilidade absoluta teria sido **mitigada por aspectos de conveniência prática**, havendo antigo precedente no Direito brasileiro datado de 1984 consubstanciado em transação no "caso da passarinhada do Embu". Sem nenhum embargo, observa-se que a jurisprudência do Superior Tribunal de Justiça, exemplificativamente nos Recursos Especiais n. 129.182, 195.425 e 333.099, tem interpretado de forma louvável e restritiva as transações, **não as aceitando** como renúncia ou como extinção da obrigação, **em caso de serem realizadas de forma geral**.

Convém reiterar, nesse ponto, o entendimento de Marco Antônio Marcondes Pereira[62], para quem não se deve deixar de aplicar pura e simplesmente

---

59 CAPPELLETTI, Mauro; GARTH, Bryant. *Acesso à justiça*. Tradução de Ellen Gracie Northfleet. Porto Alegre: Sergio Antonio Fabris, 1988.

60 BRASIL. Superior Tribunal de Justiça, REsp 299.400/RJ, Rel. Ministro Francisco Peçanha Martins, Rel. p/ Acórdão Ministra Eliana Calmon, Segunda Turma, julgado em 01/06/2006, DJ 02/08/2006, p. 229.

61 MAZZILLI, Hugo Nigro. *A defesa dos interesses difusos em juízo: meio ambiente, consumidor, patrimônio cultural, patrimônio público e outros interesses.* 21 ed. rev., ampl. e atual. São Paulo: Saraiva, 2008. P. 394.

62 PEREIRA, Marco Antônio Marcondes. Transação no curso da ação civil pública. *Revista de Direito do Consumidor*. São Paulo: RT, n. 16, p. 124-125, 1995.

o regramento da transação (relativa a direitos individuais) aos chamados direitos coletivos, o que se dá por **diversas razões**, das quais se destacam que, "no momento em que se reconhece constitucionalmente a tutela dos direitos coletivos não se pode impedir a efetivação deles, cerceando a atuação de quem por eles compete lutar"; e "a indisponibilidade não será afetada, na medida em que visa, com a transação, a sua maior efetivação".

O Recurso Especial n. 299.400 do **Superior Tribunal de Justiça,** abaixo destacado, conforme corrobora Didier Jr.[63], "esclarece muito bem a importância de permitir a transação em direitos difusos relacionados ao cumprimento de obrigações de fazer e não fazer, desde que controlada pelo juízo e pela presença do interesse público primário":

> PROCESSO CIVIL – AÇÃO CIVIL PÚBLICA POR DANO AMBIENTAL – AJUSTAMENTO DE CONDUTA – TRANSAÇÃO DO MINISTÉRIO PÚBLICO – POSSIBILIDADE. **1. A regra geral é de não serem passíveis de transação os direitos difusos.** 2. Quando se tratar de direitos difusos que importem obrigação de fazer ou não fazer deve-se dar tratamento distinto, possibilitando dar à controvérsia a melhor solução na composição do dano, quando impossível o retorno ao *status quo ante*. **3. A admissibilidade de transação de direitos difusos é exceção à regra.** 4. Recurso especial improvido. (STJ, REsp 299400/RJ, Rel. Ministro Francisco Peçanha Martins, Rel. p/ Acórdão Ministra Eliana Calmon, Segunda Turma, julgado em 01/06/2006, DJ 02/08/2006 p. 229) (g.n.)

Desse modo, a jurisprudência, através da aplicação de institutos que a fazem **evoluir**, vai atribuindo contornos mais adequados à realidade da vivência e da interpretação do termo de ajustamento de conduta. É que, conforme destaca relevante doutrina[64], o instituto do *distinguishing* é aplicável quando se constata diferença entre o caso que serve de referência e o outro caso *sub examine*, ensejando, quando adequado, a rejeição do precedente como solução ao caso concreto. Até mesmo o sistema da *common law*, paralelamente, prevê e exemplifica a possibilidade de **superação** de um precedente, substituindo-o por outro (*overruling*) ou tendo sua incidência limitada (*overriding*) face à superveniência de uma regra ou princípio legal.

Face a tudo quanto exposto até o momento, **o TAC em sentido formal** é o TAC tradicional, que não envolve o "fundo de direito", portanto não envolve a matéria de fundo, implicando normalmente apenas em se conceder mais prazos, entre outros elementos, para o cumprimento da obrigação original.

---

63 DIDIER JÚNIOR, Fredie; ZANETI JÚNIOR, Hermes. *Curso de Direito Processual Civil, v. 4, Processo Coletivo.* 3. ed. Salvador: JusPodivm, 2008. P. 331.

64 DIDIER JÚNIOR, Fredie; ZANETI JÚNIOR, Hermes. *Curso de Direito Processual Civil, v. 4, Processo Coletivo.* 3. ed. Salvador: JusPodivm, 2008. P. 352-357.

Já **o TAC material ou em sentido substancial** é o TAC que efetivamente envolve o cerne ou "fundo de direito" e que efetivamente implica, em maior ou menor grau, em uma transação. O TAC substancial, porém, só deve ser utilizado quando não for possível a utilização do TAC em sentido formal e ainda houver uma justificativa especial, como, por exemplo, um possível prejuízo para a sociedade em razão do não exercício do direito pelo legitimado coletivo, ou falta de acesso à justiça, entre outros.

É dizer, caberá **TAC substancial** quando não puder ser utilizado eficazmente o TAC formal, ou seja, aquele deverá ser utilizado residualmente. Além disso, deve ser observado o princípio da proporcionalidade com seus requisitos ou sub-princípios. Quando o TAC substancial for estritamente necessário e considerando que o seu objetivo é resolutividade real, pelo seu próprio conceito não será possível resolver determinadas questões sem certa margem de transação em alguns casos.

Para Mazzilli, também há que ser admitida a transação judicial "que verse o modo de cumprimento da obrigação, **sem que, com isso, se renuncie ao principal**, no todo ou em parte, ou se dispensem juros legais, correção monetária ou quaisquer outras importâncias acaso devidas" (g.n.).

Em consonância, entende-se que os órgãos públicos legitimados poderão celebrar TAC em sentido substancial, desde, é claro, que os termos do compromisso sejam mais eficientes para a preservação e manutenção do bem difuso do que o início ou a continuação do litígio versando sobre direitos coletivos. Nesses casos a falta de previsão expressa do TAC substancial no art. 5º, § 6º, da Lei 7.347/85 poderá ceder, o que se recomenda seja realizado mediante **controles jurídicos**, inclusive do Ministério Público, buscando-se sempre à tutela específica ou, em determinados casos, ao seu possível "equivalente"[65], *mutatis mutandis,* ou ainda, em último caso, a conversão em perdas e danos.

Adverte-se que, havendo a necessidade de TAC substancial, deverá ser acompanhado de **fundamentação e motivação expressa**, como critério de legitimação, sustentação e viabilização do próprio controle do TAC. Além disso, deve ser dada ampla publicidade e transparência ao TAC.

Aliás, uma anotação relevante é que, se o TAC pode abranger até mesmo a transação do direito material de fundo, isso é sinal de que, à primeira

[65] Lei 8.078/90, Código de Defesa do Consumidor, art. 84. Na ação que tenha por objeto o cumprimento da obrigação de fazer ou não fazer, o juiz concederá a tutela específica da obrigação ou determinará providências que assegurem o resultado prático equivalente ao do adimplemento. § 1° A conversão da obrigação em perdas e danos somente será admissível se por elas optar o autor ou se impossível a tutela específica ou a obtenção do resultado prático correspondente. [...]

vista, poderiam incidir no TAC não somente **cláusulas penais moratórias** mas também **cláusulas penais compensatórias**. Nesse sentido, o próprio art. 14 da Resolução n. 23 do CNMP fala da possibilidade de **compensação ou indenização** para os danos em que não se faz possível tutela específica[66].

Contudo, **se não for possível** o TAC substancial então não será tampouco possível a previsão de perdas e danos no TAC, mas apenas, na medida do possível, entre outros pontos, a previsão da própria obrigação, astreintes e multa cominatória. Nesse caso a multa compensatória equivaleria à conversão de perdas e danos e, portanto, equivaleria também ao TAC substancial.

Nada obstante, pelo compromisso de ajustamento de conduta, **mesmo em sentido substancial** em que ocorrerá uma transação, não se pode dispensar a satisfação do direito material ofendido. Muito antes pelo contrário, faz-se necessário justamente, ao revés, regular o modo de sua reparação para proteger o bem jurídico protegido.

O **uso inadequado do TAC substancial**, porém, pode levar à violação dos próprios direitos coletivos, e por isso fazem-se necessários vários parâmetros, requisitos e balizas para sua utilização.

Porém, ao revés, se for feita a adequada **combinação das técnicas de mediação e conciliação**, ambas valiosíssimas para a resolução de conflitos, com a celebração do ajustamento de conduta, isso poderá impulsionar sobremaneira a efetividade do processo tal qual conhecemos atualmente.

Mas não é demais destacar que alguns fatores como a **premência da prescrição e o alto custo processual**, entre outros aspectos, podem indicar a necessidade de acordo substancial no caso concreto. Observa-se que, se o custo do processo for maior do que o custo do direito a ser protegido, após ser considerada tanto a questão patrimonial quanto extrapatrimonial do direito ou interesse tutelado, poderá o **legitimado público** realizar a conciliação ou mediação substancial em direito coletivo e mesmo assim estará promovendo acesso a justiça.

Também face à possível **minimização dos riscos** da adoção de um TAC substancial com as cautelas necessárias e tendo em vista os inúmeros benefícios já comprovados, é forçoso se entender pela eficiência de se utilizar o TAC substancial em casos nos quais ele seja verdadeiramente imprescindível.

---

[66] CNMP, Res. 23, de 07/11/2007: Art. 14. O Ministério Público poderá firmar compromisso de ajustamento de conduta, nos casos previstos em lei, com o responsável pela ameaça ou lesão aos interesses ou direitos mencionados no artigo 1° desta Resolução, visando à reparação do dano, à adequação da conduta às exigências legais ou normativas e, ainda, à compensação e/ou à indenização pelos danos que não possam ser recuperados, conforme CONSELHO NACIONAL DO MINISTÉRIO PÚBLICO. Resolução n. 23, de 07/11/2007. Disponível em http://www.cnmp.mp.br/portal/resolucoes/2814-resolucao-23. Acesso em 03 dez. 2014.

Com isso, pode-se antecipar a consideração final de que, mediante sopesamento dos princípios envolvidos no denominado TAC substancial, o que se recomenda seja feito através do princípio da **proporcionalidade**, os resultados jurídicos são tão significativos que justificam, em tese e a priori, a implementação da medida – o que não obsta que haja a necessária reavaliação a cada caso concreto. Dessa maneira, contabilizando-se e equalizando-se os possíveis ganhos e os possíveis prejuízos advindos do uso desse instrumento e levando-se em conta que eventuais desvios ou abusos podem efetivamente ser coibidos, obstados ou corrigidos, entre outros mecanismos, pela ação anulatória ou pela ação de *querela nullitatis*, entre outros possíveis instrumentos jurídicos, força é atribuir ao legitimado público a possibilidade de, após considerar a **necessidade, a exigibilidade e as vantagens** e desvantagens, optar pelo TAC em sentido substancial.

Aliás, sobre a oportunidade de se **detectar e corrigir vícios** em TACs entende-se que pela interpretação do art. 127, *caput*, c/c art. 129, inciso III, da CRFB/88, o Ministério Público pode e mesmo deve fiscalizar os TACs celebrados por outros legitimados, em cumprimento da sua missão constitucional.

Isso se deu, exemplificativamente, quando a ANS – Agência Nacional de Saúde Suplementar celebrou Termo de Ajustamento de Conduta e Termo de Compromisso com uma sociedade anônima que oferece serviço de plano de saúde, vindo o referido TAC a ser julgado proscrito por sentença coletiva passada em julgado em **ação civil pública** proposta pelo Ministério Público do Estado de São Paulo. Portanto, um reajuste de valores de plano de saúde, permitido em sede de TAC, foi julgado irregular via sentença coletiva a pedido do Ministério Público[67], o que veio a ser confirmado pelo próprio STJ quando consignou que a sentença proferida em ação civil pública, ajuizada para a tutela de direitos transindividuais, se mais vantajosa aos beneficiários, deve prevalecer em face de termo de ajustamento de conduta celebrado entre o órgão público e o demandado. Isso ocorreria, na visão da referida Corte Superior, não apenas pela preponderância da coisa julgada mas também pela independência das esferas judicial e administrativa, além da qualidade e titularidade dos direitos controvertidos.

Nesse sentido, no âmbito do Ministério Público, em consonância com a Lei Complementar n. 75/93[68] e a Lei 8.625/93[69], existem instâncias de

[67] BRASIL. Superior Tribunal de Justiça. REsp 1309948/SP, Rel. Ministro Luis Felipe Salomão, Quarta Turma, julgado em 18/12/2014, DJe 24/02/2015.

[68] Lei Complementar n. 75/93, arts. 58 a 65, que tratam das Câmaras de Coordenação e Revisão, bem como da Corregedoria do Ministério Público Federal, entre outros.

[69] Lei 8.625/93, arts. 14 a 18, que tratam do Conselho Superior e da Corregedoria-Geral do Ministério Público, entre outros.

possível **revisão institucional da atuação** dos membros da instituição. Já os outros legitimados públicos devem submeter o TAC substancial aos seus procuradores ou assessores jurídicos, que deverão se manifestar expressamente quanto à juridicidade do compromisso de ajustamento, sem prejuízo da já referida atuação fiscalizatória do Ministério Público.

Com efeito, repita-se que, mesmo quando há **danos irreversíveis** a "letra fria" do art. 5º, § 6º, da Lei 7.347/85 é genérica e não vai além da possibilidade de se ajustar a conduta. Mas isso não é positivo porque danos irreversíveis são muito comuns e alguma solução deve ser dada ao problema, que se resolverá de modo mais célere e efetivo consensualmente.

Assim, verifica-se que, como o mais importante é a pacificação social em conformidade com a Constituição da República e a dignidade da pessoa humana, não se pode dispensar a ocorrência, em caráter subsidiário, de acordos substanciais em TACs quando eles forem mais benéficos para a **proteção** ao direito do que sua não celebração.

Porém, um TAC substancial envolve riscos e, por isso, além de ele apenas dever ser utilizado subsidiariamente, deve ser avaliado o **custo social** pela falta de acesso à justiça em razão da não atuação do Poder Público, ou ainda pela ausência de causalidade-imputação ponderando, no caso concreto, se tais pontos, entre outros, prevalecem em relação ao risco de se celebrar um TAC substancial. Somente então estará justificado o uso deste no caso concreto.

Um dos **perigos** do TAC substancial é que o legitimado público, ao transigir sobre um direito que **não pertence** ao próprio referido legitimado mas sim a um grupo de indivíduos, estabeleça obrigações que isentem o violador da norma das respectivas sanções à sua prática ilícita ou indevida, bem como não venham a reparar o bem jurídico tutelado da forma mais adequada, causando assim um duplo efeito indesejável e, ainda, maléfico para o verdadeiro titular do direito. Não obstante, compreender o TAC como **garantia mínima** já evidencia a mitigação desse perigo, conforme entendimento do próprio Superior Tribunal de Justiça, conforme exposto acima em item próprio.

Se o TAC em sentido substancial pode, em alguns casos, apontar para um possível risco à segurança jurídica, desde já é necessário recordar que **nada ou quase nada existe que evolui sem nenhum risco**. A segurança jurídica absoluta não existe. Partindo-se de um exemplo empírico e corriqueiro, até mesmo no ato de andar o ser humano passa por uma situação de suposto desequilíbrio, qual seja, para dar um passo adiante é necessário, naturalmente, apoiar-se em uma só perna. Nada mais natural, pois em nosso planeta Terra nada é absolutamente perfeito nem seguro. Além disso, como visto, o TAC em sentido substancial tem a seu favor excelentes fatores e vetores, conforme já verificado.

Outro argumento que poderia ser utilizado **contrariamente** ao TAC substancial seria a liberdade excessiva do legitimado público ao fazer acordos sobre direitos difusos que não lhe pertencem, e a **sociedade** arcaria com isso. Poderia ser inconstitucional tal liberalidade excessiva ou ainda inadequada caso não houvesse controle, porém para fazer frente a isso estão a **fundamentação** dos TACs, bem como sua **possível homologação** judicial e sua **transparência e publicidade**, além de sua discussão diretamente com a sociedade, através de audiências públicas ou outros instrumentos, se pertinentes para o caso concreto, sem mencionar, conforme já visto, a aplicação do **princípio da proporcionalidade**.

Caso não observados tais parâmetros, reitera-se que mediante **apropriada fiscalização** do Ministério Público, inclusive mediante notícias de irregularidades recebidas pela instituição, deverão ser corrigidos ou anulados TACs irregulares nos termos do art. 127, *caput*, c/c art. 129, inciso III, da CRFB/88. Além disso, deverá haver, se for o caso, a oportuna responsabilização dos envolvidos.

Enfim, conforme sintetizado por Didier Jr. e Zaneti Jr.[70], "em casos especiais a regra geral pode ceder à realidade", devendo preponderar, conforme o caso concreto, a possibilidade de se transacionar visando a atender a obrigação de fazer ou não fazer, na medida do possível propiciando a obtenção do **"máximo equivalente"** à efetivação da tutela específica.

Em geral, no âmbito do Direito Civil o descumprimento de uma obrigação de fazer ou não fazer implica, via de regra, na **conversão** em **perdas e danos,** enquanto obrigação de dar. Por outro lado, no âmbito do Direito Processual Civil o descumprimento de uma execução de obrigação de fazer ou não fazer caminha, normalmente, para uma execução por quantia certa, que também é, *mutatis mutandis*, uma obrigação de dar.

De igual modo também estão, paralelamente, no âmbito do Direito Processual Coletivo, as obrigações de fazer ou não fazer, bem como, na outra ponta, a obrigação de pagar quantia certa. Nada obstante, considera-se que possa haver **estágios intermediários** na tutela coletiva visando-se a uma maior proteção da tutela específica dos direitos fundamentais de terceira geração. Isso se explica pela possibilidade de existirem estágios intermediários entre a **obrigação original** até sua conversão em indenização, transformando-se paulatinamente e dosando-se a gradação e o tipo da obrigação.

---

70 DIDIER JÚNIOR, Fredie; ZANETI JÚNIOR, Hermes. *Curso de Direito Processual Civil, v. 4, Processo Coletivo.* 3. ed. Salvador: JusPodivm, 2008. P. 331.

Considera-se, portanto, que existam alguns tipos de TAC que merecem uma classificação relevante e com **fins meramente didáticos**, portanto *numerus apertus*:

i) o **TAC formal tradicional**, que em geral confere um prazo adicional[71] para o cumprimento da própria obrigação específica original a cargo do legitimado passivo celebrante[72];

ii) o TAC formal que, além do prazo, prevê **outras condições**, como de tempo ou lugar, que permitam o cumprimento da obrigação específica a cargo do legitimado passivo celebrante[73];

iii) o TAC substancial que busca atender a um outro bem jurídico, por meio de outra obrigação de fazer ou não fazer, na medida do possível **equivalente**[74] àquela obrigação original que se tornou impossível cumprir;

iv) o TAC substancial que realiza uma conversão em **perdas e danos**[75], ou seja, obrigação de pagar quantia certa, da tutela específica que se tornou impossível cumprir pelo legitimado passivo celebrante (desde que não haja má-fé deste), constituindo-se na via menos desejável, embora por vezes necessária, em razão da possibilidade de se afastar consideravelmente da busca da tutela coletiva específica de fazer ou não fazer original.

Em todos os tipos de TAC acima classificados, quanto menos for possível a tutela específica, **mais necessário** será haver, além do preenchimento dos respectivos requisitos constitucionais e legais, explicitação adequada de sua **fundamentação**, bem como sua **plena** publicidade e **transparência**, mediante publicação na internet e em diário oficial eletrônico ou impresso além da observância do princípio da **proporcionalidade** e a participação ou fiscalização do Ministério Público, entre outros elementos. Não se pode deixar de mencionar, ainda, a necessidade de pena de **multa** para descumprimento

---

71 Ou diferimento, parcelamento ao longo do tempo para o cumprimento da norma jurídica.

72 Um exemplo do TAC que confere maior prazo para a reparação do dano se consubstanciou no "caso da passarinhada do Embu", em 1984, acima citado, conforme MAZZILLI, Hugo Nigro. *A defesa dos interesses difusos em juízo: meio ambiente, consumidor, patrimônio cultural, patrimônio público e outros interesses.* 21 ed. rev., ampl. e atual. São Paulo: Saraiva, 2008. P. 394.

73 Por legitimado passivo celebrante faz-se referência àquele que celebra o TAC com o legitimado público previsto no art. 5°, § 6°, da Lei 7.347/85.

74 A palavra equivalente está prevista na própria legislação, embora se refira a uma ação judicial. Senão, vejamos: **Lei 8.078/90, Código de Defesa do Consumidor, art. 84**. Na ação que tenha por objeto o cumprimento da obrigação de fazer ou não fazer, o juiz concederá a tutela específica da obrigação ou determinará providências que assegurem o resultado prático **equivalente** ao do adimplemento. § 1° A conversão da obrigação em perdas e danos somente será admissível se por elas optar o autor ou se impossível a tutela específica ou a obtenção do resultado prático correspondente. [...]

75 Vide, nesse sentido, o já citado art. 84, § 1°, da Lei 8.078/90, Código de Defesa do Consumidor.

do TAC, por constituir um **forte fator coercitivo**, entre outras possíveis cominações.

No caso do **item iv** dos tipos de TAC, acima, por ser o critério mais desafiador referente à celebração de transação, entende-se que seria uma evolução considerar-se necessário, por força de lei, que haja **tanto fundamentação técnica**, referente à análise da ciência especializada específica, como a ambiental ou de engenharia, entre outras, **quanto fundamentação jurídica**, ambas expressas, pela impossibilidade de realização de simples termo de ajustamento de conduta.

No mesmo referido **item iv** também se entende ser não apenas recomendável mas **obrigatória a homologação judicial** da transação realizada, pois as perdas e danos devem ser o último critério buscado e em vários casos podem até mesmo não vir a atender à necessidade da sociedade, que é a destinatária principal da proteção dos direitos coletivos.

A título de exemplo, **não bastaria converter em perdas e danos a perda de várias nascentes de rios** para reparar o dano causado, pois isso não resolveria o problema! A humanidade não quer, nesses casos, a conversão em perdas e danos, mas sim a proteção e tutela específica do bem jurídico cuja perda pode comprometer o futuro da própria existência humana digna, não só em nosso país mas também em nosso planeta!

Atualmente o **art. 5º, § 6º, da Lei 7.347/85** assim dispõe: "§ 6º Os órgãos públicos legitimados poderão tomar dos interessados compromisso de ajustamento de sua conduta às exigências legais, mediante cominações, que terá eficácia de título executivo extrajudicial." (Incluído pela Lei nº 8.078, de 11.9.1990)

Propõe-se, assim, a **inserção de três parágrafos**, quais sejam, §§ 7º a 9º, ao referido **art. 5º da Lei 7.347/85**, nos termos seguintes:

§ 7º Permite-se ao legitimado previsto no § 6º deste artigo, mediante fundamentações técnica e jurídica, expressas, pela impossibilidade de simples ajustamento de conduta, celebrar uma transação que constituirá garantia mínima e jamais renúncia aos interesses coletivos protegidos, mediante participação obrigatória do Ministério Público, sob pena de nulidade.

§ 8º O instrumento previsto no parágrafo anterior deverá atender à proporcionalidade, plena publicidade e transparência, mediante publicação na internet e em diário oficial eletrônico, ou impresso, além da previsão de pena de multa, entre outras possíveis cominações, na seguinte ordem obrigatória de critérios jurídicos:

I – primeiramente previsão de outras condições, como, por exemplo, de lugar, que permitam o cumprimento da obrigação específica a cargo do legitimado passivo celebrante;

II – na inaplicabilidade do item anterior, previsão de outra obrigação de fazer ou não fazer, na medida do possível equivalente à obrigação original que se tornou impossível cumprir;

III – na inaplicabilidade dos dois itens anteriores, conversão em perdas e danos, ou seja, obrigação de pagar quantia certa, estritamente nos casos em que a tutela específica tenha se tornado de impossível cumprimento pelo legitimado passivo celebrante e não tenha havido má-fé deste.

§ 9º No caso do inciso III do parágrafo anterior é necessário que haja tanto fundamentação técnica quanto jurídica expressas pela impossibilidade de realização de simples termo de ajustamento de conduta, bem como homologação judicial da transação realizada.

Além disso, não se pode deixar de mencionar a existência de uma **variável paralela** ao termo de ajustamento de conduta em razão de seu objeto, qual seja, o **TAG, termo de ajustamento de gestão**, instrumento de ajustamento de conduta de agentes responsáveis pela gestão pública previsto no art. 93-A da Lei Complementar Estadual/MG n. 102/2008. Trata-se, portanto, de uma variação do TAC que promove acesso à justiça, mediante ajuste de conduta, de modo consensual e sob pena de cominações, em um espaço antes não usual e portanto louvável, qual seja, o âmbito da efetividade das políticas públicas fiscalizadas pelo respectivo Tribunal de Contas. Permite-se, com o TAG, regularizar atos e procedimentos de Poderes, órgãos ou entidades, suspendendo a aplicação de penalidades ou sanções caso seja devidamente cumprido. Ressalva-se, porém, que por força do próprio § 3º do art. 93-A da Lei Complementar Estadual/MG n. 102/2008, é vedada a assinatura de TAG nos casos em que esteja previamente configurado o desvio de recursos públicos, além dos casos de processos com decisão definitiva irrecorrível.

A seu turno, o **Termo de Acordo de Regime Especial – TARE** refere-se à atividade tributária relativa ao regime de apuração ou concessão de benefício fiscal de ICMS, conforme destacou o Supremo Tribunal Federal ao analisar o Recurso Extraordinário n. 576.155, Rel. Min. Ricardo Lewandowski, Tribunal Pleno, Julgado em 12/08/2010. Portanto, o **TARE é instituto de Direito Tributário, não possuindo a mesma natureza jurídica** ou assemelhada em relação ao TAC. No referido julgado, o TARE foi objeto de apreciação judicial inclusive quanto à proteção de direitos individuais homogêneos capitaneada pelo Ministério Público, recebendo a chancela do STF que entendeu pela legitimidade do Ministério Público para atuar pela proteção do patrimônio público no caso em tela, por se tratar de direito metaindividual com repercussão para toda a sociedade.

Adiante, conforme já destacado, Cunha Campos[76] acredita encontrar, próximo ao "interesse da própria sociedade como um todo", o objeto e conteúdo da pretensão veiculada na ação civil pública. Para ele, o ordenamento jurídico também pode ser adequadamente realizado por essa ação cujo legitimado não seja necessariamente a pessoa diretamente afetada e interessada, mas sim um órgão. Tal constatação corrobora fortemente os fundamentos para a possibilidade de realização de um TAC em sentido substancial, pois se existe, na ação civil pública, **um interesse geral** a par do individual ou até mesmo da "soma" desses interesses individuais, isso dá ainda mais autoridade aos legitimados públicos para buscarem a solução consensual para o direito coletivo afetado, inclusive conduzindo o que seja o mais adequado modo de reparação ao interesse ou direito ilicitamente atingido de acordo com o caso concreto.

Finalmente, o **caso concreto** do termo de ajustamento de conduta referente à **Usina Hidrelétrica de Irapé**, em Minas Gerais, bem **ilustra** a possibilidade de um TAC, **enquanto garantia mínima**, conforme delineado em capítulo específico, resolver questões jurídicas da mais alta relevância, proteger direitos coletivos, mitigar e compensar impactos socioambientais e ainda colocar fim a ações judiciais, entre outras possibilidades.

O referido instrumento efetivamente protegeu **direitos difusos e coletivos, inclusive ambientais, culturais, de moradia, além dos direitos humanos de propriedade histórica[77], entre outros**. Para se alcançar o objetivo visado, porém, foi necessária análise e discussão, além de **consensualidade** por parte de todos os envolvidos.

Em 05 de julho de 2002, o referido TAC[78] foi celebrado em Belo Horizonte, Minas Gerais, entre o **Ministério Público Federal**, o **Estado de Minas Gerais**, a **Companhia Energética de Minas Gerais – CEMIG**, e

---

76 CAMPOS, Ronaldo Cunha. *Ação civil pública*. Rio de Janeiro: Aide, 1995. p. 109.

77 AMÉRICA. Corte Interamericana de Direitos Humanos. *Caso da Comunidade Mayagna (Sumo) Awas Tingni versus Nicarágua*. Sentencia de 31 de agosto de 2001. Disponível em <www.corteidh.or.cr/docs/casos/articulos/Seriec_79_por.doc>. Acesso em 05 jun. 2015, *verbis*: [...] 173. Portanto, A Corte, [...] por unanimidade, [...] 4. decide que o Estado deverá delimitar, demarcar e titular as terras que correspondem aos membros da Comunidade Mayagna (Sumo) Awas Tingni e se abster de realizar, até que seja realizada essa delimitação, demarcação e titulação, atos que possam levar a que os agentes do próprio Estado, ou terceiros que atuem com sua aquiescência ou sua tolerância, prejudiquem a existência, o valor, o uso ou o gozo dos bens localizados na zona geográfica onde habitam e realizam suas atividades os membros da Comunidade Mayagna (Sumo) Awas Tingni, conforme o exposto nos parágrafos 153 e 164 da presente Sentença. [...] Embora o julgamento pela Corte Interamericana refira-se a uma comunidade indígena, guarda inolvidável proximidade com o caso da barragem de Irapé, entre outros motivos, por terem sido atingidos, em ambos os casos, propriedades históricas de comunidades inteiras.

78 MINISTÉRIO PÚBLICO FEDERAL. Procuradoria da República em Minas Gerais. Termo de ajustamento de conduta referente à Usina Hidrelétrica de Irapé – UHE Irapé. Disponível em <http://cimos.blog.br/wp-content/uploads/2012/06/TAC-de-irap%C3%A9.pdf>. Acesso em 04 jun. 2015.

a **Fundação Estadual de Meio Ambiente – FEAM**, com a intervenção da **Fundação Cultural Palmares**, da **Associação Quilombola Boa Sorte** e da **Comissão de Atingidos pela Barragem de Irapé**, objetivando a adoção de medidas para melhoria da qualidade do meio ambiente, a reconstituição de direitos das populações atingidas pela barragem de Irapé e o consequente encerramento de ações judiciais, em especial a Ação Civil Pública n. 2001.38.0043661-9 e a Ação Ordinária n. 2000.38.00.019793-0.

A **qualificação dos envolvidos**, em particular, demonstra concretamente que o TAC **pode vincular o Poder Público e o Poder Econômico.** Em especial, a CEMIG é uma sociedade de economia mista, uma empresa estatal que possui um viés "híbrido" abarcando uma parcela de Poder Público e outra de Poder Econômico, sem mencionar a presença do próprio Estado de Minas Gerais e da Fundação Estadual do Meio Ambiente no referido ajustamento de conduta.

O referido TAC compreendeu 7 (sete) cláusulas em 6 (seis) páginas, mais 4 (quatro) anexos em 57 (cinquenta e sete) páginas adicionais. Nos referidos anexos foram abordadas **ações de remanejamento** de pessoas e famílias atingidas em geral, além da Comunidade Negra de Porto Coris, um programa de reconhecimento, preservação e valorização do **patrimônio cultural** das comunidades impactadas pela Usina Hidrelétrica de Irapé, além de **programas e ações socioambientais.**

Ficou ainda convencionado, no TAC, que a **CEMIG iria suspender imediatamente as obras de implantação ou operação da Usina Hidrelétrica de Irapé** até que fossem cumpridas as obrigações constantes do referido termo de ajustamento de conduta, o que não deixa dúvidas quanto à **possibilidade de efetividade que um ajustamento de conduta pode vir a alcançar.**

Destaca-se que o TAC da Usina Hidrelétrica de Irapé foi **celebrado extrajudicialmente**, quando em curso uma Ação Civil Pública, possuindo a previsão de possibilidade de ser homologado judicialmente após sua celebração, encerrando o processo.

Assim, **transigiu-se sobre o tempo, modo e lugar de cumprimento** das obrigações originárias para buscar consenso em proteger direitos atingidos, referentes, *verbi gratia*, ao reassentamento de imóveis com suas respectivas terras, benfeitorias, culturas, pastagens, matas e recursos extrativistas, entre outros.

Além disso, houve a previsão de **conversão da obrigação de reassentamento em perdas e danos referente a indenização monetária** para aqueles proprietários, posseiros, meeiros, agregados e famílias impactadas que não optassem por qualquer alternativa de remanejamento, conforme item n. 10 do Anexo I.

Já os **fatos ocorridos no município de Mariana, em Minas Gerais, em 2015**, ganharam repercussão internacional e foram apontados como um dos maiores desastres ambientais da história de Minas Gerais e do Brasil: além do dano ambiental, com o rompimento da barragem, a suspensão das atividades da mineradora Samarco S.A. gerou forte dano à economia e ao emprego locais. Recorda-se o aviso de Juarez Freitas[79], ao asseverar que, face à questão ambiental mundial, a espécie humana corre real perigo e, se o homem insistir em destruir o planeta, antes a espécie humana será extinta. Face a isso, a celebração de Termo de Ajustamento de Conduta, em 02 de março de 2016, entre a União, o Estado de Minas Gerais, o Estado do Espírito Santo, o IBAMA – Instituto Brasileiro de Meio Ambiente e dos Recursos Naturais Renováveis, entre outros órgãos, com a Samarco Mineracão S.A., Vale S.A. e BHP Billiton Brasil Ltda., contudo sem a participação do Ministério Público, também deve ser considerado, em consonância com entendimento do Superior Tribunal de Justiça[80] e com a doutrina, mera **garantia mínima**[81], jamais garantia máxima em prol da efetivação dos direitos coletivos. Reitera-se, conforme abordado em capítulo próprio, que a própria lógica rechaça a que o TAC obste a reparação dos direitos coletivos em uma abrangência maior do que nele prevista, pelo próprio princípio da tutela específica da obrigação, interpretado em consonância com o princípio da efetividade. **Portanto, não obstante a celebração do referido TAC, podem os legitimados individuais e coletivos reivindicar direitos eventualmente desguarnecidos pelo referido termo de ajustamento de conduta.** A ausência de participação do Ministério Público, no referido TAC, é emblemática e reforça a teoria da garantia mínima.

6.4 HOMOLOGAÇÃO JUDICIAL DE TACS

A homologação judicial do **TAC formal** é entendida como possível, porém **não indispensável**, tendo em vista a relevância de se conferir segurança

---

79 FREITAS, Juarez. *Sustentabilidade: direito ao futuro.* 2 ed. Belo Horizonte: Fórum, 2012. pp. 23-27 e 44-46.

80 BRASIL. Superior Tribunal de Justiça. REsp 1309948/SP, Rel. Ministro Luis Felipe Salomão, Quarta Turma, julgado em 18/12/2014, DJe 24/02/2015.

81 Entre outros autores, defendem tal posicionamento: MAZZILLI, Hugo Nigro. *A defesa dos interesses difusos em juízo: meio ambiente, consumidor, patrimônio cultural, patrimônio público e outros interesses.* 21 ed. rev., ampl. e atual. São Paulo: Saraiva, 2008. p. 404; RODRIGUES, Geisa de Assis. *Ação civil pública e termo de ajustamento de conduta: teoria e prática.* 3 ed. Rio de Janeiro: Forense, 2011. pp. 163-164 e 281-282; DA CUNHA, Marcio Felipe Lacombe. Termo de ajustamento de conduta e a possibilidade de conciliação na seara da improbidade administrativa. *Revista Virtual da Advogacia Geral da União – AGU.* Ano X nº 107, dezembro de 2010. Disponível em: <http://www.agu.gov.br/page/content/detail/id_conteudo/152998>. Acesso em 30 mar. 2014.

jurídica ao respectivo termo[82]. Se, de um lado, segundo precedente do Superior Tribunal de Justiça[83], a norma do art. 9° da Lei 7.347/85 não estabelece a necessidade de homologação do termo de ajustamento de conduta pelo Conselho Superior do Ministério Público, de outro lado tampouco o art. 5°, § 6°, da Lei 7.347/85 exige a homologação judicial do TAC.

Contudo, embora **facultativa**, faz-se **recomendável** a **homologação judicial do TAC, especialmente do TAC em sentido substancial**, pois ela qualifica o TAC ao aferir a presença de seus elementos essenciais, bem como de seus elementos específicos, derivados do caso concreto subjacente.

Nada obstante, entende-se que seria um avanço **considerar-se obrigatória, por lei, a homologação judicial do TAC,** especificamente nos casos de conversão da obrigação de fazer ou não fazer coletiva em perdas e danos, quando impossível o retorno ao *status quo ante*, pois essa é justamente a transação mais gravosa e com a qual se deve ter redobrado crivo e cuidado.

Com efeito, **alguns dos principais fundamentos** para o legitimado público solicitar a homologação judicial do TAC substancial, embora sem previsão legal estrita, seriam: *checks and balances* (ligados ao Estado democrático de direito e ao próprio princípio republicano); acesso à justiça (art. 5°, XXXV, da CRFB/88); princípio da proporcionalidade (princípio constitucional implícito); maior segurança jurídica, exemplificada pela presença da coisa julgada incidente sobre a questão nos termos do art. 5°, XXXVI, da CRFB/88; e ainda, tendo em vista o princípio da efetividade, um compartilhamento com o órgão judicial do conhecimento acerca de uma matéria de extrema relevância para a pacificação social. Ademais, a homologação judicial é capaz de dar mais um crivo à matéria, mais um resguardo e, se a homologação é facultativa, nada impede que ela seja recomendável nos casos de TAC substancial.

Sem embargo, o eventual requerimento de homologação judicial não equivalerá ao trâmite completo de um processo ordinário no qual se tenha que examinar a questão *ab initio,* tendo em vista que a homologação pode ser feita sem as **formalidades** integrais de um processo de conhecimento, portanto realiza-se de forma mais breve e mais célere.

---

[82] Também corroboram o entendimento da importância da homologação do TAC: PINHO, Humberto Dalla Bernardina de; CABRAL, Trícia Navarro Xavier. Compromisso de ajustamento de conduta: atualidades e perspectivas de acordo com o projeto do novo CPC. *Revista Eletrônica de Direito Processual, ano 5, v. 7, jan.-jun. 2011.* Disponível em <http://www.redp.com.br/edicao_07.htm>. Acesso em 30 jun. 2015.

[83] BRASIL. Superior Tribunal de Justiça. AgRg no REsp 1175494/PR, Rel. Ministro Arnaldo Esteves Lima, Primeira Turma, julgado em 22/03/2011, DJe 07/04/2011.

Além disso, um dos critérios para a homologação de acordos pode ser justamente a análise acerca da oportunidade equilibrada das partes para articular seus interesses em condições de **igualdade**, apresentar suas provas e seus argumentos, *verbi gratia* ao longo da mediação ou conciliação, bem ainda esclarecer adequadamente eventuais fatos controvertidos que se façam imprescindíveis[84], o que só reforça a relevância de se realizar a homologação judicial de TACs que tenham como arcabouço possíveis transações quanto ao fundo ou cerne do direito.

Cabe registrar também que quando existe a homologação judicial do TAC sua **segurança jurídica** é potencializada pois ele está amparado a partir do manto da coisa julgada, nos termos do art. 5º, inciso XXXVI, da CRFB/88. Em razão dessa especial circunstância, Didier Jr. e Zaneti Jr. entendem que da homologação judicial do compromisso caberá recurso de terceiro legitimado, o que se reputa relevante mecanismo de controle democrático[85].

Caso o **juiz não tenha condições de aferir todos os elementos presentes no TAC**, poderá recorrer à perícia judicial, designar audiência pública ou requisitar o auxílio do próprio Poder Público, entre outras soluções[86]. A seu turno, o Ministério Público, nos termos do art. 8º, § 1º, da Lei 7.347/85, para sua atuação em sede de ajustamento de conduta, pode requisitar, de qualquer organismo público ou particular, certidões, informações, exames ou perícias.

Portanto, visualiza-se contemporaneamente a homologação do TAC substancial em juízo como **preferencial e recomendável**, embora **não indispensável**, visto que atualmente nem a Constituição nem a lei exigem tal condição para a eficácia do termo de ajustamento de conduta. Tal conclusão também advém da análise da Resolução n. 118/2014 do CNMP, que também deixa aberta a possibilidade de homologação judicial da mediação ou conciliação[87] sem que isso tenha sido guindado à condição de requisito ou exigência normativa.

---

84 Escola Nacional de mediação e Conciliação – ENAM; Centro de Educação a Distância da Universidade de Brasília – CEAD-UnB. *Resolução consensual de conflitos coletivos envolvendo políticas públicas.* Curso ministrado por Luciane Moessa de Souza. Módulo 1, p. 30.

85 DIDIER JÚNIOR, Fredie; ZANETI JÚNIOR, Hermes. *Curso de Direito Processual Civil, v. 4, Processo Coletivo.* 3. ed. Salvador: JusPodivm, 2008. P. 330.

86 A depender da relevância da questão, entende-se que não pode ser descartada a possibilidade de o juiz recorrer à manifestação de pessoa natural ou jurídica, órgão ou entidade especializada, aplicando, *mutatis mutandis*, o art. 128 do CPC/2015, sobre o *amicus curiae*.

87 BRASIL. Conselho Nacional do Ministério Público. Resolução n. 118/2014. Disponível em www.cnmp.mp.br. Acesso em 29 jan. 2015.

Além disso, não é demais repetir ser lícito ao Ministério Público **fiscalizar** os TACs celebrados por outros legitimados públicos por força do próprio art. 127, *caput*, c/c art. 129, inciso III, da Constituição da República, independentemente de sua celebração dar-se extrajudicialmente ou mediante a participação, ainda que meramente homologatória, do órgão judicial. Aliás, essa fiscalização também não exclui a possibilidade de atuação dos próprios órgãos institucionais do Ministério Público competentes para correição da atuação funcional de seus membros, na forma da Lei 8.625/93 ou da Lei Complementar n. 75/93.

Finalmente, reitera-se que, nos casos de **conversão em perdas e danos** da tutela específica, por se tratar de uma medida de potencial extremamente gravoso, defende-se como **avanço** que a **homologação judicial** passe a ser **obrigatória**, por força de lei.

6.5 CORREÇÃO DE ERROS, INADEQUAÇÕES E NULIDADES EM TACS

Bem adverte Fernando Gonzaga Jayme[88] que a **legitimidade** dos meios é que deve justificar o fim alcançado, especialmente no âmbito do Direito, pois o próprio processo não é mero instrumento e os fins não podem justificar os meios.

Erros podem ocorrer em qualquer ato humano, conforme a sabedoria revelada pelo brocardo que diz que "a perfeição é divina, não é humana", o que também pode dar-se, por óbvio, no âmbito dos mecanismos alternativos de resolução de conflitos. Havendo **erros ou inadequações** em um TAC que justifiquem sua correção, revela-se alternativa viável o reconhecimento do fim do TAC ou a celebração de um novo compromisso de ajustamento de conduta, sucessivamente, e por isso denominado TAC sucessivo, que irá corrigir, mediante um novo termo que faça menção ao primeiro, os erros ou inadequações outrora existentes. Trata-se, portanto, da possibilidade de um TAC ser **corrigido por outro TAC posterior** que venha a lhe trazer adendos ou modificações, uma alternativa que traz segurança jurídica e é altamente resolutiva.

Art. 10. [...] **§1º** Ao final da mediação, havendo acordo entre os envolvidos, **este poderá ser referendado pelo órgão do Ministério Público ou levado ao Judiciário com pedido de homologação.** [...]
Art 12. A conciliação será empreendida naquelas situações em que seja necessária a intervenção do membro do Ministério Público, servidor ou voluntário, no sentido de propor soluções para a resolução de conflitos ou de controvérsias, **sendo aplicáveis as mesmas normas atinentes à mediação.** (g.n.)

88 JAYME, Fernando Gonzaga. *Direitos humanos e sua efetivação pela Corte Interamericana de Direitos Humanos.* Belo Horizonte: Del Rey, 2005. PP. 136-137.

Caso um instrumento ou compromisso não satisfaça os requisitos do art. 5º, § 6º, da Lei 7.347/85 para se tornar um TAC válido, isso não impede que, **residual e subsidiariamente**, incida a norma prevista no art. 784, incisos II, III e IV do Código de Processo Civil de 2015, em consonância com o art. 585, inciso II, do Código de Processo Civil de 1973, segundo as quais constituem títulos executivos extrajudiciais a escritura pública ou outro documento público assinado pelo devedor; o documento particular assinado pelo devedor e por duas testemunhas; o instrumento de transação referendado pelo Ministério Público, pela Defensoria Pública, pelos advogados dos transatores, pela Advocacia Pública[89] ou por conciliador ou mediador credenciado por tribunal[90]. Ou seja, **mesmo que não possua os requisitos para se tornar um TAC**, o instrumento celebrado poderá trazer compromissos jurídicos para as partes caso preencha os requisitos de outros mecanismos jurídicos congêneres, que poderão ser considerados como **outras espécies títulos executivos extrajudiciais**, na forma do Código de Processo Civil.

A seu turno, um modo de se evitar um TAC irregular é a **exceção de pré-executividade**, também conhecida como objeção de pós-executividade, conforme reconhecido por relevante precedente do Superior Tribunal de Justiça[91]. Segundo a referida Corte Superior, caso não observados requisitos formais indispensáveis, tais como a própria assinatura do legitimado público que celebrou o compromisso, não resta outra alternativa senão ficar afastada a natureza executiva do referido instrumento.

Finalmente e em consonância, na palavra de Mazzilli[92], "o compromisso de ajustamento poderá ser **rescindido como as transações**, por dolo, coação ou erro essencial", portanto pode ser rescindido voluntariamente seguindo-se o mesmo procedimento pelo qual o ajuste foi elaborado ou então mediante ação anulatória. Para ele, a sentença própria para rescindir o TAC será **anulatória** caso haja vícios em seu conteúdo intrínseco, sem embargo de haver ou não sentença homologatória, nos termos do art. 966, § 4º, do CPC/2015, bem como art. 486 do CPC/1973. Porém, destaca o referido autor existir o entendimento de que caberá **ação rescisória** caso não haja um vício no termo de ajustamento em si, mas sim nas próprias qualidades da sentença de mérito que o admita, nos termos do art. 966 do CPC/2015 e art. 485 do CPC/1973.

---

89 Inovação do CPC/2015 em relação ao CPC/1973.

90 Também inovação do CPC/2015 em relação ao CPC/1973.

91 BRASIL. Superior Tribunal de Justiça. REsp 840.507/RS, Rel. Ministra Denise Arruda, Primeira Turma, julgado em 09/12/2008, DJe 11/02/2009.

92 MAZZILLI, Hugo Nigro. *A defesa dos interesses difusos em juízo: meio ambiente, consumidor, patrimônio cultural, patrimônio público e outros interesses.* 21 ed. rev., ampl. e atual. São Paulo: Saraiva, 2008. p. 419.

Assim, em caso de erro no TAC extrajudicial ele poderá ser anulado através de **ação anulatória**. Também, em caso de erro em compromisso de ajustamento celebrado judicialmente e que tenha recebido sentença homologatória, ele poderá ser invalidado por ação anulatória, nos termos do art. 966, § 4º, do CPC/2015, e art. 486 do CPC/1973. Porém, caso o TAC judicial seja reconhecido através de outra espécie de sentença que não a homologatória, poderá ser desconstituído pela via da ação rescisória ou mediante a **ação de *querela nullitatis***, quando cabível.

Pelo exposto, foram apontadas algumas formas de se **solucionar crises** geradas ou causadas por erros ou inadequações em TACs, extirpando-se-lhes, a tempo e modo, do ordenamento jurídico, caso necessário. A todos esses instrumentos deve ser dada a devida transparência e publicidade, empoderando a sociedade dos conhecimentos sobre a atuação dos legitimados para o TAC.

6.6 UTILIZAÇÃO DA CONCILIAÇÃO E DA MEDIAÇÃO EM TACS

Tendo em vista a efetividade ínsita já evidenciada em relação ao **termo de ajustamento de conduta**, embora se trate de instituto que, a rigor, possa ser negociado prescindindo-se de uma **sessão** de **conciliação** ou **mediação**, defende-se justamente a relevância da utilização das sessões de conciliação ou mediação para que seja obtido ainda mais êxito na quantidade e qualidade da celebração e cumprimento de TACs, em especial em casos de difícil solução consensual. Certamente a **utilização conjunta de dois métodos de autocomposição**, quais sejam, o TAC conjuntamente com a conciliação ou mediação, poderá impulsionar a efetividade do Direito brasileiro, no que for aplicável.

Seguindo-se a dicção do art. 165, §§ 2º e 3º, do novel Código de Processo Civil/2015, **preferencialmente** a **conciliação** poderá ser utilizada em conjunto com o TAC quando não houver vínculo anterior entre as partes, enquanto que a **mediação** incidiria em caso da existência desse **vínculo preexistente**.

Assim, a utilização da **conciliação** ou da **mediação em TACs** poderá se tornar mais um importantíssimo veículo para a obtenção da **autocomposição em conflitos coletivos**. Com efeito, trata-se de mecanismos aptos a potencializar a obtenção do interesse das partes de modo negociado. Conforme já salientado, a importância dos referidos institutos é **reconhecida** tanto pelo Conselho Nacional de Justiça – **CNJ**, através da Resolução n. 125, de 29/11/10, quanto pelo Conselho Nacional do Ministério Público – **CNMP**, através de sua Resolução n. 118, de 1º/12/14, entre outros órgãos e normas jurídicas de relevo, em especial a Lei n. 13.140/2015, que dispõe sobre a mediação entre particulares e a autocomposição de conflitos no âmbito da administração pública.

Conforme destacado por Mauro Cappelletti e Bryant Garth[93], é relevante a sugestão de que a mediação ou outros mecanismos de interferência apaziguadora são os métodos mais apropriados inclusive para se **preservar relacionamentos jurídicos**.

Por meio do art. 7º, inciso IV, da Resolução n. 125, do CNJ, fica estabelecida a **incumbência de os Tribunais brasileiros instalarem** "Centros Judiciários de Solução de Conflitos e Cidadania que concentrarão a realização das sessões de conciliação e mediação", abrangendo a possibilidade, prevista no § 3º do mesmo art. 7º, de se realizar até mesmo, a título exemplificativo, "mediação penal ou qualquer outro processo restaurativo", mediante observância obrigatória dos princípios básicos e processos restaurativos previstos na Resolução nº 2002/12 do Conselho Econômico e Social da Organização das Nações Unidas, além da participação do titular da ação penal em todos os atos. Busca-se, em síntese, uma "solução adequada" ao invés de uma "solução adjudicada".

Porém, somente devem ser admitidos a atuarem como **mediadores**[94] aqueles **devidamente capacitados** na forma do Anexo I da referida Resolução n. 125 do CNJ, bem como atendendo-se às respectivas normas do Código de Processo Civil de 2015 e da Lei 13.140/2015.

Quanto à Resolução n. 118, de 1º/12/14, do CNMP, este órgão **reconhece expressamente** que a autocomposição, especialmente através da negociação, mediação, conciliação, convenções processuais e práticas restaurativas são instrumentos efetivos de **pacificação social**, bem ainda que "sua apropriada utilização em programas já implementados no Ministério Público têm reduzido a excessiva judicialização e têm levado os envolvidos à satisfação, à pacificação, a não reincidência e ao empoderamento" da resolução dos seus conflitos. Recomenda-se, portanto, aos membros e servidores do Ministério Público que utilizem, sempre que possível, os mecanismos de autocomposição.

Hugo Nigro Mazzilli[95] destacava que **a audiência preliminar de conciliação em ação civil pública ou coletiva seria possível** apesar mesmo da

---

93 CAPPELLETTI, Mauro; GARTH, Bryant. Acesso à justiça. Tradução de Ellen Gracie Northfleet. Porto Alegre: Sergio Antonio Fabris, 1988. p. 72.

94 A atuação de mediadores para buscar evitar litígios ou ainda facilitar sua solução está em consonância com a "terceira onda de acesso à justiça" tratada por Mauro Cappelletti e Bryant Garth em sua teoria do Acesso à Justiça, conforme CAPPELLETTI, Mauro; GARTH, Bryant. Acesso à justiça. Tradução de Ellen Gracie Northfleet. Porto Alegre: Sergio Antonio Fabris, 1988. p. 71.

95 MAZZILLI, Hugo Nigro. *A defesa dos interesses difusos em juízo: meio ambiente, consumidor, patrimônio cultural, patrimônio público e outros interesses.* 21 ed. rev., ampl. e atual. São Paulo:

literalidade do disposto nos arts. 447 e 448 do, outrora vigente, CPC/1973. Nesse ponto, aliás, vai além Didier Jr.[96] ao entender que não só seria possível, como deveria efetivamente ser observada a audiência de conciliação nas causas coletivas, a teor do art. 331, *caput*, do CPC/1973[97], outrora vigente.

Mazzilli[98] ainda comenta que embora a Lei 8.492/92, a teor de seu art. 17, § 1°, posteriormente viesse a vedar a transação nas ações de responsabilização civil dos agentes públicos em caso de enriquecimento ilícito, o **Estatuto da Criança e do Adolescente** permitiu em **1990**, de modo inovador para o ordenamento jurídico brasileiro, em um tema que está **essencialmente** ligado aos **direitos indisponíveis** da criança e do adolescente, nos termos de seu art. 211, a celebração, com os interessados, de compromissos de ajustamento de conduta às exigências legais, com eficácia de título executivo extrajudicial.

Para Geisa de Assis Rodrigues[99], "a conciliação judicial, obtida nas ações coletivas, tem a **mesma natureza** de termo de ajustamento de conduta, apenas com algumas peculiaridades pelo fato de ser celebrada em juízo" (g.n.). Justamente em razão disso, para a autora, "o magistrado que conduz a ação coletiva deve designar audiência de conciliação, para tentar obter o ajuste judicial".

Nada obstante, pelo princípio da **garantia mínima** pode-se defender, por outro lado, que não ocorreu nulidade processual com a ausência de designação de audiência de conciliação, arts. 447 e 448 do, outrora vigente, CPC/1973, quando uma ação judicial trata de direitos coletivos. Conforme destaca Mazzilli[100], com o que concorda Geisa de Assis Rodrigues[101], nada impede que se designe a referida audiência, pois se até mesmo extrajudicialmente podem as partes resolver a questão mediante termo de ajustamento de conduta, então nada obstará a que haja a celebração de uma

Saraiva, 2008. P. 394-395.

96 DIDIER JÚNIOR, Fredie; ZANETI JÚNIOR, Hermes. *Curso de Direito Processual Civil, v. 4, Processo Coletivo.* 3. ed. Salvador: JusPodivm, 2008. P. 330.

97 CPC/1973, art. 331. Se não ocorrer qualquer das hipóteses previstas nas seções precedentes, e versar a causa sobre direitos que admitam transação, o juiz designará audiência preliminar, a realizar-se no prazo de 30 (trinta) dias, para a qual serão as partes intimadas a comparecer, podendo fazer-se representar por procurador ou preposto, com poderes para transigir. (Redação dada pela Lei nº 10.444, de 7.5.2002)

98 MAZZILLI, Hugo Nigro. *A defesa dos interesses difusos em juízo: meio ambiente, consumidor, patrimônio cultural, patrimônio público e outros interesses.* 21 ed. rev., ampl. e atual. São Paulo: Saraiva, 2008. P. 395.

99 RODRIGUES, Geisa de Assis. *Ação civil pública e termo de ajustamento de conduta: teoria e prática.* 3 ed. Rio de Janeiro: Forense, 2011. p. 282.

100 MAZZILLI, Hugo Nigro. *A defesa dos interesses difusos em juízo: meio ambiente, consumidor, patrimônio cultural, patrimônio público e outros interesses.* 21 ed. rev., ampl. e atual. São Paulo: Saraiva, 2008. p. 394.

101 RODRIGUES, Geisa de Assis. *Ação civil pública e termo de ajustamento de conduta: teoria e prática.* 3 ed. Rio de Janeiro: Forense, 2011. p. 281-282.

autocomposição consensual que, ademais, não significará garantia máxima em prol do interesse lesado, mas sim, repita-se, garantia mínima.

Embora o **Código de Processo Civil de 1973** não mencione a palavra mediação, ela podia ser interpretada durante a vigência do referido Código, conforme já se destacou, como uma conciliação qualificada, utilizando-se a audiência de conciliação para a tentativa de mediação que, por ser mais metódica e criteriosa que aquela, podia também vir a alcançar maior quantidade ou qualidade de resultados.

O TAC, face ao já exposto, é um **instituto qualificado** para se alcançar a pacificação social, e a conciliação, além da mediação, potencializam a solução consensual de conflitos coletivos.

Porém, para Moessa[102], especialmente quanto à autocomposição via mediação, alguns dos **maiores problemas** identificados para a **resolução de conflitos** conforme casos concretos examinados no **Brasil**[103] e nos **Estados Unidos da América**[104] envolvendo os Poderes Públicos são a pressa, a interferência de pressões externas e a falta de qualificação dos mediadores. Para ela, o Poder Judiciário é um espaço que propicia um melhor aproveitamento dos esforços no sentido da negociação, desde que se utilize de estudos e metodologias adequadas, mas tratando-se de conflito não judicializado outros órgãos, como o Poder Executivo ou o Ministério Público, têm condições de conduzir a autocomposição pela mediação. Além disso, caso haja, eventualmente, falta de possibilidade de acesso à justiça decorrente de carência de recursos, ela entende que as Universidades Públicas podem realizar um papel relevante. Igualmente, acredita a autora que a participação do terceiro setor e dos conselhos paritários de políticas públicas também pode auxiliar na pacificação social via conciliação.

102 Escola Nacional de mediação e Conciliação – ENAM; Centro de Educação a Distância da Universidade de Brasília – CEAD-UnB. *Resolução consensual de conflitos coletivos envolvendo políticas públicas.* Curso ministrado por Luciane Moessa de Souza. Módulo 4, p. 41-42 e 50.

103 Foram examinados o caso da Comunidade tradicional do Morro das Andorinhas, situado no interior do atual Parque Estadual da Serra da Tiririca (região oceânica de Niterói – RJ); o caso da Recuperação de vegetação e averbação reserva legal em propriedades rurais na Comarca de São Carlos – SP; e o caso da Construção de trevo rodoviário e a consideração dos impactos ambientais em São Carlos – SP.

104 Foram examinados casos em que atuou o Center for Public Policies Disputes Resolution da Universidade do Texas (CPPDR); casos relatados pela Policy Consensus Initiative; casos relatados pelo Consensus Building Institute (CBI); e casos relatados pelo Collaborative Decisions Resources (CDR).

7
CONCLUSÃO

A pacificação social é o **escopo magno do Direito**, sendo desejável e possível que ele venha por obra das próprias partes. A sociedade demanda mais agilidade do Judiciário e os juristas precisam explorar melhor a autocomposição de conflitos de modo teórico e prático.

O presente estudo tem como objeto a **solução consensual de conflitos coletivos**. Busca-se, em síntese, uma "solução adequada" ao invés de uma "solução adjudicada" e imposta. O principal mecanismo dessa solução consensual é o termo de ajustamento de conduta, previsto no art. 5º, § 6º, da Lei 7.347/85, onde também são estabelecidos os legitimados públicos aptos a celebrarem o TAC – termo de ajustamento de conduta. Vislumbra-se que o termo de ajustamento de conduta se divide em mais de um tipo, sendo a mais importante classificação visualizada aquela relacionada ao nível de transação possível com o direito coletivo tutelado.

Há que se firmar **critérios** a serem adotados, em **situações necessárias e fundamentadas**, para a transação em processos coletivos. Atualmente faz-se recomendável, mas não obrigatório, o controle judicial. Também é necessário se perpassar o crivo do princípio da proporcionalidade, além de fundamentação, publicidade e transparência no instrumento do termo de ajustamento de conduta, sem mencionar a participação ou fiscalização pelo Ministério Público, entre outros elementos. Com efeito, os princípios da publicidade e transparência devem ser aplicados ao instituto por constituírem caminho seguro ao mesmo tempo para a devolução à sociedade do conhecimento acerca do que tem sido feito quanto à missão constitucionalmente designada aos legitimados públicos, bem como para que haja mais controle relativo à matéria.

Mas é necessário recordar que se deve trabalhar a transação em direitos coletivos *lato sensu* como uma exceção à regra conforme a jurisprudência do STJ, evidenciada particularmente no Recurso Especial n. 299.400/RJ. Para tanto, **deve-se evitar generalizações jurídicas** e trabalhar com o **caso concreto**, além da possibilidade de desenvolvimento do Direito, devendo esta ciência acompanhar e dar parâmetros, na medida do possível, às necessidades sociais, bem como esquivar-se de representar uma oposição a evoluções jurídicas necessárias.

A **doutrina** em geral tem sido **insegura** ao asseverar, por vezes, que no termo de ajustamento de conduta não se pode celebrar acordo em sentido substancial ou transação. Sem embargo, os mesmos autores em alguns casos mencionam, alhures, a palavra transação em termo de ajustamento de conduta, referendando-as em alguns momentos como adequadas e, por que não, possíveis, conforme já se expôs.

Assim, evidencia-se um **equívoco** no pensamento restritivo ao termo de ajustamento de conduta substancial, especialmente em situações limítrofes que, com sua utilização, podem permitir acesso à justiça como em casos de alto custo processual ou ainda para evitar o perecimento de direitos através de prescrição ou decadência, entre outros.

Nos casos em que **não seja possível a reparação dos danos coletivos através de obrigação de fazer ou não fazer,** não sendo possível o retorno ao *status quo ante* e sendo necessário que haja indenização compensatória, também há que se cogitar se não poderá promover mais acesso à justiça, sendo portanto mais justo, permitir que os legitimados para o termo de ajustamento de conduta, obedecendo ao princípio da proporcionalidade e outros critérios propostos, possam ajustar com os responsáveis a reparação do dano na esfera coletiva.

Ademais, a Lei 7.347/85, em dicção literal de seu art. 5º, § 6º, ao não fazer menção nem permissão expressa ao termo de ajustamento de conduta substancial em hipóteses necessárias, não pode ser interpretado no sentido de obstar **princípios contemporâneos do processo** que adotam a política pública de composição, como preceituado, exemplificativamente, pela Resolução n. 125 do CNJ e pela Resolução n. 118 do CNMP, além da Lei n. 13.140/15 e o próprio novo Código de Processo Civil, Lei 13.105/2015.

Outra observação é que, quando existe a **homologação judicial** do termo de ajustamento de conduta, ele não pode mais, via de regra, ser questionado quanto aos seus limites a partir da incidência do manto da **coisa julgada**, insculpida no rol dos direitos e garantias fundamentais, art. 5º, inciso XXXVI, da CRFB/88.

Quando a **lei estabelece uma coisa** e a **jurisprudência interpreta de outra maneira**, mais consentânea com a realidade, o que ocorre em especial no objeto do presente estudo, faz-se necessário solucionar a divergência interpretativa. Pela falta de acordos ou transações substanciais em direitos coletivos fica "uma lacuna" em alguns casos no acesso à justiça para a coletividade, além de os possíveis violadores dos direitos coletivos ficarem eventualmente sem reparar seus danos, salvo após todo o curso de um processo judicial.

A atuação dos legitimados é restrita ao ajustamento da conduta aos ditames legais segundo a literalidade do art. 5º, § 6º, da Lei 7.347/85.

Mas reconduzir meramente a conduta do compromissário do termo de ajustamento de conduta na forma literal da lei é **menos amplo e menos eficaz** do que reconduzir a conduta à juridicidade em consonância com o princípio da proporcionalidade, sob a fiscalização do Ministério Público e possivelmente do Poder Judiciário, ou ainda outras formas de controle. Isso pode impedir a diminuição do alto nível de litigiosidade e abarrotamento do judiciário. Se houvesse transações substanciais em alguns desses casos o acesso à justiça aumentaria, diminuindo ainda o congestionamento processual.

Portanto, subsidiariamente e mediante a observância de alguns requisitos como a fundamentação expressa, a publicidade e transparência, além da observância do princípio da proporcionalidade, entre outros, entende-se ser possível **transigir, na medida do estritamente necessário,** com o direito coletivo desde que isso signifique um ganho verdadeiro para a sociedade com a efetiva promoção da proteção-reparação do bem coletivo ameaçado ou lesado.

Não é demais lembrar que a **vida é muito mais** ampla que o Direito, de modo que sempre haverá casos em que um termo de ajustamento de conduta em sentido tradicional, mais estrito, não seja totalmente suficiente para reparar os bens coletivos lesados. Essa é uma lacuna que deve ser resolvida pela **possibilidade de conciliação ou mediação** em sentido substancial em litígios coletivos que podem vir até mesmo a beneficiar toda a sociedade, embora o risco de ocorrerem prejuízos caso o termo de ajustamento de conduta substancial seja realizado de modo inadequado.

É dizer, nos casos em que um **termo de ajustamento de conduta tradicional, em sentido formal** portanto, não seja suficiente para reparar os bens coletivos lesados, ou nos casos em que não seja possível a reparação dos danos coletivos através de obrigação de fazer ou não fazer e sendo necessário que haja indenização compensatória, pode **promover mais acesso à justiça** permitir que, em caráter subsidiário, os legitimados para o termo de ajustamento de conduta, valendo-se do princípio da proporcionalidade, possam ajustar com os responsáveis a reparação do dano na esfera coletiva, submetendo esse ajuste à fiscalização ou ao controle do Ministério Público, como *custos legis*, e, caso possível, mas sem obrigatoriedade, ao crivo judicial, sem prejuízo da responsabilidade penal e administrativa dos responsáveis tampouco sem obstar o possível ajuizamento da ação individual ou execução individual pelos titulares de direitos lesados, segundo o art. 103, §§ 1º e 2º, do Código de Defesa do Consumidor, Lei 8.078/90, e conforme as especificidades do caso concreto.

Nesses casos, **para que não seja tolhida a atuação** por parte da sociedade, seja individualmente (embora os legitimados individuais possam agir mesmo se também houver demanda coletiva), seja por parte dos legitimados coletivos, deve-se verificar se está havendo acesso à justiça através da postura ou atitude dos legitimados para o processo coletivo. Ou seja, deve-se, na medida do possível, **perquirir e pesquisar** pelas vias próprias, sem excluir a *internet* ou *sites* de tribunais, do Ministério Público, de associações de defesa de direitos ou da imprensa, se já há notoriedade de cidadãos ou legitimados coletivos que estejam atuando em prol da defesa dos interesses ou direitos objeto de proposta de termo de ajustamento de conduta ou ação civil pública, ou ainda inquérito civil público. Porém, não se descarta a possibilidade de haver certa dificuldade em se **averiguar** essa defesa de direitos por parte dos cidadãos ou legitimados coletivos. Se já estiver havendo razoável e suficiente acesso à justiça pelos titulares de direitos pode se fazer desnecessário que o legitimado público procure tomar diretamente a solução da matéria.

Porém, **havendo dúvida** após breve pesquisa, não deverá o legitimado coletivo deixar de atuar, para que não fique possivelmente desguarnecido o interesse da sociedade. Ou seja, na ausência de certeza é melhor a atuação plural ou conjunta tanto de cidadãos individualmente considerados quanto de legitimados coletivos, inclusive do Ministério Público, sendo possível se cogitar em litisconsórcio nos termos do art. 103, §§ 1° e 2°, do Código de Defesa do Consumidor, Lei 8.078/90, ou até mesmo a reunião posterior de processos na forma da lei, se for necessário, para maior segurança jurídica, do que a ausência de atuação gerando falta de acesso à justiça e falta de resolutividade dos problemas sociais.

Também não se pode olvidar que sempre que possível o legitimado, nesses casos, deve **incentivar a participação dos envolvidos nos fatos** que digam respeito ao direito coletivo tutelado, seja como litisconsortes ou através de sua oitiva em inquérito civil público ou, ainda, ao longo da própria ação civil pública. Ainda há a possibilidade de que sejam participantes da celebração ou intervenientes e fiscalizadores do termo de ajustamento de conduta.

Ademais, reafirma-se que, quando o termo de ajustamento de conduta seja realizado mediante acordo substancial, é recomendável, embora não obrigatório, para maior segurança jurídica, que seja **homologado judicialmente**. Nada obstante, ressalva-se que seria considerado um **avanço considerar-se obrigatória, por lei, a homologação judicial** especificamente nos casos de **conversão** da obrigação de fazer ou não fazer coletiva em **perdas e danos** quando impossível o retorno ao *status quo ante*, pois essa é justamente a transação mais gravosa e com a qual se deve ter redobrado crivo e cuidado.

Essa homologação judicial, repita-se, embora atualmente não seja obrigatória nem por força da Constituição nem por força de lei, segue parâmetros gerais de ***checks and balances***, permitindo um crivo maior e também um maior controle, jamais por desconfiança dos órgãos legitimados, mas sim para que haja um **olhar relevante e criterioso sobre a questão**. Nesse passo, a solicitação de homologação judicial não significará de modo algum que se adentre a esfera judicial como se fôra um processo judicial ordinário, possivelmente moroso, tendo em vista que a homologação pode ser feita dispensando o trâmite regular do processo de conhecimento, fazendo-se assim de forma mais sucinta e razoavelmente rápida.

Atualmente o art. 5º, § 6º, da Lei 7.347/85 assim dispõe: "§ 6° Os órgãos públicos legitimados poderão tomar dos interessados compromisso de ajustamento de sua conduta às exigências legais, mediante cominações, que terá eficácia de título executivo extrajudicial." (Incluído pela Lei nº 8.078, de 11.9.1990)

Propõe-se, assim, que **deveria ser alterada a legislação**, permitindo-se ao legitimado previsto no § 6º do art. 5º da Lei 7.347, mediante fundamentação jurídica expressa pela impossibilidade de simples ajustamento de conduta, celebrar uma transação que constituirá garantia mínima e jamais renúncia aos interesses coletivos protegidos, mediante participação obrigatória do Ministério Público, sob pena de nulidade.

Ademais, entende-se que o instrumento de transação em ajustamento de conduta deverá atender à **proporcionalidade, plena publicidade e transparência** mediante publicação na internet e em diário oficial eletrônico, ou impresso, além da previsão de pena de multa, entre outras possíveis cominações, em uma ordem obrigatória de **critérios jurídicos**, quais sejam:

I – primeiramente previsão de outras condições, como de tempo ou lugar, que permitam o cumprimento da obrigação específica a cargo do legitimado passivo celebrante;

II – em segundo lugar, na inaplicabilidade do item anterior, previsão de outra obrigação de fazer ou não fazer, na medida do possível equivalente à obrigação original que se tornou impossível cumprir;

III – na inaplicabilidade dos dois itens anteriores, conversão em perdas e danos, ou seja, obrigação de pagar quantia certa, estritamente nos casos em que a tutela específica tenha se tornado de impossível cumprimento pelo legitimado passivo celebrante (desde que não tenha havido má-fé deste).

Destaca-se que no caso de conversão em perdas e danos, ou seja, obrigação de pagar quantia certa, é necessário que haja tanto fundamentação técnica quanto jurídica expressas pela impossibilidade de realização de simples termo de ajustamento de conduta, ausência de má-fé do celebrante, bem como seria um avanço na legislação exigir a homologação judicial da transação realizada.

Registra-se, nesse ponto, que em caso de **erro no termo de ajustamento de conduta extrajudicial** ele poderá ser anulado através de ação anulatória ou exceção de pré-executividade (objeção de pós-executividade) quando vier a ser ajuizado. Por outro lado, em caso de erro no **termo de ajustamento de conduta judicial** ele poderá ser anulado: (i) via ação anulatória, em caso de vícios no conteúdo formal do próprio termo de ajustamento de conduta que tenha sido apreciado por sentença meramente homologatória; (ii) via ação rescisória, caso haja erros nas próprias qualidades da sentença em si; (iii) via exceção de pré-executividade, em caso de nulidades absolutas verificáveis de plano; (iv) ou ainda ação de *querela nullitatis*, em caso de inconstitucionalidades ou erros gravíssimos que não se convalidem. Constituem essas, portanto, algumas formas de se solucionar crises jurídicas referentes a erros em termos de ajustamento de conduta.

Além disso, cumpre ainda indagar se o **uso inadequado** do termo de ajustamento de conduta substancial poderia levar à violação dos próprios direitos coletivos, resultando em uma interferência imprópria dos legitimados públicos em uma esfera "quase" sagrada, qual seja, o exercício do direito pelo legitimado individual. Afirma-se, contudo, que isso não acontecerá tendo em vista a ressalva do próprio art. 81 c/c 83 do Código de Defesa do Consumidor[1], de modo que a sentença em processos coletivos não fará coisa julgada em prejuízo das ações individualmente ajuizadas, nos termos dos arts. 103 e 104 do CDC[2].

---

1 CDC, art. 81. A defesa dos interesses e direitos dos consumidores e das vítimas poderá ser exercida em juízo **individualmente**, ou a título coletivo. (g.n.)
CDC art. 83. Para a defesa dos direitos e interesses protegidos por este Código são admissíveis todas as espécies de ações capazes de propiciar sua adequada e efetiva tutela.

2 **Art. 103.** Nas ações coletivas de que trata este Código, a sentença fará coisa julgada: [...] § 1º **Os efeitos da coisa julgada previstos nos incisos I e II não prejudicarão interesses e direitos individuais dos integrantes da coletividade, do grupo, categoria ou classe.** § 2º Na hipótese prevista no inciso III, em caso de improcedência do pedido, os interessados que não tiverem intervindo no processo como litisconsortes poderão propor ação de indenização a título individual. § 3º Os efeitos da coisa julgada de que cuida o artigo 16, combinado com o artigo 13 da Lei n. 7.347, de 24 de julho de 1985, não prejudicarão as ações de indenização por danos pessoalmente sofridos, propostas individualmente ou na forma prevista neste Código, mas, se procedente o pedido, beneficiarão as vítimas e seus sucessores, que poderão proceder à liquidação e à execução, nos termos dos artigos 96 a 99. § 4º Aplica-se o disposto no parágrafo anterior à sentença penal condenatória. **Art. 104. As ações coletivas, previstas nos incisos I e II do parágrafo único do artigo 81, não induzem litispendência para as ações individuais, mas os efeitos da coisa julgada *erga omnes* ou *ultra partes* a que aludem os incisos II e III do artigo anterior não beneficiarão os autores das ações individuais, se não for requerida sua suspensão no prazo de 30 (trinta) dias, a contar da ciência nos autos do ajuizamento da ação coletiva.** (g.n.)

Porém, ao revés, se for feita a adequada **combinação das técnicas de mediação e conciliação**, ambas valiosíssimas para a resolução de conflitos, **com a celebração do ajustamento de conduta**, isso poderá impulsionar sobremaneira a efetividade do processo tal qual conhecemos atualmente.

Com isso, pode-se dizer **à guisa de conclusão** que, levando-se em consideração a teoria dos poderes implícitos e dos *checks and balances*, em sua revisitação, além das demais teorias acima expostas, bem como mediante sopesamento dos princípios aplicáveis, sob o crivo do princípio da proporcionalidade e observando-se os demais parâmetros envolvidos no denominado termo de ajustamento de conduta substancial, realizável em caráter residual diante da impossibilidade de simples ajustamento de conduta, **os resultados jurídicos são tão significativos que justificam, em tese e *a priori*, a implementação da medida – o que não obsta que haja a necessária reavaliação a cada caso concreto.**

Dessa maneira, contabilizando-se os **possíveis ganhos e os possíveis prejuízos** advindos do uso desse instrumento e levando-se em conta que eventuais desvios ou abusos podem efetivamente ser coibidos, obstados ou corrigidos, entre outros mecanismos, pela exceção de pré-executividade, pela ação anulatória, pela ação rescisória ou ainda pela ação de *querela nullitatis*, entre outros instrumentos jurídicos, forçoso é atribuir ao legitimado público a **possibilidade** de, após considerar a necessidade, a exigibilidade e as vantagens e desvantagens, optar pelo termo de ajustamento de conduta em sentido substancial, efetivando-o.

Recorda-se ainda ser lícito ao Ministério Público **fiscalizar** os termos de ajustamento de conduta celebrados por outros legitimados públicos por força do próprio art. 127, *caput*, c/c art. 129, inciso III, da Constituição da República.

Nesse sentido, no âmbito do Ministério Público, em consonância com a Lei Complementar n. 75/93 e a Lei 8.625/93, também existem **instâncias de possível revisão institucional** da atuação dos membros da instituição. Já os outros legitimados públicos devem submeter o TAC substancial aos seus procuradores ou assessores jurídicos, que deverão se manifestar expressamente quanto à juridicidade do compromisso de ajustamento, sem prejuízo da já referida atuação fiscalizatória do Ministério Público, devendo-se observar, ainda, o disposto na Lei 13.140/15.

Portanto, acredita-se que uma relevante fonte de solução consensual de litígios coletivos, em situações que podem vir até mesmo a **beneficiar toda a sociedade**, está nos critérios a serem adotados, em situações necessárias, para viabilizar ou não a transação[3] durante a celebração de termo de ajustamento de conduta em processos coletivos. Sem tais parâmetros, ao revés, poderiam ocorrer prejuízos sociais gravíssimos.

Confirma-se, assim, a **hipótese** da pesquisa, qual seja, de que as vedações e limitações à autocomposição pelos legitimados ativos públicos para as ações coletivas constituem óbices, em determinadas situações, à própria efetividade do direito a ser tutelado. De fato, tais limitações e vedações, em determinados casos, devem ser substituídos por parâmetros seguros que permitam o termo de ajustamento de conduta.

É dizer, nos limites da pesquisa realizada constatou-se que o termo de ajustamento de conduta é o **mais adequado caminho** para a solução de conflitos coletivos nos casos em que ele seja plenamente aplicável. Sempre que possível se deve utilizar a **conciliação ou mediação** como estratégia para a obtenção do consenso enquanto pressuposto conceitual do ajustamento de conduta, pois isso também está ligado às possibilidades do cumprimento do seu conteúdo, e, como corolário, à otimização da proteção dos direitos coletivos. Os critérios de procedimentalização da mediação em conflitos individuais em geral são aplicáveis, *mutatis mutandis*, para a mediação em termo de ajustamento de conduta.

Permitindo-se ir além, entende-se que os órgãos competentes da educação pública brasileira, inclusive no âmbito do Ministério da Educação, em consonância com as **universidades e faculdades de Direito brasileiras,** deveriam inserir disciplinas para se tratar de conciliação, mediação, transação, termo de ajustamento de conduta, além de negociação e acordo em sentido geral, durante o próprio curso regular de Direito. Com efeito, a rigor, não se deve formar pessoas para demandar, salvo nos casos estritamente necessários, mas, sim, voltar-se a formação jurídica para resolver conflitos jurídicos, nada impedindo que o advogado, na forma do art. 133 da Constituição da República, possa estar com seu cliente onde ele estiver.

A autocomposição pela via do termo de ajustamento de conduta, através de conciliação ou mediação, conforme exposto, permite **superar e apresentar uma terceira via ao brocardo** que diz "ser melhor um mau acordo que uma boa demanda". Com efeito, os critérios evidenciados permitirão um possível **bom "acordo"**, bem como **reduzirão** em muito a possibilidade de que ocorra desnecessariamente a **"demanda"**!

---

[3] Reafirma-se, aqui, por oportuno, que o termo transação ora mencionado não faz referência estrita ao instrumento contratual previsto no Código Civil, mas sim ao sentido mais amplo possível do referido vocábulo, conforme exposto no corpo deste livro.

8

REFERÊNCIAS BIBLIOGRÁFICAS

AGOSTINI, Onofre José Carvalho; DELAVI, Marcos Dagoberto Cardoso; SIMAS, Guilherme Brito Laus. Direitos Fundamentais e a nova Lei de Organizações Criminosas – N. 12.850/13. *Revista do Conselho Nacional do Ministério Público.* Brasília: CNMP, n. 4, 2014. pp. 45-78. Disponível em <http://www.cnmp.mp.br/portal/images/stories/Destaq
ues/Publicacoes/Revista_CNMP_WEB4e.pdf>. Acesso em 18 jun. 2015.

ALEXY, Robert. *Colisão de Direitos Fundamentais e Realização de Direitos Fundamentais no Estado de Direito Democrático.* Revista de Direito Administrativo n. 217/75.

ALEXY, Robert. *Teoria dos Direitos Fundamentais.* Título original: *Theorie der Grundrechte*. Tradução de Virgílio Afonso da Silva. São Paulo: Malheiros, 2008.

ALMEIDA, João Alberto de. *Processo Arbitral.* Belo Horizonte: Del Rey, 2002.

ALVES, Leonardo Barreto Moreira; ZENKNER, Marcelo. *Leis Especiais, v. 14: Ministério Público (LONMP), Lei 8.625/1993*. 2 ed. Salvador: Juspodivm, 2012.

ALVES, Rogério Pacheco. *Improbidade administrativa.* 4ª ed. Rio de Janeiro: Lumen Juris, 2008.

AMÉRICA. Corte Interamericana de Direitos Humanos. *Caso da Comunidade Mayagna (Sumo) Awas Tingni versus Nicarágua.* Sentencia de 31 de agosto de 2001. Disponível em <www.corteidh.or.cr/docs/casos/articulos/Seriec_79_por.doc>. Acesso em 05 jun. 2015.

AMÉRICA. Corte Interamericana de Direitos Humanos. *Caso Garibaldi versus Brasil*. Sentencia de 23 de Setembro de 2009. Disponível em <http://www.corteidh.or.cr/docs/casos/articulos/seriec_203_por.pdf>. Acesso em 19 fev. 2010.

ANDREWS, Neil. *O moderno Processo Civil – formas judiciais e alternativas de resolução de conflitos na Inglaterra.* São Paulo: Revista dos Tribunais, 2009.

ARISTÓTELES. *Política.* Tradução de Roberto Leal Ferreira. 2ª ed. São Paulo: Martins Fontes, 1998.

ARRUDA FILHO, Ney. *A efetividade do processo como direito fundamental.* Porto Alegre: Norton, 2005.

BARBI, Celso Agrícola. *Comentários ao Código de Processo Civil, Lei n. 5.869, de 11 de janeiro de 1973*, vol. I. Rio de Janeiro: Forense, 1991.

BARBI, Celso Agrícola. *O papel da conciliação como meio de evitar o processo e de resolver conflitos. Revista de Processo,* 39:121.

BARBOSA MOREIRA, José Carlos. *A ação popular do direito brasileiro como instrumento da tutela jurisdicional dos chamados interesses difusos. In:* WAMBIER, Luiz Rodrigues; WAMBIER, Teresa Arruda Alvim (Org.). Doutrinas essenciais de processo civil, v. IX. São Paulo: Editora Revista dos Tribunais, 2011. p. 107-125.

BARBOSA MOREIRA, José Carlos. A efetividade do processo de conhecimento. *Revista de Processo*, São Paulo, RT, v. 19, n. 74, p. 126-137, abr./jun. 1994.

BARBOSA MOREIRA, José Carlos. A Emenda Constitucional nº 45 e o processo. In: *Temas de Direito Processual, nona série.* São Paulo: Saraiva, 2007.

BARBOSA MOREIRA, José Carlos. Breve notícia sobre a reforma do processo civil alemão. *In*: WAMBIER, Luis Rodrigues; WAMBIER, Teresa Arruda Alvim (Org.). Doutrinas essenciais de processo civil, v. IX. São Paulo: Editora Revista dos Tribunais, 2014. pp. 1023-1034.

BARBOSA MOREIRA, José Carlos. Efetividade do processo e técnica processual. *In*: *Temas de Direito Processual, sexta série.* São Paulo: Saraiva, 1997.

BARBOSA MOREIRA, José Carlos. *Privatização do processo? In: Temas de direito processual, sétima série.* Rio de Janeiro: Saraiva, 2001.

BARBOSA MOREIRA, José Carlos. Tutela jurisdicional dos interesses coletivos e difusos. In: *Revista de Processo.* São Paulo. Ano 10, nº 39, jul./set, 1985, pp. 55-77

BARBOSA, Rui. *Oração aos moços.* Edição popular anotada por Adriano da Gama Kury. 5. ed. Rio de Janeiro : Fundação Casa de Rui Barbosa, 1997.

BARROSO, Luís Roberto. A proteção coletiva dos direitos no Brasil e alguns aspectos da *class action* norte americana. *In*: *De Jure – Revista Jurídica do Ministério Público do Estado de Minas Gerais.* Disponível em <https://aplicacao.mpmg.mp.br/xmlui/bitstream/handle/123456789/211/prote%C3% A7ao%20coletiva%20 direitos_Barroso.pdf?sequence=1>. Acesso em 03 jan. 2015.

BARROSO, Luís Roberto. *Interpretação e aplicação da Constituição: fundamentos de uma dogmática constitucional transformadora.* 2. ed. São Paulo: Saraiva, 1998.

BARROSO, Luís Roberto. *O direito constitucional e a efetividade de suas normas.* 7 ed. Rio de Janeiro: Renovar, 2003.

BEDAQUE, José Roberto dos Santos. *Direito e Processo: Influência do Direito Material sobre o processo.* 3. ed. rev. e ampl. São Paulo: Malheiros, 2003.

BEDAQUE, José Roberto dos Santos. *Efetividade do processo e técnica processual: tentativa de compatibilização.* Tese para concurso de Professor Titular. São Paulo: USP, 2005.

BEDAQUE, José Roberto dos Santos. *Efetividade do processo e técnica processual.* São Paulo: Malheiros, 2007.

BORHEIM, Gerd. A. (Org.). Os filósofos pré-socráticos. São Paulo: Editora Cultrix, 1985.

BRASIL. Câmara dos Deputados. Projeto de Lei n. 5.139/09: *Disciplina a ação civil pública para a tutela de interesses difusos, coletivos ou individuais homogêneos, e dá outras providências*. Disponível em <http://www.camara.gov.br/proposicoesWeb/fichadetramitacao?idProposicao=432485>. Acesso em 01 jan. 2015.

BRASIL. Conselho da Justiça Federal. Enunciado n. 139. *In:* III Jornada de Direito Civil. Disponível em <http://www.cjf.jus.br/enunciados/pesquisa/resultado>. Acesso em 01 jan. 2015

BRASIL. Conselho da Justiça Federal. Enunciado n. 4. *In:* I Jornada de Direito Civil. Disponível em <http://www.cjf.jus.br/enunciados/pesquisa/resultado>. Acesso em 01 jan. 2015.

BRASIL. Conselho Nacional de Justiça e Tribunal de Justiça do Estado de Minas Gerais. *Panfleto-informativo sobre as vantagens da conciliação.* TJMG: Belo Horizonte, 2010.

BRASIL. Conselho Nacional de Justiça. *Meta 2: Acordos da Semana de Conciliação ultrapassam R$ 218 milhões*. Disponível em <http://www.cnj.jus.br/index.php?option=com_content&view=article&id=8831:meta-2-acordos-da-semana-de-conciliacao-ultrapassam-r-218-milhoes&catid=1:notas&Itemid=675>. Acesso em 26 set. 2009.

BRASIL. Conselho Nacional de Justiça. *Relatório justiça em números: justiça em números 2014: ano-base 2013*. Brasília: CNJ, 2014.

BRASIL. Conselho Nacional do Ministério Público. Resolução n. 118/2014. Disponível em <www.cnmp.mp.br>. Acesso em 29 jan. 2015.

BRASIL. Conselho Nacional do Ministério Público. Resolução n. 23, de 07/11/2007. Disponível em <http://www.cnmp.mp.br/portal/resolucoes/2814-resolucao-23>. Acesso em 03 dez. 2014.

BRASIL. *Constituição Política do Império do Brazil, de 25.3.1824*. Disponível em <www.presidencia.gov.br/legislacao>. Acesso em 25 set. 2009.

BRASIL. *Legislação brasileira.* Brasília: Presidência da República. Disponível em <www.presidencia.gov.br/legislacao>. Acesso em 27 jun. 2015.

BRASIL. Ministério da Justiça – Secretaria de Reforma do Judiciário. *Relatório Tutela judicial dos interesses metaindividuais: ações coletivas.* Brasília, 2007.

BRASIL. Ministério da Justiça – Secretaria de Reforma do Judiciário; PNUD – Programa das Nações Unidas para o Desenvolvimento. *Análise da Gestão e Funcionamento dos Cartórios Judiciais*. Brasília, 2007.

BRASIL. Ministério da Justiça – Secretaria de Reforma do Judiciário. *Diagnóstico do Poder Judiciário*. Brasília, 1994.

BRASIL. Ministério da Justiça – Secretaria de Reforma do Judiciário. *Acesso à Justiça por Sistemas Alternativos de Administração de Conflitos: Mapeamento nacional de programas públicos e não governamentais.* Brasília, 2005.

BRASIL. Ministério da Justiça – Secretaria de Reforma do Judiciário. *Estudo Juizados Especiais Cíveis*. Brasília, 2007.

BRASIL. Ministério da Justiça – Secretaria de Reforma do Judiciário. *Estudo sobre Execuções Fiscais no Brasil*. São Paulo, 2007.

BRASIL. Ministério da Justiça – Secretaria de Reforma do Judiciário. *Experiências de Administração Judicial: Distrito Federal – Juizado Especial Cível – Tribunal de Justiça*. Brasília, 2004.

BRASIL. Ministério da Justiça – Secretaria de Reforma do Judiciário. *Relato de uma experiência: Programa Justiça Comunitária do Distrito Federal*. 2 ed. Redação e organização Juíza Gláucia Falsarella Foley. Brasília, 2008.

BRASIL. Ministério da Justiça – Secretaria de Reforma do Judiciário. *Judiciário e Economia*. Brasília, 2006.

BRASIL. Ministério da Justiça – Secretaria de Reforma do Judiciário. *Acesso à Justiça por Sistemas Alternativos de Administração de Conflitos: Mapeamento nacional de programas públicos e não governamentais*. Brasília, 2005.

BRASIL. Ministério da Justiça. *Reforma do judiciário – Publicações – Relatórios*. Disponível em <www.mj.gov.br>. Acesso em 29 mai. 2009.

BRASIL. Senado Federal. *Anteprojeto do Novo Código de Processo Civil: Exposição de motivos*. Brasília: 2010. Disponível em <http://www.senado.gov.br/senado/novocpc/pdf/anteprojeto.pdf>. Acesso em 30 jul. 2015.

BRASIL. Superior Tribunal de Justiça. Agravo Regimental no Agravo de Instrumento n. 1180561/PR, Rel. Ministro Vasco Della Giustina (Desembargador convocado do TJ/RS), 6ª Turma, DJe 03/11/2011.

BRASIL. Superior Tribunal de Justiça. AgRg no AREsp 154.381/MG, Rel. Ministro Og Fernandes, 2ª Turma, julgado em 22/10/2013, DJe 13/11/2013.

BRASIL. Superior Tribunal de Justiça. AgRg no REsp 1175494/PR, Rel. Ministro Arnaldo Esteves Lima, 1ª Turma, julgado em 22/03/2011, DJe 07/04/2011.

BRASIL. Superior Tribunal de Justiça. AgRg no REsp 531.985/SP, Rel. Min. Eliana Calmon, 2ª Turma, DJU 14.06.06 p. 200.

BRASIL. Superior Tribunal de Justiça. Boletim Informativo de jurisprudência n. 497 – REsp 1.099.634-RJ, Rel. Min. Nancy Andrighi, 3ª Turma, julgado em 8/5/2012.

BRASIL. Superior Tribunal de Justiça. Boletim Informativo n. 197/2004. REsp n. 146.483-PR, Rel. Min. Hamilton Carvalhido, 6ª Turma, j. 05/02/2004.

BRASIL. Superior Tribunal de Justiça. Boletim Informativo n. 229/2004. EREsp – Embargos de Divergência em Recurso Especial, n. 141.491-SC, Corte Especial, DJ 01/08/2000.

BRASIL. Superior Tribunal de Justiça. Boletim Informativo n. 229/2004. EREsp – Embargos de Divergência em Recurso Especial, n. 171.283-PR, Rel. Min. Peçanha Martins, Corte Especial, j. 17/11/2004.

BRASIL. Superior Tribunal de Justiça. Boletim Informativo n. 359/2008. REsp n. 858.056-GO – 2006/0120826-0, Rel. Min. João Otávio de Noronha, 2ª Seção, j. 11/06/2008, DJe 04/08/2008, RevJur, vol. 374, p. 119.

BRASIL. Superior Tribunal de Justiça. CC – Conflito de Competência n. 116.282/PR, Rel. Ministro Herman Benjamin, 1ª Seção, julgado em 24/08/2011, DJe 06/09/2011.

BRASIL. Superior Tribunal de Justiça. EREsp – Embargos de Divergência em Recurso Especial, n. 171.283-PR, Rel. Min. Peçanha Martins, Corte Especial, j. 17/11/2004.

BRASIL. Superior Tribunal de Justiça. HC – Habeas Corpus n. 82.911/MG, Rel. Ministro Arnaldo Esteves Lima, 5ª Turma, julgado em 05/05/2009, DJe 15/06/2009.

BRASIL. Superior Tribunal de Justiça. HC 187.842, Rel. Min. Laurita Vaz, 5ª Turma, DJe 25/09/2013.

BRASIL. Superior Tribunal de Justiça. HC 61.199/BA, Rel. Ministra Jane Silva, Desembargadora Convocada do TJ/MG, 5ª Turma, julgado em 04/10/2007, DJ 22/10/2007, p. 321.

BRASIL. Superior Tribunal de Justiça. Informativo n. 400, 22 a 26 de junho de 2009.

BRASIL. Superior Tribunal de Justiça. Recurso Especial n. 1.089.206-RS, Rel. Min. Luiz Fux, 1ª Turma, j. 23/06/2009.

BRASIL. Superior Tribunal de Justiça. Recurso Especial n. 1.120.117/AC, Rel. Min. Eliana Calmon, 2ª Turma, DJe 19/11/2009.

BRASIL. Superior Tribunal de Justiça. Recurso Especial n. 1.150.530/SC, Rel. Min. Humberto Martins, 2ª Turma, j. 18/02/10, DJe 08/03/10.

BRASIL. Superior Tribunal de Justiça. Recurso Especial n. 1.150.639/RS, Rel. Min. Mauro Campbell Marques, 2ª Turma, DJe 08/10/2010.

BRASIL. Superior Tribunal de Justiça. Recurso Especial n. 1.155.144/MS, Rel. Ministra Eliana Calmon, 2ª Turma, julgado em 24/08/2010, DJe 08/09/2010.

BRASIL. Superior Tribunal de Justiça. Recurso Especial n. 1.252.869/DF, Rel. Ministro Herman Benjamin, 2ª Turma, julgado em 15/08/2013, DJe 16/09/2013.

BRASIL. Superior Tribunal de Justiça. Recurso Especial n. 1.275.215-RS, Rel. Min. Luís Felipe Salomão, 4ª Turma, j. 27/09/2011.

BRASIL. Superior Tribunal de Justiça. Recurso Especial n. 1.309.948/SP, Rel. Ministro Luis Felipe Salomão, 4ª Turma, julgado em 18/12/2014, DJe 24/02/2015.

BRASIL. Superior Tribunal de Justiça. Recurso Especial n. 1.420.979/CE, Rel. Ministro Herman Benjamin, 2ª Turma, julgado em 18/09/2014, DJe 10/10/2014.

BRASIL. Superior Tribunal de Justiça. Recurso Especial n. 129.182/SP, Rel. Ministro Waldemar Zveiter, 3ª Turma, julgado em 15/12/1997, DJ 30/03/1998.

BRASIL. Superior Tribunal de Justiça. Recurso Especial n. 138.583, Rel. Min. Menezes Direito, 3ª Turma, DJ de 13/10/1998.

BRASIL. Superior Tribunal de Justiça. Recurso Especial n. 146.483-PR, Rel. Min. Hamilton Carvalhido, 6ª Turma, j. 05/02/2004.

BRASIL. Superior Tribunal de Justiça. Recurso Especial n. 157.838/SP, Rel. Ministro Demócrito Reinaldo, 1ª Turma, julgado em 01/09/1998, DJ 19/10/1998, p. 29.

BRASIL. Superior Tribunal de Justiça. Recurso Especial n. 177.965, Rel. Min. Ruy Rosado de Aguiar, 4ª Turma, DJ 23/08/1999.

BRASIL. Superior Tribunal de Justiça. Recurso Especial n. 178.430, Rel. Min. Garcia Vieira, 1ª Turma, DJ 13/10/1998.

BRASIL. Superior Tribunal de Justiça. Recurso Especial n. 208.068/SC, Rel. Min. Nancy Andrighi, 3ª Turma, DJ 08/04/2002.

BRASIL. Superior Tribunal de Justiça. Recurso Especial n. 235.422/SP, Rel. Ministro Ruy Rosado de Aguiar, 4ª Turma, julgado em 19/10/2000, Dj 18/12/2000.

BRASIL. Superior Tribunal de Justiça. Recurso Especial n. 299.400/RJ, Rel. Ministro Francisco Peçanha Martins, Rel. p/ Acórdão Ministra Eliana Calmon, 2ª Turma, j. em 01/06/2006, DJ 02/08/2006, p. 229.

BRASIL. Superior Tribunal de Justiça. Recurso Especial n. 327.023/DF, 2ª Turma, Rel. Min. Francisco Peçanha Martins, DJ de 23.5.2006.

BRASIL. Superior Tribunal de Justiça. Recurso Especial n. 440.205/SP, 3ª Turma, Rel. Min. Carlos Alberto Menezes Direito, DJ de 13.6.2005.

BRASIL. Superior Tribunal de Justiça. Recurso Especial n. 443.407/SP, Rel. Ministro João Otávio de Noronha, 2ª Turma, julgado em 16/03/2006, DJ 25/04/2006.

BRASIL. Superior Tribunal de Justiça. Recurso Especial n. 49.272/RS, Rel. Ministro Demócrito Reinaldo, 1ª Turma, julgado em 21/09/1994, DJ 17/10/1994, p. 27868.

BRASIL. Superior Tribunal de Justiça. Recurso Especial n. 509.654-MA, Rel. Ministro Carlos Alberto Menezes Direito, Rel. p/ Acórdão Ministra Nancy Andrighi, Terceira Turma, julgado em 24/08/2004, DJ 16/11/2004, p. 273.

BRASIL. Superior Tribunal de Justiça. Recurso Especial n. 547.170-SP, Rel. Ministro Castro Filho, Terceira Turma, julgado em 09/12/2003, DJ 10/02/2004, p. 253.

BRASIL. Superior Tribunal de Justiça. Recurso Especial n. 58.682, Rel. Min. Menezes Direito, 3ª Turma, julgado em 08/10/1996, DJ 16/12/1996, p. 50864.

BRASIL. Superior Tribunal de Justiça. Recurso Especial n. 596.764/MG, Rel. Ministro Antonio Carlos Ferreira, 4ª Turma, julgado em 17/05/2012, DJe 23/05/2012.

BRASIL. Superior Tribunal de Justiça. Recurso Especial n. 635.807/CE, Rel. Min. Nancy Andrighi, 3ª Turma, j. 05.05.2005, DJ 20.06.2005, p. 277.

BRASIL. Superior Tribunal de Justiça. Recurso Especial n. 727.209/RJ, Rel. Ministro Teori Albino Zavascki, 1ª Turma, julgado em 21/02/2006, DJ 13/03/2006, p. 213.

BRASIL. Superior Tribunal de Justiça. Recurso Especial n. 764.085/PR, Rel. Ministro Humberto Martins, 2ª Turma, julgado em 01/12/2009, DJe 10/12/2009.

BRASIL. Superior Tribunal de Justiça. Recurso Especial n. 765.212/AC, Rel. Ministro Herman Benjamin, 2ª Turma, julgado em 02/03/2010, DJe 23/06/2010.

BRASIL. Superior Tribunal de Justiça. Recurso Especial n. 802.060/RS, Rel. Ministro Luiz Fux, 1ª Turma, julgado em 17/12/2009, DJe 22/02/2010.

BRASIL. Superior Tribunal de Justiça. Recurso Especial n. 828.319/PR, Rel. Ministro Mauro Campbell Marques, 2ª Turma, julgado em 16/12/2010, DJe 08/02/2011.

BRASIL. Superior Tribunal de Justiça. Recurso Especial n. 840.507/RS, Rel. Ministra Denise Arruda, 1ª Turma, julgado em 09/12/2008, DJe 11/02/2009.

BRASIL. Superior Tribunal de Justiça. Recurso Especial n. 858.056-GO – 2006/0120826-0, Rel. Min. João Otávio de Noronha, 2ª Seção, j. 11/06/2008.

BRASIL. Superior Tribunal de Justiça. Recurso Especial n. 895.443/RJ, Rel. Ministra Eliana Calmon, 2ª Turma, julgado em 20/11/2008, DJe 17/12/2008.

BRASIL. Superior Tribunal de Justiça. Recurso Especial n. 912.849/RS, Rel. Ministro José Delgado, 1ª Turma, julgado em 26/02/2008, DJe 28/04/2008.

BRASIL. Superior Tribunal de Justiça. Recurso Especial n. 959.904/PR, Rel. Ministro Luiz Fux, 1ª Turma, julgado em 23/04/2009, DJe 29/09/2009.

BRASIL. Superior Tribunal de Justiça. RHC 24.499/SP, Rel. Min. Maria Thereza de Assis Moura, 6.ª Turma, DJe de 03/10/2011.

BRASIL. Superior Tribunal de Justiça. RHC 25.475 – 2009.003.064.68. Rel. Min. Jorge Mussi, 5ª Turma, DJe 18/06/2014.

BRASIL. Supremo Tribunal Federal. ADPF 45 MC, Rel. Min. Celso de Mello, j. 29/04/2004, public. DJ 04/05/2004.

BRASIL. Supremo Tribunal Federal. Ação Direta de Inconstitucionalidade – ADI n. 815, Rel. Min. Moreira Alves, j. 28-3-1996, Plenário, DJ 10-5-1996.

BRASIL. Supremo Tribunal Federal. Ação Direta de Inconstitucionalidade n. 2911, Rel. Min. Carlos Britto, Tribunal Pleno, julgado em 10/08/2006, DJ 02-02-2007, LEXSTF v. 29, n. 339, 2007, p. 107-116.

BRASIL. Supremo Tribunal Federal. Ação Direta de Inconstitucionalidade n. 4414, Rel. Min. Luiz Fux, Tribunal Pleno, j. 31/05/2012, DJe-114.

BRASIL. Supremo Tribunal Federal. Ação Penal n. 611, Rel. Min. Luiz Fux, 1ª Turma, julgado em 30/09/2014, DJe-241.

BRASIL. Supremo Tribunal Federal. ADI 111 MC (Medida cautelar na ação direta de inconstitucionalidade), Rel. Min. Carlos Madeira, Tribunal Pleno, julgado em 25/10/1989, DJ 24-11-1989.

BRASIL. Supremo Tribunal Federal. ADI 1905 MC (Medida cautelar na ação direta de inconstitucionalidade), Rel. Min. Sepúlveda Pertence, Tribunal Pleno, julgado em 19/11/1998, DJ 05-11-2004, LEXSTF v. 26, n. 312, 2005, p. 77-92.

BRASIL. Supremo Tribunal Federal. Agravo Regimental no Recurso Extraordinário n. 472489 AgR/RS, Rel. Min. Celso de Mello, 2ª Turma, 29.04.2008.

BRASIL. Supremo Tribunal Federal. Agravo Regimental no Recurso Extraordinário n.º 271.286. Rel. Min. Celso de Mello, 2ª Turma, j. 12/09/2000.

BRASIL. Supremo Tribunal Federal. AI 778583 AgR, Rel. Min. Gilmar Mendes, 2ª Turma, julgado em 27/09/2011, DJe-195 PUBLIC 11-10-2011.

BRASIL. Supremo Tribunal Federal. AI n. 642034 AgR, Rel. Min. Eros Grau, 2ª Turma, julgado em 20/11/2007, DJe-157 p. 7-12-07 DJ 07-12-2007.

BRASIL. Supremo Tribunal Federal. ARE 639337 AgR, Relator(a): Min. Celso De Mello, 2ª Turma, Julgado Em 23/08/2011, Dje-177 Divulg 14-09-2011, public. 15-09-2011.

BRASIL. Supremo Tribunal Federal. Boletim Informativo n. 504/2008. Recurso Extraordinário n. RE 472489 AgR/RS, Rel. Min. Celso de Mello, 2ª Turma, 29.04.2008.

BRASIL. Supremo Tribunal Federal. Habeas Corpus n. 94173, Rel. Min. Celso de Mello, 2ª Turma, julgado em 27/10/2009, DJe-223, public. 27-11-2009.

BRASIL. Supremo Tribunal Federal. Recurso Extraordinário n. 163.231-SP, Tribunal Pleno, Relator Min. Maurício Corrêa, j. 26/02/1997, DJ 29-06-2001.

BRASIL. Supremo Tribunal Federal. Recurso Extraordinário n. 208790, Rel. Min. Ilmar Galvão, Tribunal Pleno, julgado em 27/09/2000, DJ 15-12-2000.

BRASIL. Supremo Tribunal Federal. Recurso Extraordinário n. 234439, Rel. Min. Moreira Alves, 1ª Turma, julgado em 30/04/2002, DJ 14-06-2002.

BRASIL. Supremo Tribunal Federal. Recurso Extraordinário n. 253.885-MG, 1ª Turma, Rel. Min. Ellen Gracie, j. 4-6-2002, DJU 21-6-2002.

BRASIL. Supremo Tribunal Federal. Recurso Extraordinário n. 368060 AgR, Rel. Min. Eros Grau, 1ª Turma, julgado em 06/09/2005, DJ 28-10-2005.

BRASIL. Supremo Tribunal Federal. Recurso Extraordinário n. 440004 AgR, Rel. Min. Dias Toffoli, 1ª Turma, julgado em 13/08/2013, Acórdão Eletrônico DJe-202 Divulg 10-10-2013, Public 11-10-2013.

BRASIL. Supremo Tribunal Federal. Recurso Extraordinário n. 576.155/DF, Rel. Min. Ricardo Lewandowski, Tribunal Pleno, j. 12/08/2010, Repercussão Geral – Mérito DJe-226 Divulg 24-11-2010 Public 25-11-2010 Republicação: DJe-020.

BRASIL. Supremo Tribunal Federal. Súmula n. 643. Disponível em <www.stf.jus.br>. Acesso em 05 jan. 2015.

BUENO, Cássio Scarpinella. As *class actions* norte-americanas e as ações coletivas brasileiras: pontos para uma reflexão conjunta. *In: Revista de Processo*. n. 82, São Paulo, Ed. Revista dos Tribunais, abril/junho de 1996, pp. 92/151. Disponível em <http://www.scarpinellabueno.com.br/Textos/Class%20action%20e%20direito%20brasileiro.pdf>. Acesso em 02 jan. 2015.

BULOS, Uadi Lamêgo; CALMON, Eliana (Orgs). *Direito processual: inovações e perspectivas*. São Paulo: Malheiros, 2003.

BVerfGE 30, 1 (*Abhörurteil*), Decisão (*urteil*) do Segundo Senado de 15 de dezembro de 1970 após audiência de 07 de julho de 1970 – 2 BvF 1/69, 2 BvR 629/68 e 308/69. Cinquenta Anos de Jurisprudência do Tribunal Constitucional Federal Alemão. Coletânea original: Jurgen Schwabe; *organização e introdução Leonardo*

Martins; tradução: Beatriz Hennig ...(et al.). Montevideo: Fundação Konrad-Adenauer, 2005.

CALAMANDREI, Piero. *Estudios sobre el processo civil*. Buenos Aires: Cangallo, 1945.

CALMON DE PASSOS, José Joaquim. *Direito, Poder, Justiça e Processo: Julgando os que nos Julgam*. Rio de Janeiro: Forense, 2003.

CAMBI, Eduardo. *Ação Civil Pública – 20 Anos – Novos Desafios*. p. 3. Disponível em <http://www.abdpc.org.br/abdpc/artigos/Eduardo%20Cambi%20-%20formatado.pdf>. Acesso em 07 jan. 2015.

CAMPOS, Ronaldo Cunha. *Ação civil pública*. Rio de Janeiro: Aide, 1995.

CAPPELLETTI, Mauro. *La Giurisdizione costituzionale della liberta*. Milão: Giuffré, 1955.

CAPPELLETTI, Mauro. Os métodos alternativos de solução de conflitos no quadro do movimento universal de acesso à justiça. *Revista de Processo*, n. 74, ano 19, abril-junho/94, São Paulo: RT, pp. 82-97.

CAPPELLETTI, Mauro; GARTH, Bryant. *Acesso à justiça*. Tradução de Ellen Gracie Northfleet. Porto Alegre: Sergio Antonio Fabris Editor, 1988.

CARNELUTTI, Francesco. *Sistema de diritto processuale civile*, v. 1. CEDAM Italia: Padova, 1936.

CARPI, Federico. *Some observations on the current trends of the class actions in civil law countries*. In: *Revista de Processo*. Ano 36. vol. 196. jun/2011, p. 385-392.

CARRIÓ, Genaro. *Notas sobre Derecho y lenguage*. 3ª ed. Buenos Aires, Aleledo -Perrot, 1986.

CARVALHO FILHO, José dos Santos. Ação Civil Pública: Comentários por artigo. 7 ed. Rio de Janeiro: Lumen Juris, 1995.

CHIOVENDA, Giuseppe. *Instituciones de Derecho Procesal Civil*, v. 2. Tradução da 2ª edição italiana de Istituzioni di Diritto Processuale Civile por E. Gómez Orbaneja. Madrid: Editorial Revista de Derecho Privado, 1940.

CHIOVENDA, Giuseppe. *Instituições de Direito Processual Civil*. 3. ed. São Paulo: Saraiva, 1969, v. I, n. 12.

CINTRA, Antônio Carlos de Araújo; DINAMARCO, Cândido Rangel; GRINOVER, Ada Pellegrini. *Teoria Geral do Processo*. 24. ed. São Paulo: Malheiros. 2008.

COMPANHIA DE SANEAMENTO BÁSICO DO ESTADO DE SÃO PAULO – SABESP. *Situação dos mananciais*. Disponível em <http://www2.sabesp.com.br/mananciais/>. Acesso em 04 mai. 2015.

COMPANHIA DE SANEAMENTO DE MINAS GERAIS – COPASA/MG. *Nível dos reservatórios do Sistema Paraopeba, Rio Manso, Serra Azul e Vargem das Flores*. Disponível em <http://www.copasatransparente.com.br/?page_id=24>. Acesso em 04 mai. 2015.

COUTURE, Eduardo J. *Estudios de derecho procesal civil*, v. 1. Buenos Aires: Ediar, 1948.

CRUZ E TUCCI, José Rogério. *Tempo e processo.* São Paulo: Revista dos Tribunais, 1998.

CUNHA, Leonardo José Carneiro da. *A Fazenda Pública em Juízo.* 10. ed. rev., ampl. e atual. São Paulo: Dialética, 2012.

DA CUNHA, Marcio Felipe Lacombe. Termo de ajustamento de conduta e a possibilidade de conciliação na seara da improbidade administrativa. *Revista Virtual da Advogacia Geral da União – AGU.* Ano X nº 107, dezembro de 2010. Disponível em: <http://www.agu.gov.br/page/content/detail/id_conteudo/152998>. Acesso em 30 mar. 2014.

DAKOLIAS, Maria. *Documento Técnico n. 319 do Banco Mundial: O setor judiciário na América Latina e no Caribe – Elementos para reforma.* Tradução de Sandro Eduardo Sarda. Washington, 1996.

DAKOLIAS, Maria. *O Setor Judiciário na América Latina e no Caribe – Elementos para reforma.* Washington D.C.: Banco Mundial, 1996.

DALLARI, Dalmo de Abreu. *O poder dos juízes. 2. ed.* São Paulo: Saraiva, 2002.

DAVID, René. *Les grands systèmes de droit contemporains.* 7 ed. Paris: Dalloz, 1978.

DAVID, René. *O direito inglês*. São Paulo: Martins Fontes, 1997.

DIDIER JR., Fredie. *Curso de direito processual civil, v. 1, Teoria Geral do Processo.* 10 ed. Salvador: JusPodivm, 2008.

DIDIER JR., Fredie; ZANETI JÚNIOR, Hermes. *Curso de Direito Processual Civil, v. 4, Processo Coletivo.* 3. ed. Salvador: JusPodivm, 2008.

DINAMARCO, Cândido Rangel. *A instrumentalidade do processo.* 14. ed. São Paulo: Malheiros, 2009.

DINAMARCO, Cândido Rangel. *A reforma da reforma.* 6. ed. São Paulo: Malheiros, 2003.

DINAMARCO, Cândido Rangel. *Instituições de Direito Processual Civil.* 5. ed. rev. e atual., v. I. São Paulo: Malheiros, 2005.

DINAMARCO, Cândido Rangel. *Nova era do processo civil.* 2. ed. São Paulo: Malheiros, 2007.

DINIZ, Davi Monteiro. *Da obrigação de restituir por enriquecimento sem causa.* Rio de Janeiro: Lumen Juris, 2013.

DWORKIN, Ronald. *Levando os direitos a sério.* Título original: *Taking rights seriously*. Tradução de Nelson Boeira. 2 ed. São Paulo: Martins Fontes, 2007.

DWORKIN, Ronald. *O império do direito*. Título original: *Law's empire*. Tradução de Jefferson Luiz Camargo. 2 ed. São Paulo: Martins Fontes, 2007.

DWORKIN, Ronald. *Uma questão de princípio*. Título original: *A matter of principle*. Tradução de Luís Carlos Borges. 2 ed. São Paulo: Martins Fontes, 2005.

Escola Nacional de mediação e Conciliação – ENAM; Centro de Educação a Distância da Universidade de Brasília – CEAD-UnB. *Resolução consensual de conflitos coletivos envolvendo políticas públicas.* Curso ministrado por Luciane Moessa de Souza. Módulos 1 a 4.

FALAVIGNA, Maria Clara Osuna Diaz. *Os princípios gerais do Direito e os standards jurídicos no Código Civil.* Tese de doutorado. Professora Orientadora Daisy Gogliano. Faculdade de Direito da Universidade de São Paulo. São Paulo, 2007. pp. 14-15. Disponível em <http://www.teses.usp.br/teses/disponiveis/2/2131/tde-23032008-183352/publico/TESE.pdf>. Acesso em 7 jan. 2015.

FARIAS, Talden. Termo de ajustamento de conduta e acesso à justiça. *Revista Dialética de Direito Processual*, v. 52, p. 116-124, 2007.

FAZZALARI, Elio. *Istituzioni di diritto processuale civile.* 8. ed. Padova: CEDAM, 1996.

FERRAZ, Antonio Augusto Mello de Camargo. *Ação civil pública, inquérito civil e Ministério Público. In*: MILARÉ, Edis (Coord.). *Ação civil pública: Lei 7.347/1985 – 15 anos*. São Paulo: Editora Revista dos Tribunais, 2002.

FERRAZ, Luciano de Araújo. Termo de Ajustamento de Gestão e o Alerta Previsto no art. 59, §1º, da Lei de Responsabilidade Fiscal: dez anos depois. *Revista Técnica dos Tribunais de Contas*, v. 9, p. 205-212, 2010.

FERRAZ, Luciano de Araújo. Termo de Ajustamento de Gestão (TAG): do sonho à realidade. *Revista Brasileira de Direito Público*, v. 31, p. 43-50, 2010.

FERREIRA, Diogo Ribeiro. A Conciliação Antes e Depois do Novo Código de Processo Civil. *Jornal Estado de Minas*, 23 de março de 2011. p. 8.

FERREIRA, Diogo Ribeiro. *Execução por quantia certa contra devedor solvente: Penhora on-line e princípios constitucionais.* Monografia. Trabalho de conclusão do curso de bacharelado em Direito – Faculdade de Direito, Universidade Federal de Minas Gerais, Belo Horizonte, 2005.

FERREIRA, Diogo Ribeiro. *O Direito Fundamental à Efetividade do Processo.* Belo Horizonte: Edição do Autor, 2011.

FERREIRA, Diogo Ribeiro. Teoria e princípios subjacentes à penhora on-line. *In*: ROSENVALD, Nelson; PEREIRA, Leonardo Moreira; BARBOSA, Rogério Monteiro (Orgs.). *Questões Contemporâneas do Direito.* Belo Horizonte: Arraes Editores, 2010. p. 13-23.

FERREIRA, Diogo Ribeiro; PAIXÃO JÚNIOR, Manoel Galdino da. UNIVERSIDADE FEDERAL DE MINAS GERAIS. *Efetividade do processo como direito fundamental: tecnologia, técnica processual e diálogo democrático face aos desafios do direito brasileiro.* 2010. 224 f. Dissertação (mestrado) – Universidade Federal de Minas Gerais, Faculdade de Direito.

FERREIRA, Juliana Maria Matos; GUIMARÃES, Natália Chernicharo; MACIEL JÚNIOR, Vicente de Paula. Cidadania, legitimação para agir e efetividade no processo coletivo. *Anais do XVII Encontro Preparatório para o Congresso Nacional do CONPEDI – Conselho Nacional de Pesquisa e Pós-graduação em Direito, pp. 2965-2982*. Florianópolis: Fundação Boiteux, 2008. Disponível em <http://www.conpedi.org.br/manaus/arquivos/anais/salvador/juliana_maria_matos_ferreira.pdf>. Acesso em 26 mai. 2015.

FISHER, Roger; URY, William; PATTON, Bruce. *Como chegar ao sim – a negociação de acordos sem concessões.* Tradução de Vera Ribeiro e Ana Luiza Borges. 2. ed. Rio de Janeiro: Imago, 2005.

FONAJE – Fórum Nacional de Juizados Especiais – ENUNCIADO n. 139 (substitui o Enunciado n. 32). Disponível em <http://www.fonaje.org.br/site/enunciados/>. Acesso em 01 jan. 2015.

FORNACIARI, Flávia Hellmeister Clito. *Representatividade adequada nos processos coletivos.* Tese de doutorado. Professora Orientadora Ada Pellegrini Grinover. Faculdade de Direito da Universidade de São Paulo. São Paulo, 2010. pp. 47-54. Disponível em <http://www.teses.usp.br/teses/disponiveis/2/2137/tde-24092010-133201/publico/Representatividade_Adequada_nos_Processos_Coletivos.pdf>. Acesso em 5 jan. 2015.

FREITAS, Juarez. *Sustentabilidade: direito ao futuro.* 2 ed. Belo Horizonte: Fórum, 2012.

GARCIA, Emerson. *Conflito entre normas constitucionais: esboço de uma teoria geral.* Rio de Janeiro: Lumen Juris, 2008.

GARCIA, Leonardo de Medeiros. *Direito do Consumidor*. 2 ed. Niterói: RJ, Editora Impetus, 2006.

GIANNINI, Leandro J. *Legitimación y representatividad adecuada en los procesos colectivos: Una experiencia local (Salta): el rol del Ministerio Público en el control de representatividad adecuada. Processos Coletivos*, Porto Alegre, vol. 2, n. 4, 01 out. 2011. Disponível em: <http://www.processoscoletivos.net/ve_artigo.asp?id=82> Acesso em: 02 out. 2011.

GIDI, Antonio. *A Class Action como instrumento de tutela coletiva de direitos: as ações coletivas em uma perspectiva comparada*. São Paulo: Editora Revista dos Tribunais, 2007.

GODOY, Cláudio Luiz Bueno de. *Contratos em espécie. In:* Peluso, Cezar (Coord.). *Código Civil Comentado: doutrina e jurisprudência.* 2 ed. Barueri: Manole, 2008.

GOLDSCHMIDT, James. *Derecho procesal civil.* Tradução da 2ª edição alemã por Leonardo Prieto Castro. Barcelona, Espanha: Labor, 1936.

GOMES, Magno Federici; FREITAS, Frederico Oliveira. Os direitos fundamentais e o princípio da dignidade da pessoa humana no estado democrático de direito. *Revista IOB de Direito Administrativo*. São Paulo, v. 5, n. 55, p. 113-137, 2010.

GONÇALVES, Aroldo Plínio. *Técnica processual e teoria do processo.* Rio de Janeiro: Aide, 1992.

GRASSO, Eduardo. *Gli interesso dela collettività e l'azione collettiva.* In: Rivista di diritto processuale, vol. XXXVIII, 1983.

GRINOVER, Ada Pellegrini. *A marcha do processo.* Rio de Janeiro: Forense universitária, 2000.

GRINOVER, Ada Pellegrini. *Da class action for damages à ação de classe brasileira: os requisitos de admissibilidade. In*: MILARÉ, Edis. Ação civil pública: lei 7.347/1985 – 15 anos. São Paulo: Revista dos Tribunais, 2002, p. 19-39.

GRINOVER, Ada Pellegrini. *Novas tendências do Direito Processual.* São Paulo: Forense Universitária, 1990.

GRINOVER, Ada Pellegrini. *Os princípios constitucionais e o código de processo civil.* São Paulo: 1975.

GUERRA FILHO, Willis Santiago. Sobre o princípio da proporcionalidade. *In:* LEITE, George Salomão. *Dos Princípios Constitucionais: considerações em torno das normas principiológicas da Constituição.* São Paulo: Malheiros, 2003.

GUIBOURG, Ricardo A.; ALENDE, Jorge D.; CAMPANELLA, Elena M. *Manual de informática jurídica.* Buenos Aires: Astrea, 1996.

HÄBERLE, Peter. *Hermenêutica constitucional: a sociedade aberta dos intérpretes da Constituição – contribuição para a interpretação pluralista e "procedimental" da Constituição.* Porto Alegre: Sérgio Antônio Fabris Editor, 1997.

HECK, Luís Afonso. *Regras, princípios jurídicos e sua estrutura no pensamento de Robert Alexy.* In: LEITE, George Salomão (Org.). Dos Princípios Constitucionais. Considerações em torno das normas principiológicas da Constituição. São Paulo: Malheiros, 2003.

HERNANDEZ, Cristian (Coord.) *Reporte sobre la Justicia em las Américas 2004-2005.*

HESSE, Konrad. *A força normativa da Constituição.* Tradução de Gilmar Ferreira Mendes. Porto Alegre: Sérgio Antônio Fabris Editor, 1997.

HOFFMAN, Paulo. *Razoável Duração do Processo.* São Paulo: Quartier Latin, 2006.

IHERING, Friedrich von. *A luta pelo direito.* 18. ed. Tradução de João de Vasconcelos. Rio de Janeiro: Forense, 1999.

ITALIA. *Codice Civile Italiano.* Disponível em <http://www.diritto.it/codici/1>. Acesso em 01. jan. 2015

JAYME, Fernando Gonzaga. *Os problemas da efetiva garantia de proteção judicial perante o Poder Judiciário brasileiro. In:* JAYME, Fernando Gonzaga (Coord.); FARIA, Juliana Cordeiro de (Coord.); LAUAR, Maira Terra (Coord.). *Processo civil: novas tendências: estudos em homenagem ao professor Humberto Theodoro Júnior.* Belo Horizonte: Del Rey, 2008. pp. 235-257.

JAYME, Fernando Gonzaga. *Direitos Humanos e sua efetivação pela Corte Interamericana de Direitos Humanos.* 1ª. ed. Belo Horizonte: Del Rey, 2005.

JAYME, Fernando Gonzaga. *et. al. Celeridade e efetividade do processo sob a perspectiva da magistratura mineira.* 2014. (Relatório de pesquisa)

JAYME, Fernando Gonzaga. *Inovações no novo Código de Processo Civil.* 2014. (Apresentação de Trabalho/Conferência ou palestra).

JAYME, Fernando Gonzaga. Obstáculos à tutela jurisdicional efetiva. *Revista Forense*, v. 399, p. 95-110, 2008.

JAYME, Fernando Gonzaga. *Tribunal Constitucional: exigência democrática.* Belo Horizonte: Del Rey, 2000.

JAYME, Fernando Gonzaga; FRANCO, Marcelo Veiga. O princípio do contraditório no Projeto do novo Código de Processo Civil. *Revista de Processo*, v. 227, p. 221-243, 2014.

JAYME, Fernando Gonzaga; MAIA, Renata Christiana Vieira. *Análisis de la constitucionalidad de la legitimación de un partido político en la acción de mandato de seguridad. Revista Estudios Constitucionales*, v. 1/2013, Santiago/Chile, p. 543-568.

JAYME, Fernando Gonzaga; OLIVEIRA, Mário Henrique de. Análise sistemática dos embargos de declaração no Projeto de novo CPC como instrumento de acesso aos tribunais superiores. *Revista Brasileira de Direito Processual*, v. 86, pp. 36-50, 2014.

JAYME, Fernando Gonzaga; SALOMÉ, Joana Faria; OLIVEIRA JÚNIOR, Délio Mota de. O reexame necessário no processo civil brasileiro: um mal desnecessário. *Revista de Processo*, v. 220, pp. 375-406, 2013.

KELSEN, Hans. Teoria pura do direito. Tradução de João Baptista Machado. 6ª ed. São Paulo : Martins Fontes, 1998

LASSALE, Ferdinand. *O que é uma Constituição Política.* Rio de Janeiro; Editora Global, 1987.

LOEWENSTEIN, Karl. *Teoría de la Constitución.* 2 ed. Barcelona: Ariel, 1970.

MACFARLENE, Julie. *The new lawyer – how settlement is transforming the practice of law.* Vancouver: UBC Press, 2007, 283p.

MACIEL JÚNIOR, Vicente de Paula. *Convenção coletiva de consumo: estudo dos interesses difusos, coletivos e casos práticos; aspectos comparativos entre a experiência do Direito do Trabalho e do Direito do Consumidor na formação da legislação material e processual.* Belo Horizonte: Del Rey, 1996.

MACIEL JÚNIOR, Vicente de Paula. Teoria do direito coletivo: direito ou interesse (difuso, coletivo ou individual homogêneo?). *Revista Virtuajus PUCMINAS*, v. 1, 2004. Disponível em <http://www.fmd.pucminas.br/Virtua jus/virtuajus_inicio.html>. Acesso em 26 mai. 2015.

Magistrado Conciliador tem mil audiências. *Notícias do Tribunal de Justiça do Estado de Minas Gerais.* Belo Horizonte, 21 de novembro de 2008. Disponível em <http://www.tjmg.jus.br/anexos/nt/noticia.jsp?codigoNoticia=11152>. Acesso em 02 set. 2009.

MAGNANI, Andréa Bueno. *Direito fundamental à razoável duração do processo.* Jus Navigandi, Teresina, ano 10, n. 1031, 28 abr. 2006. Disponível em: <http://jus2.uol.com.br/doutrina/texto.asp?id=8298>. Acesso em: 08 out. 2007.

MANCUSO, Rodolfo de Camargo. *Ação Civil Pública: em Defesa do Meio Ambiente, do Patrimônio Cultural e dos Consumidores – Lei 7.347/85 e Legislação Complementar.* 11 ed. São Paulo: Revista dos Tribunais, 2009.

MAQUIAVEL, Nicolo. *Discursos sobre la primera década de Tito Livio.* Tradução de L. Navarro. *In*: Obras políticas. El Ateneo: Buenos Aires, 1952.

MARINHO, Josaphat. Os direitos da personalidade no projeto de novo Código Civil brasileiro. *Boletim da Faculdade de Direito da Universidade de Coimbra.* Coimbra: Universidade de Coimbra, 2000. p. 257.

MARINONI, Luiz Guilherme. *O direito à tutela jurisdicional efetiva na perspectiva da teoria dos direitos fundamentais.* Jus Navigandi, Teresina, ano 8, n. 378, 20 jul. 2004. Disponível em <http://jus2.uol.com.br/doutrina/texto.asp?id=5281>. Acesso em: 21 fev. 2006.

MARINONI, Luiz Guilherme. *Técnica processual e tutela dos direitos.* São Paulo: Revista dos Tribunais, 2004.

MARINS, James. Ações coletivas em matéria tributária. *In: Revista de Processo*, n. 76. São Paulo: Revista dos Tribunais, 1994. pp. 97-103.

MARQUES, Cláudia Lima. *Comentários ao Código de Defesa do Consumidor.* 1ª ed. São Paulo: Revista dos Tribunais, 2003.

MARTINS JÚNIOR, Wallace Paiva. *Probidade administrativa.* 4 ed. São Paulo: Saraiva, 2009.

MARTINS, Leonardo Resende. *Acesso à Justiça e Efetividade Constitucional. In: A expansão do direito: estudos de direito constitucional e filosofia do direito em homenagem a Willis Santiago Guerra Filho: por duas décadas de docência e pesquisas.* Rio de Janeiro: Lúmen Juris, 2004. p. 301-315.

MAZZILLI, Hugo Nigro. *A defesa dos interesses difusos em juízo: meio ambiente, consumidor, patrimônio cultural, patrimônio público e outros interesses.* 21 ed. rev., ampl. e atual. São Paulo: Saraiva, 2008.

MENDES, Aluisio Gonçalves de Castro. *Ações coletivas no direito comparado e nacional.* 2. ed. São Paulo: Revista dos Tribunais, 2010.

MELLO, Celso Antônio Bandeira de. *Curso de Direito Administrativo.* 15 ed. São Paulo: Malheiros, 2003.

MINAS GERAIS. Ministério Público. Procuradoria-Geral de Justiça. Centro de Estudos e Aperfeiçoamento Funcional. *Manual de Atuação Funcional do Ministério Público do Estado de Minas Gerais.* 2ª ed. rev. e ampl. Belo Horizonte: Procuradoria-Geral de Justiça do Estado de Minas Gerais, 2010.

MINAS GERAIS. Tribunal de Justiça; Escola Judicial Desembargador Edésio Fernandes – Escola da Magistratura de Minas Gerais. *Curso de Capacitação de Conciliadores.* 2003.

MINISTÉRIO PÚBLICO DO ESTADO DE SÃO PAULO. Súmula n. 20 do Conselho Superior. Disponível em: <http://www.mpsp.mp.br/portal/page/portal/conselho_superior/sumulas>. Acesso em 31 mar. 2014.

MINISTÉRIO PÚBLICO FEDERAL. Procuradoria da República em Minas Gerais. Termo de ajustamento de conduta referente à Usina Hidrelétrica de Irapé – UHE Irapé. Disponível em <http://cimos.blog.br/wp-content/uploads/2012/06/TAC-de-irap%C3%A9.pdf>. Acesso em 04 jun. 2015.

MONIZ DE ARAGÃO, Egas Dirceu. *Procedimento: formalismo e burocracia*. RF 358/49 (n. 1, nota 1).

MONIZ DE ARAGÃO, Egas Dirceu. *Estatística judiciária*. Revista de Processo nº 110.

MONTESQUIEU, Charles Louis de Secondat, Baron de la. *Do espírito das leis*. São Paulo: Abril Cultural, 1979.

MOORE, Christopher W. *O processo de mediação: estratégias práticas para a resolução de conflitos*. 2 ed. Porto Alegre: Artmed, 1998.

NERY JR., Nelson. Mandado de segurança coletivo. *Revista de Processo*, v. 15, n. 57, jan./mar. 1990.

NERY JR., Nelson. *Código Brasileiro de Defesa do Consumidor comentado pelos Autores do Anteprojeto.* 7ª ed. Rio de Janeiro: Forense Universitária, 2001.

NERY JR., Nelson. *Princípios do processo civil na Constituição Federal*. 8. ed. São Paulo: RT, 2004.

NORTHFLEET, Ellen Gracie. *Novas fórmulas de solução de conflitos. In:* TEIXEIRA, Sálvio de Figueiredo (Coord.). *O Judiciário e a Constituição*. São Paulo: Saraiva, 1994. p. 323-326.

NUCCI, Guilherme de Souza. *Código de processo penal comentado*. 5. ed., rev., atual. e ampl. São Paulo: RT, 2006.

OLIVEIRA, Carlos Alberto Alvaro de. Efetividade e tutela jurisdicional. *In:* MARINONI, Luiz Guilherme (coord). *Estudos de Direito Processual Civil – homenagem ao Professor Egas Dirceu Moniz de Aragão*. São Paulo: Revista dos Tribunais, 2006.

OMMATI, Fides. Dos freios e contrapesos entre os poderes do Estado. *Revista de Informação Legislativa*. Senado Federal, Brasília, a. 14, n. 55, jul./set. 1977. Disponível em <http://www2.senado.leg.br/bdsf/bitstream/handle/id/181023/000359521.pdf?sequence=3>

PAIXÃO JÚNIOR, Manoel Galdino da. *Teoria Geral do Processo*. Belo Horizonte: Del Rey, 2002.

PALU, Oswaldo Luiz. *Controle dos atos de governo pela jurisdição*. São Paulo: Editora Revista dos Tribunais, 2004.

PEREIRA, Marco Antônio Marcondes. Transação no curso da ação civil pública. *Revista de Direito do Consumidor*. São Paulo: RT, n. 16, p. 124-125, 1995.

PINHO, Humberto Dalla Bernardina de; CABRAL, Trícia Navarro Xavier. Compromisso de ajustamento de conduta: atualidades e perspectivas de acordo com o projeto do novo CPC. *Revista Eletrônica de Direito Processual, ano 5, v. 7, jan.-jun. 2011.* Disponível em <http://www.redp.com.br/edicao_07.htm>. Acesso em 30 jun. 2015.

PAUMGARTTEN, Michele; PINHO, Humberto Dalla Bernardina de. O acesso à justiça e o uso da mediação na resolução dos conflitos submetidos ao Poder Judiciário. *Revista eletrônica de direito processual*, v. 8, p. 443-471, 2011.

PORTUGAL. Código Civil Português. Disponível em <http://www.igf.min-financas.pt/leggeraldocs/DL_47344_66_COD_CIVIL_INDICE.htm>. Acesso em 01 jan. 2015.

RICCI, Edoardo F. *La nuova "Azione di Classe" italiana. In:* COULON. VIGORITI, Vincenzo. *Interessi collettivi e processo: la legittimazione ad agire*. Milão: Giuffré, 1979.

RODRIGUES, Geisa de Assis. *Ação civil pública e termo de ajustamento de conduta: teoria e prática.* 3 ed. Rio de Janeiro: Forense, 2011.

SAMPAIO, Francisco José Marques. *Negócio jurídico e direitos difusos e coletivos*. Rio de Janeiro: Lumen juris, 1999.

SERPA, Maria Nazareth. *Teoria e prática da mediação de conflitos.* Rio de Janeiro: Lumen Juris, 1999, 337p.

SHIMURA, Sérgio; NEVES, Daniel Amorim Assumpção (Orgs). *Execução no processo civil: novidades & tendências*. São Paulo: Método, 2005.

SILVA, Antônio Álvares da. *Cinco estudos de direito do trabalho*. São Paulo: LTr, 2009.

STRECK, Lenio Luiz. Processo Civil e Jurisdição Constitucional rumo à efetividade do processo. 2002. (Apresentação de Trabalho/Congresso).

SUPERIOR TRIBUNAL DE JUSTIÇA. Notícias. *Agente que devolveu multa para compensar empresa é inocentado da acusação de improbidade.* Disponível em <http://www.stj.jus.br/sites/STJ/default/pt_BR/sala_de_noticias/noticias/Destaques/Agente-que-devolveu-multa-para-compensar-empresa-é-inocentado-da-acusação-de-improbidade>. Acesso em 06 out. 2014

TARTUCE, Flávio. *Manual de Direito Civil*. São Paulo: Método, 2011.

TEIXEIRA, Sálvio de Figueiredo (Coord.) *As garantias do cidadão na justiça.* São Paulo: Saraiva, 1993.

THEODORO JUNIOR, Humberto. Celeridade e efetividade da prestação jurisdicional: insuficiência da reforma das leis processuais. *Revista Síntese de Direito Civil e Processual Civil*, Porto Alegre, Síntese, v. 6, n. 36, p. 19-37, jul./ago. 2005.

THEODORO JÚNIOR, Humberto. *Curso de direito processual civil, v. 1, Teoria geral do direito processual civil e processo de conhecimento.* 54 ed. Rio de Janeiro: Forense, 2013.

THIBAU, Tereza Cristina Sorice Baracho. *O Habeas Data.* Belo Horizonte: Del Rey, 1997.

THIBAU, Tereza Cristina Sorice Baracho; GONÇALVES, Aroldo Plínio. UNIVERSIDADE FEDERAL DE MINAS GERAIS. *A legitimação ativa nas ações coletivas: um contributo para o estudo da substituição processual.* 2003. 295 f. Tese (doutorado) – Universidade Federal de Minas Gerais, Faculdade de Direito.

THIBAU, Tereza Cristina Sorice Baracho; NUNES, Bruno José Silva. Elementos de identificação das ações coletivas. *MPMG jurídico*, 2009.

THIBAU, Tereza Cristina Sorice Baracho; NUNES, Bruno José Silva. Conexão, continência e litispendência no processo coletivo. *De Jure (Belo Horizonte)*, 2009.

THIBAU, Tereza Cristina Sorice Baracho; REIS, Ludmila Costa. As ações coletivas e a judicialização de políticas públicas no Estado Democrático de Direito: possibilidades e limites. *MPMG jurídico*, 2009.

TORRES, Artur. *Proceso Colectivo Comparado: Class Actions for Damages y Acción Colectiva para la Tutela de los Derechos Individuales*. Disponível em <http://www.temasatuaisprocesso civil.com.br/edicoes-anteriores/60-v-2-n-7-julhosetembro-de-2012/204-proceso-colectivo-comparado>. Acesso em 02 jan. 2015.

TRIBUNAL DE CONTAS DO ESTADO DE MINAS GERAIS. *Diário oficial de Contas* n. 406. Pauta da sessão do dia 25 de abril de 2012. Processo n. 862943 – Termo de Ajustamento de Gestão. Belo Horizonte: quarta-feira, 2 de maio de 2012. Disponível em <https://doc.tce.mg.gov.br/Home/ViewDiario/2012_05_02 _Diario.pdf>. Acesso em 04 jun. 2015.

TRINDADE, André. *Para entender Luhmann e o Direito como sistema autopoiético.* Porto Alegre: Livraria do Advogado, 2008.

TROCKER, Nicoló. *Processo civile e costituzione.* Milão: Giuffré, 1974.

TUCCI, José Rogério Cruz e. Garantia da Prestação Jurisdicional sem Dilações Indevidas como Corolário do Devido Processo Legal. *Revista de Processo,* São Paulo, RT, v. 17, n. 66, p. 72-78, abr./jun. 1992.

UNITED NATIONS. Economic and Social Council – ECOSOC. Resolution 2002/12. *Basic principles on the use of restorative justice programmes in criminal matters*. Disponível em <http://www.un.org/en/ecos oc/docs/2002/resolution%20 2002-12.pdf>. Acesso em 18 jun. 2015.

VALLE, Gabriel. *Dicionário de expressões jurídicas: latim – português.* Campinas: Copola Livros, 1998. P.199.

WARAT, Luis Alberto. *O ofício do mediador,* v. 1. Florianópolis: Habitus, 2001.

WATANABE, Kazuo. Acesso à justiça e sociedade moderna. *In*: *Participação e processo*. São Paulo: RT, 1988.

WATANABE, Kazuo. *Tutela jurisdicional dos interesses difusos: a legitimação para agir. In:* GRINOVER, Ada Pellegrini (Coord.) *A tutela dos interesses* difusos. São Paulo: Max Limonad, 1984.

WELSCH, Gisele Mazzoni. A razoável duração do processo (art. 5°, LXXVIII, da CF/88) como garantia constitucional. *In:* MOLINARO, Carlos Alberto; MILHORANZA, Mariângela Guerreiro; PORTO, Sérgio Gilberto (Coord). *Constituição, jurisdição e processo – estudos em homenagem aos 55 anos da Revista Jurídica.* Porto Alegre: Notadez, 2007.

WORLD BANK DOCUMENT. *Brazil, Judicial performance and private sectors impacts: findings from World Bank sponsored research.* Report 26261-BR. July, 1, 2003.

YEAZEL, Stephen. *From medieval group litigation to the modern class action.* New Haven: Yale University Press, 1987.

ZANETI JÚNIOR, Hermes. *Processo constitucional.* Rio de Janeiro: Lumen Juris, 2007.

ZANETI JÚNIOR, Hermes; GARCIA, Leonardo de Medeiros. *Leis Especiais, v. 28: Direitos difusos e coletivos.* 4 ed. Salvador: Juspodivm, 2013.

ZANFERDINI, Flávia de Almeida Montingelli. Prazo Razoável – Direito à Prestação Jurisdicional sem Dilações Indevidas. *Revista Síntese de Direito Civil e Processual Civil,* Porto Alegre, Síntese, v. 1, n. 22, p. 14-29, mar./abr. 2003.

ZAVASCKI, Teori Albino. *Processo coletivo: tutela de direitos coletivos e tutela coletiva de direitos.* 5. ed. São Paulo: Revista dos Tribunais, 2011.

Impresso em janeiro de 2018